蓬 莱 古 船

山东省文物考古研究所
烟台市博物馆 编
蓬莱市文物局

文物出版社

北京 · 2006

封面摄影：高　远
封面设计：周小玮
责任编辑：蔡　敏　杨冠华
责任印制：陆　联

图书在版编目（CIP）数据

蓬莱古船/山东省文物考古研究所，烟台市博物馆，
蓬莱市文物局编．—北京：文物出版社，2006.8
ISBN 7－5010－1964－9

Ⅰ．蓬…　Ⅱ．①山…②烟…③蓬…　Ⅲ．船舶－考
古－发掘报告－蓬莱市　Ⅳ．K875.35

中国版本图书馆 CIP 数据核字（2006）第 070527 号

蓬 莱 古 船

山东省文物考古研究所
烟 台 市 博 物 馆 编
蓬 莱 市 文 物 局

*

文物出版社出版发行
（北京五四大街 29 号）

http://www.wenwu.com
E-mail:web@wenwu.com

北京安泰印刷厂印刷
新 华 书 店 经 销
787×1092　1/16　印张：19.5
2006 年 8 月第一版　　2006 年 8 月第一次印刷
ISBN 7－5010－1964－9/K·1037　定价：200.00 元

ANCIENT SHIPS FROM PENGLAI

(With an English Abstract)

by

Cultural Relics & Archaeological Institute of Shandong Province
Yantai Municipal Museum
Cultural Relics Bureau of Penglai City

Cultural Relics Publishing House
Beijing · 2006

目　录

下　编

插 图 目 录

彩 版 目 录

图版目录

序

谢治秀

　　蓬莱是一座优美的滨海城市，自古因其海市蜃楼般玄虚胜景、八仙过海的美丽传说而闻名于世；蓬莱更是我国古代重要的海上港口和防御要塞，对贸易交流、文化传播、海上防务等起到了重要的推动作用。而今，古城蓬莱经济发展、社会进步，改革开放和现代化建设走在全省的前列，一颗璀璨夺目的渤海明珠呈现在世人面前。

　　2005年7月，经国家文物局批准，山东省文化厅成立由山东省文物考古研究所、烟台市博物馆、蓬莱市文物局组成的考古队，配合蓬莱水城小海清淤工作，发掘三艘元、明时期的古船，获得重要成果。10月中旬，山东省文化厅邀请北京、山东著名的文物保护、考古发掘和古建规划专家，在蓬莱召开了"蓬莱水城小海古船保护讨论会"。与会专家对清淤、发掘及古船保护工作给予充分肯定，认为它"对研究中国古船类别及造船技术、海防史和古代海上交通具有重要意义，是一项重要的考古发现"。

　　在发掘工作中坚持高起点、严要求，做到精心筹划、科学论证、多方参与，努力做到科学发掘与文物保护相结合。考古队员头顶烈日，脚踏淤泥，用辛勤的双手仔细清理各种遗迹现象，以严谨的态度做好田野绘图和记录工作，圆满完成了发掘任务。

　　古船发掘与保护工作得到了烟台、蓬莱市委、政府的大力支持，蓬莱市文物旅游局积极参与、全方位服务。借此机会，表示诚挚的感谢！

　　《蓬莱古船》一书，是对2005年古船发掘、保护与研究成果的初步总结，收集了1984年蓬莱水城一号古船的发掘报告，本书成为蓬莱古船发掘与研究的集大成者。相信该书的编辑和出版必将推动中国古船与海防史和对外交流史的研究，成为中国文明百花园中一支艳丽的奇葩。

　　山东是中华文化的重要发祥地之一，文化遗产丰富。经普查登记的古代遗址2万余处，其中世界自然文化遗产2处，全国文物保护单位97处，国家级历史文化名城6座，文物藏品120余万件。保护、开发、利用好这些珍贵的历史文化遗产，是每一位文物工作者神圣的使命。我们要在省委、省政府的领导下，不断加强文物保护工作的力度，努力探索考古发掘、文物保护和宣传展示有机结合的新路子，为弘扬中华民族优秀文化传统，建设"大而强，富而美"的社会主义新山东贡献力量。

前　言

蓬莱是一块古老、美丽而又神奇的土地。蓬莱仙境、海市蜃楼、八仙过海，这些动人的传说和故事在世间广泛流传。蓬莱水城是全国重点文物保护单位，1984年和2005年我们先后在蓬莱水城小海清淤中发现四艘元、明时期的古船。

一

"蓬莱"一词，本意"蓬草蒿莱"，最初见于战国时期成书的《山海经·海内北经》。《史记》中详细记载了方士们编造的传说，渤海中有蓬莱、方丈和瀛洲三个神山，山上住着长生不老的仙人，种植着能使人长生不老的仙药。秦始皇东巡，封禅泰山，泛舟海岛；汉武帝御驾，东临渤海，望祠蓬莱。两个皇帝出于同一个目的，就是寻仙求药。无情的是，秦始皇第五次东巡，未能找到长生不老之药，病死在归途之中。蓬莱作为地名，最早的文字记载见于唐代杜佑的《通典》。唐贞观八年（634年）始置蓬莱镇。唐神龙三年（707年）登州治所移置蓬莱，蓬莱遂升镇为县。明洪武九年（1376年）登州为府，领一州七县，府衙设蓬莱。民国时期，废府存县，直属山东省管辖。

"登州港"以其优越的地理条件，战国时期就是北方远海航线的重要港口之一。秦汉时期已发展到相当高的水平，隋唐时期成为军事、运输和对日、对朝贸易的主要口岸。唐神龙三年，登州治所迁至蓬莱，遂正式定名登州港。北宋庆历二年（1042年），为防御契丹族南侵，在蓬莱画河入海口修筑马蹄形沙堤围子，建立"刀鱼水寨"。明洪武九年（1376年），明政府将登州升为府，环"刀鱼寨"修筑城墙，画河东流为护城河。后经历年增建和维修，构成海港和陆地浑然一体，进可攻、退可守的严密军事防御体系。

二

1984年3月，蓬莱县对蓬莱水城小海进行了大规模的清淤工程。清淤过程中发现大量文物，计有古船、铁锚、木锚、石锚、石炮弹、铁炮弹、铁炮、铜炮、缆绳、铁剑、货币及大量陶、瓷器等。在小海西部和西南部发现八处古船的残迹。西南部两只船较为完整，两船东西相对。余者均为散船板，无法辨其形制。烟台市文物管理委员会、蓬莱县文物局对位于东部一只船（现编号一号船）进行了清理发掘。另一只位于西部的船（现编号二号船）当时三分之二压于民房之下，无法发掘，因此就地搁置下来。

1988 年 10 月，武汉水运工程学院、烟台市文物管理委员会和蓬莱县文化局共同举办"蓬莱古船与登州港学术讨论会"。会上专家学者们对蓬莱古船的年代、用途和船型的复原等问题进行了跨学科的多系列、多层次的研讨与交流，取得了较为一致的看法。后来结集出版了《蓬莱古船与登州古港》一书。

三

时隔 20 年，2005 年 2 月，为恢复蓬莱水城的原有风貌，蓬莱市文物局组织了蓬莱水城的清淤工作。山东省文物科技保护中心受蓬莱市文物局的委托，根据国家文物局批准的蓬莱水城及蓬莱阁总体保护规划，承担了《山东蓬莱水城小海清淤方案》的设计任务。根据文物保护的基本原则，确定"人工彻底清除小海海底淤层，修复局部破损岸堤"的维护方案。方案中明确提到"清淤工程中，若发现有价值的文物，需及时停工，通报有关专业人员前来清理"。同年 4 月，该方案获得由中国文物信息咨询中心、中国古迹遗址保护协会共同举办的 2004 年度"全国十佳文物保护工程设计勘察方案及文物保护规划"。专家的点评是"方案现状勘察细致全面，设计中作了大量科学计算，维修方法上，提出了人工清理小海海底淤层的做法，既延续了历史的做法，又最大限度地保护了文物及其共存的历史环境"。正是站在这样的一个高度上，蓬莱水城小海古船的发掘提到了议程上。

四

2005 年 7 月，在山东省文化厅的领导下，由山东省文物考古研究所、烟台市博物馆和蓬莱市文物局联合组成蓬莱水城小海古船考古队对小海西南部 1984 年搁置下来的二号古船进行清理发掘。在二号船北侧新发现一根长 9.21 米的船材和一艘古船（现编号三号船），并在三号船的北侧发现四块古船底板（现编号四号船）。

二号船，船体近平，瘦长流线型。残长 21.7 米，船体残宽 5.2 米。从残留的船底板和遗痕观察，现留有 14 个水密舱。三号船，向南倾斜，宽短型。残长 17.1 米，船体残宽 6.2 米。从残留的舱壁板和遗痕观察，现留有 8 个水密舱。四号船仅剩 4 块底板。通过反复观察，二号船与一号船相似，三号船与四号船近同。一、二号船制造和使用时代为明代中晚期，废弃时代为明代晚期；三号船制造和使用时代为元代，废弃时代为明代初期。

2005年10月，山东省文化厅邀请国内著名的文物保护、考古研究和规划设计专家在蓬莱召开"蓬莱水城小海古船保护讨论会"。与会专家经过反复讨论，认为"清理发掘的三艘古船，地层清楚，相互关系明确，时代大约在元、明时期。对研究中国古船类别及造船技术，海防史和古代海上交通工具有重要意义，是一项重要的考古发现。

五

蓬莱古船的发掘对我们来说是一个挑战。在整个发掘和保护过程中，我们始终注意和把握三个问题。

第一，针对水下特殊的埋藏条件，尽最大可能搞清出土遗物的层位关系。发掘区长期浸泡在小海之中，我们到达工地时一片泥泞。小海历经多次清淤，古船反复遭到破坏。各时代遗物及现代垃圾混合在一起，很难区分。我们在发掘区周围开挖排水沟，尽量控干海水。在二号船的清理发掘中，我们清理了大量混有现代垃圾的稀泥，在舱底板上清理出一块原生堆积，出土有明代瓷器，成为我们推断二号船年代的直接证据。在清理二号船和三号船之间堆积时，我们依地层堆积最大可能地保留了南北向和东西向两个剖面，清楚地表明了上述三者的关系，得到专家们的认可。

第二，聘请多学科专家来现场考察和指导，提高古船研究的广度和深度。古船的发掘、研究和保护涉及到多门学科，我们不是简单的查资料，生搬硬套。先后聘请了文物保护、考古发掘、规划设计、古船研究、瓷器研究、海洋生物、船材材质状况及树种配置鉴定、年代测定等学科的专家，来现场考察研究，指导工作。报告吸收了许多专家的研究成果，在此我们向王丹华、徐光冀、傅清远、吴顺清、蒋英炬、张学海、孙博、权奎山、席龙飞、顿贺、刘秀英、陈允适、张晓芳等专家表示衷心感谢。

第三，开拓视野，注意把考古发掘、文物保护和宣传展示有机结合成一体。按照考古工作的程序讲，只要把发掘搞好，资料收集全，就算完成发掘任务，我们的终端产品是考古发掘报告。这次发掘位于全国重点文物保护单位蓬莱水城之中，因此发掘伊始，蓬莱的同志们就提出了古船保护和展示问题。源于一种共同的责任和使命感，我们很快融为一体。在发掘阶段，采取了许多措施，做好古船临时保护工作。2005年10月，山东省文化厅邀请文物保护、考古发掘、古建规划专家，在蓬莱召开"蓬莱水城小海古船保护讨论会"。与会专家肯定了"对古船原地保护、建馆展示的意见"。现在船体已分解，移至室内进行保护处理。整体复原和就地建馆展示工作正在筹划之中。

六

　　蓬莱古船发掘、保护、宣传和展示工作始终是在山东省文化厅的领导下进行的。2005年8月4日，谢治秀厅长主持蓬莱水城小海古船考古发掘和文物保护专题会，明确了做好古船发掘和保护的指导思想，要求从思想认识上、领导组织上、发掘技术上进一步加大力度，全省一盘棋，努力把工作做好。工作期间，还多次听取工作汇报，及时协调解决工作中的问题。2005年11月2日，谢厅长专程从济南赶赴蓬莱，主持"蓬莱水城小海古船发掘成果新闻发布会"，并在会上做了重要讲话。在《蓬莱古船》考古报告集面世之际，谢厅长拔冗作序，对今后的工作提出了指导性意见。

　　烟台市文化局的领导一贯重视文物考古事业，为做好蓬莱水城小海古船的发掘和保护工作，派出了得力的业务骨干。烟台市的同志最早进入现场，在11月份凛冽寒风之中，最后完成船体分解和资料收集工作。徐明局长在百忙之中，到现场考察指导，全力支持考古队的工作。

　　发掘工作开始以至现在，我们一直沉浸在蓬莱同志们的一片热情之中。市委刘树琪书记和市府刘炳国市长先后参加了"蓬莱水城小海古船保护讨论会"和"蓬莱水城小海古船考古发掘成果新闻发布会"，并发表了热情洋溢的讲话。蓬莱市委、市政府"文化立市"的发展蓝图，感染着我们与蓬莱的同志们一道努力工作。蓬莱文物局的同志们始终给以我们最有力的支持。为了做好蓬莱古船的发掘和保护工作，我们提出了一些比以前工作更高的要求和条件，他们总是一口答应，及时落实。

七

　　本书分为上、下两编，上编报告了2005年古船发掘成果。主要内容有地理环境和历史沿革、古船发掘和研究概况、二号船和三号船情况、古船木材分析与保护、古船的保护、宣传和利用，以及古船的复原和研究、相关检测报告等部分。下编收录了《蓬莱古船与古登洲古港》一书中的四篇文章。他们全面反映了1984年蓬莱水城小海一号船发掘和研究成果。本报告从考古发掘到编辑出版仅仅一年多一点时间，蓬莱古船的综合研究刚刚开始，一些问题专家们尚有一些不同认识，我们客观的给予保留，以便学界同仁作更深入的研究。

　　我们愿以《蓬莱古船》一书的出版，向支持和关心我们工作的领导、专家和同志们表示感谢。

上　编

第一章　地理环境与历史沿革

一　蓬莱水城的地理环境和布局

在我国山东半岛北部风景秀丽的古城蓬莱，至今还完好保存着一处人工修建年近千载的古代军港。古军港依山傍海，四周环筑高大坚固的城墙。城含水，水环城，布局巧妙，结构独特，这就是我国最早的古代军港——蓬莱水城，1982 年它被国务院公布为全国重点文物保护单位。

山东省蓬莱市，地处山东半岛最北端，北纬 37°25′～37°50′，东经 120°35′～121°09′，为古登州所在地（图一）。蓬莱东与烟台经济技术开发区接壤，西邻龙口市，南接栖霞

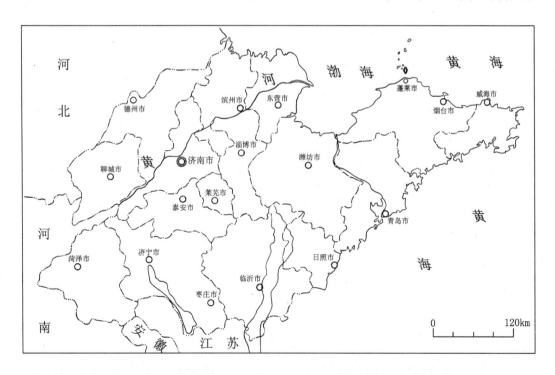

图一　蓬莱地理位置图

市，北濒渤、黄二海，与长岛县隔海相望，同时与朝鲜、日本遥遥相对，地理位置十分重要，有"京津咽喉"之称。蓬莱市属北温带东亚季风区大陆性气候，大陆度为54.6％。气温适中，变化平稳，温度年振幅和昼夜温差都比较小，年均气温 11.9℃。年均最高气温为 12.9℃；年均最低气温 10.5℃。境内山岭岗丘绵延起伏，属低山丘陵地貌类型，地形复杂，地势南高北低，由南向北逐步倾斜。

蓬莱水城（彩版一），古称登州港。登州港原为自然港湾，西北傍丹崖山和田横山，东南连画河，西南邻紫荆山，该山的南坡现有新石器时代的古文化遗址。从周围原始地貌调查可以看出唐代以前，古港的面积比现今水城要大 3～4 倍。从古港的变迁情况和历史记载，可以得出这样的结论：在宋庆历二年（1042 年）以前，登州港是一个不规则的港湾，唐宋年间以丹崖山为起点修筑沙城。宋庆历二年，为停泊"刀鱼战棹"，防止东北风的侵袭，又以东部丘陵地为依托，沿小海向东筑堤，形成了避风良港，使"刀鱼寨"变成一个弧形贸易港和海军基地。元代"刀鱼寨"仍为停泊"战棹"的水军要塞。到元末明初，因北方沿海屡受倭寇侵扰，洪武九年（1376 年）明朝廷便在宋"刀鱼寨"的基础上开辟水门口，将海水直接注入小海，并环筑土城，名"备倭城"，即今天的水城。城高三丈五尺，厚一丈五尺。万历二十四年（1596 年）时，又于土城墙面砌以砖石，东西北三面增筑炮台三处，始成今日规模（图二）。1984 年在港内西南部就出土过一艘明代战船。

水城的建筑工程分做两大部分：一是南筑志愿墙，修建陆地门。二是北辟海口，修建通海水门。通过 1984 年清淤中发现的考古资料与钻探资料，证明南墙是在截海（画河入海处）填充土石的基础上建筑起来的，城基深处为海相地层，多出宋元以前遗物。北部水门口并非画河入海处，原为丹崖山向东伸出的山角与平浪台连接在一起的一道石梁，是在人工开凿的通航水道两侧的基岩上建筑起来的，至今水下的开凿痕迹仍清晰可见。

水城的设施可分为两大部分：一是海港设施，包括以小海为中心的防波堤、水门、平浪台、码头等；二是陆地设施，包括城墙、炮台、陆地门、营房、指挥所、灯楼等。这两部分设施，构成了一个进退自如的海岸军事防御体系。

水城的陆地部分是利用"刀鱼寨"的原址，在南部加筑了城墙，截断海湾，将海湾环成"小海"。城墙随地势高低形成西面和西北两面高、东南两面低的倾斜状。北墙临丹崖修建，崖高 30 余米，以悬崖为墙，只建有 1.4 米的垛墙。西墙建于丘陵脊背，虽不高亦甚险峻。东、南两墙因地势低洼，筑得较高，平均高度约 7 米。水城平面呈南宽北窄不规整长方形，而各边长度不一。水城总面积 25 万平方米，水城小海占三分之一。

水城设有两座城门，北有水门（关门口）通海，供船舰出入。南为砖券门（振扬门），供车马行人之用。门为立砖券顶，两券两伏。门洞宽 3 米，进深 13.75 米，最高

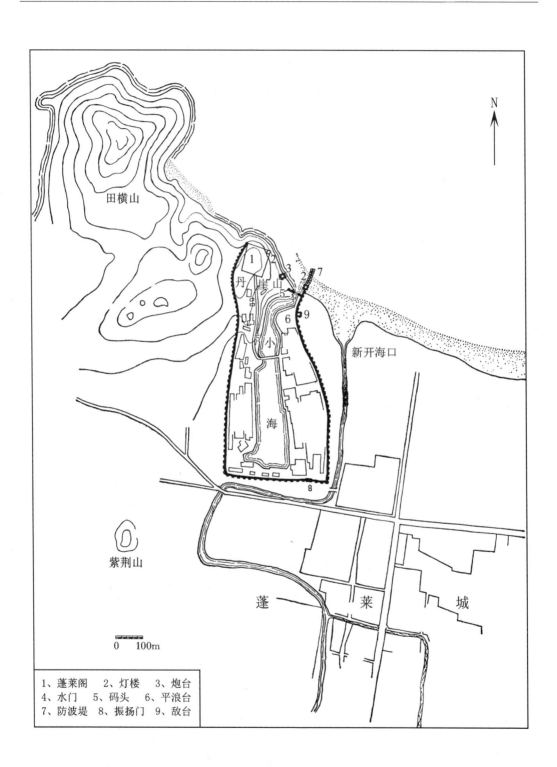

图二　蓬莱水城平面图

处5.3米。城内为驻兵营地与署衙、寺、庙，原无居民，至清代咸丰年间（1851~1861年）始有住户。宜于陆地和水上练兵。明代与清初小海东西两岸间尚无桥可通，今所见桥梁为清代后期所建，不利于船舰的航行与停泊。

炮台共两座，分别设在水门外的东西两面。东炮台沿东墙伸出36.2米，东、西长11米，南北宽10米，高于城墙2.5米；上筑垛墙，南面有宽1.5、长9米的台阶以供上下。炮台的底基为大形长条石砌起，上部皆用砖砌。西炮台位于水门西北100米处，建于城外丹崖东侧的陡壁上，长12、宽12米，城墙开有小门道，以供出进。东西两炮台相距85米，呈犄角形势，是护卫水城的重要设施。

灯楼位于丹崖山最高处，北可远望大海，原为瞭望哨所，清同治年间（1862~1874年）改为灯楼。今灯楼为1958年所建。

码头，从《蓬莱县志》古图看，原无石砌码头，石砌码头与小海天桥为清代所增修。

水城以小海为主体。小海呈南北窄长形，南宽北窄。原来的面积要大得多，后因常年淤积，越来越小了。现在南北长655米，南端距南墙约25米；北端转折向东，经水门通向大海。南部最宽处为175米，北部最窄处35米，一般宽度约100米左右。周长约1000米。小海的原来深度不详，通过清淤得知小海在宋、元时水深当在4米以上。清淤时，除水门口见到基岩外，南部未到原来海底，深度不详。

水门又名天桥口，原来上面有吊桥，供通行，俗称"关门口"。位于水城东北隅，距东城墙13米，是船舰由小海通往大海的唯一通道。东西两侧筑有高大的门垛与城墙衔接。水门朝北，门口下宽9.4、上宽11.4、深11.4米，东西门垛长分别为13、15米，底厚11.4、顶厚10.4、水面上可见高度为9.4米，门墙基部为长方形大石砌成。东垛墙建于沙底，底有木树桩，上砌长条大石。因沙底下沉，东垛墙已出现裂缝，于是用水泥重新灌注加固。

水闸今已不存，现残存水门口中间两侧各有一道安置闸板的凹槽。从凹槽来看，修筑水门时即已设立，大概为保持小海水位而建。当潮落时关闭蓄水，使小海保持一定水位，便于船舰停泊；同时也是防御设施。后人所说的"铁栅"，实即指水门而言。水城北门口外东北水面开阔，没有突出水面的屏障，为防止来自东北方向风浪对港区的袭击，特在水门口外建有一道防波堤。此堤沿东炮台向北伸出，南北长约80、东西宽15、高约2米，是用巨石堆砌而成，涨潮时几乎湮没，退潮时部分露出海面，起到消波目的，同时阻挡泥沙随潮拥入港内。

平浪台迎水门而立，北距水门51米，东与城墙衔接，南北长100、宽约50米，高与城齐。东北角有一斜坡道下达码头，东侧有一底台。台北端有平浪宫面向大海，从清淤时此处出土的一对金元时代的石狮来看，平浪台原为丹崖山伸出的土丘，宋修刀鱼寨时曾加高加宽，因其地处要冲，故称"平浪"。金元时修建平浪宫，祈神"平浪"。在宋元时代，此处是防止风浪的主要设施。洪武年间（1368～1398年），在刀鱼寨旧址加筑土城，到明万历年间（1573～1620年）改建砖石城墙的同时，为了保证小海的安全建筑了水门口，平浪台则处于水门以里，水门口外又筑起一道防波堤，再大的风浪也冲击不到平浪台，平浪台已失去了原来的作用。

水城的兴建和盛衰是与地理环境、政治、经济、军事等形势紧密相连的，经宋元明清各代重建始成今日规模。因其前临庙岛群岛，背依丹崖山，有负山控海的地理优势，所以成为历代的海疆军事重镇和对外交通枢纽。自古是"东扼岛夷，北控辽左，南通吴会，西翼燕云，艘运之所达，可以济咽喉，备倭之所据，可崇保障"①的要地。

二　蓬莱水城的历史沿革

蓬莱水城古称登州水城，要了解蓬莱水城的历史，还要从登州古港说起。登州港位于蓬莱城北的海岸上。北距庙岛群岛最近处约15千米，与辽东半岛的老铁山遥遥相望，中间有庙岛群岛作为桥梁，是沟通两个半岛之间海上航行的最古路线。考古资料证明，大约五六千年前，这里与辽东半岛就有文化交流。在蓬莱、庙岛群岛、大连市发现了同时期的古文化遗址。这应是当时通过海路进行交流的结果。由于登州所处地理位置的重要性，在古代曾是我国的东方门户、海上"丝绸之路"最早的对外开放港口，也是沿海南北航行的要冲和通往日本、朝鲜的起航点之一。

秦代方士徐福率数千童男童女，携带五谷种子及百工的远航船队，据说就是由这一港口出发到达日本的，从而把养蚕和丝织技术以及中国文明带到日本。此后，汉武帝元封二年（前109年），曾遣楼船将军杨仆从这里沿庙岛群岛用兵朝鲜，这是登州港作为军事港口的开始。当汉武帝沟通了朝鲜半岛航线后，日本当时则有30多个部落的使者，沿这条航线由登州港登陆西去长安。魏景初二年（前238年）司马懿伐辽东，曾屯粮于黄县（今龙口市），并造大船由这里渡海至辽东。魏晋南北朝时，日本使节来中国都是由这里登陆，然后西至洛阳。南朝60年间日本曾派遣使者八次到建康，都是先到这里，再沿山东半岛海岸南下。

隋唐时期曾先后十次大规模用兵高丽，其海上用兵路线都是由这里起航沿庙岛群岛至辽东。这一带海港是造船和后勤运粮基地。蓬、黄、掖三县的旧街道都是用大量直径约60厘米的石磨铺起来的，一直保存到上世纪50年代。登州港（蓬莱水城）当时不但是对外用兵的重地，也是我国隋唐时期与朝鲜、日本友好交往的主要出海口。据《新唐

---

① 宋应昌：《重修蓬莱阁记》碑文。

书·地理志》记载，唐朝与朝鲜、日本交往的交通线是"登州海行入高丽、渤海道"，即以登州为始发港，沿辽东海岸至朝鲜，再由朝鲜抵达日本。在中日文化交流中，日本使节"遣唐使"也从登州登陆，经山东半岛前往内地长安。日本高僧圆仁，于公元838年，随同第18次遣唐使来我国，在我国各地居住很久，著有《入唐求法巡礼行记》，其中记载他在登州开元寺住过，曾见到许多日本人在开元寺题壁留名，说明日本使节或学问僧、留学生，是由此西经莱州、青州、齐州、曹州、汴梁、洛阳至长安的。据不完全统计，在唐代经登州而到长安的新罗遣唐使达30余次，日本遣唐使7次，大批朝、日留学生和学问僧尚未计算在内。7世纪中叶，蓬莱还住有不少新罗商人，他们聚居的街巷叫"新罗坊"，接待他们的驿馆叫"新罗所"，贸易机构叫"构当新罗所"。有的还在登州长期侨居。

北宋初年，登州仍是对朝、日交通的门户，朝鲜到中国的使节大多仍由登州入境。从宋真宗大中祥符七年（1014年）至神宗熙宁年间，先后有二三百位使臣自登州入宋。自北宋庆历二年（1042年）为防止北方契丹从海上入侵，这里驻有水军300人。当时水军战船形似刀鱼，故名"刀鱼舡"，设水军机构称"刀鱼巡检"，军港则称"刀鱼寨"。从此，登州港由商港而兼为军事要塞了。北宋中叶以后，辽金连年侵宋，战争频繁，海疆不宁，经济中心因此南移。登州港作为对外经济文化交流口岸的地位逐渐下降，并转为海防重镇。

自宋筑刀鱼寨，明初修土城，万历时改筑砖石城及水门，并将河水改道，绕水城南、东两面而入海。又于振扬门东修建迎仙桥，连通内陆，成为我国唯一的古代独特建筑——海军要塞。水城内设水师府，指挥着北至旅大，东至成山头，西沿渤海南岸的沿海驻军，护卫着山东半岛沿岸，保卫了海疆的安全与海运的畅通，是一处古代的军商两用港口。而在水军基地建设的过程中，在利用自然地貌发挥军事攻守的优势上，充分显示了高超的筑城技术。

明朝建国后，倭寇猖狂出现在蓬莱沿海一带。《登州府志》记载："倭寇沙门岛及大竹、砣矶诸岛，火光彻南岸，倭舟至以千计，郡城戒严。"因此，明朝政府在洪武九年利用丹崖山下画河入海口刀鱼水寨这个天然港湾——小海。另一方面，沿水城开凿新河道，引画河水东流作护城河，绕城半周，为水城增加了一道防线。明朝的蓬莱水城周长3华里，城区面积27万平方米，在南北开两门，南门叫振扬门，与陆路相连，北门叫水门，是出入水城的海上咽喉。整个水城建筑分为两大部分：一是海港建筑，包括以小海为中心的水门、防波堤、平浪台、码头；二是军事建筑，有城墙、炮台、水闸、护城河等设施，进可以攻，退可以守，形成了一个完整严密的防御体系。海港建筑中平浪台的设计十分巧妙，它迎着水门而立，用挖掘小海的泥沙堆成，外砌方石。当风浪海潮扑门而来，首先被它阻挡，然后减缓势头折西而去，经过这一阻一折，达到消波目的，所以即使港外浊浪滔天，港内小海仍平静安宁。同时平浪台又是水城屏障，能遮挡住来自水门外的视线，保守港内的秘密。如有战争还可以从平浪台支援水门和东西两座炮台的守军，一举数得。蓬莱水城的军事建筑结构严谨，在港湾入海处修建了一座高大的闸门，就是水门。水门设有巨大的栅闸，平时闸门高悬，大小航船畅行无阻，有事则放下闸门切断海上通道。水门外东西两侧，各设炮台一座，虎踞龙盘，互为犄角，控制着附近海面。明朝著名民族英雄戚继光，在嘉靖年间任登州卫指挥佥事。他在蓬莱水城训练水师数年，终于训练出一支精悍的水师部队。

　　清朝建立后，清政府在蓬莱水城设立水师营，并从广东调来两只大型战船，编为登州一号、二号，补入水师营，巡防东至荣城成山头，西至武定营大沽河的一千七百七十里的辽阔洋面。蓬莱水城在军事上战略地位更为重要。

第二章 古船发掘和研究

一 历年小海清淤

古登州港，在中国的对外文化交流和军事防御、海外贸易等方面，均起到过重要的作用。小海作为登州港的主体构成部分，其港口停泊作用自建港至今没有中断，说明历史上的水城小海清淤基本上是没有间断过，只有这样才能够保障其港口作用的正常发挥。经查历代《登州府志》和《蓬莱县志》、《蓬莱阁志》等，多无关于蓬莱城小海清淤的记载。而今只有留存于蓬莱阁西厢的《登州天桥闸口捐廉挑沙记》，这篇作于清代咸丰九年（1859年）六月的碑记，对当时小海清淤的有关章程，有过详细的记叙。新中国成立以来，据说在1956年曾有过一次小海清淤，但也仅限于口传，县志等史料均无记载。至1984年，根据当时烟台市委负责人的指示，蓬莱县委于1984年3月1日向烟台市委呈报了《关于蓬莱水城小海清淤方案的请示报告》，提出"小海"清淤问题，并随即开展了有史以来规模最大的一次清淤。2005年3月开始又进行了新千年的第一次小海清淤。

（一）明清时期的小海清淤

明洪武九年登州卫指挥谢观改画河绕城入海，对小海进行了一次较大规模的清淤，使其成为一个可以停泊当时大型战船的军港。到明代末期，孔有德发动叛乱之后，海港遭到破坏，渐失修淤塞。到了清代，仅能依据清代咸丰年间《登州天桥闸口捐廉挑沙记》中的记载，来探讨历史上的水城小海清淤问题。

《登州天桥闸口捐廉挑沙记》是时任盐运使衔候选道登州府知府汪承镛所撰之碑文（图三），据《蓬莱县志》记载：汪承镛是江苏如皋人，为汪为霖养子，汪氏原籍安徽歙县，迁居丰利已历数代，惨淡经营盐业，终成巨富。碑中依其所记载："水城天桥闸口为商船出入门户，每日久沙淤，未至者不得入，既至者不得出，或停泊大洋致遭风浪漂没，而货船不时至，米物短绌，居民遂困。"这表明，登州水城由于其所处的特定地理环境，长年遭受东北方向海浪的侵袭，港口淤塞的情况是经常发生的，造成船只进出两难，基本生活资料海上运输不畅，导致居民生活陷入困难的境地。此外从碑中记载的内

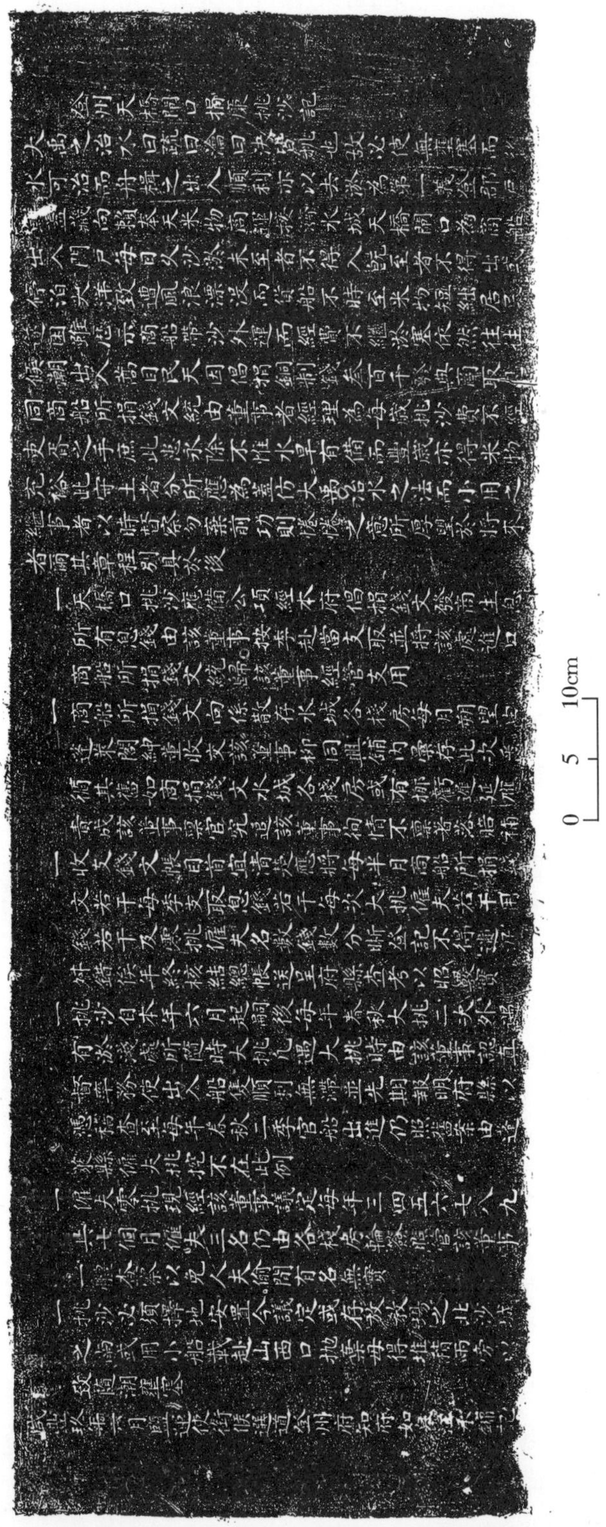

图三　《登州天桥闸口捐廉挑沙记》拓本

容还可以依稀看出之前的清淤制度的影子，如："历示商船带沙外运，而经费不继，淤塞依然，往往候潮出入……"；"商船所捐钱文，向系散存水城各栈房，每月朔望由蓬莱阁绅董收，交该董事柳同兴铺内汇存，此次悉循其旧……"；"雇夫三名，仍由各栈房轮签照管，该董事一体查察，以免人夫偷闲，有名无实"。由以上几处记载可见，水城小海的清淤在《登州天桥闸口捐廉挑沙记》之前，应有一定的旧制并常年进行。

（二）民国时期的小海清淤

据水城当地居民王栋（1913 年生人）、曲和荣（1919 年生人）、杜宝民（1933 年生人）、周培林（1934 年生人）、刘元乐（1935 年生人）和单成家（1947 年生人）等老人回忆：民国时期的小海没有护坡，相对是一个自然淤积的大湾；南北小海之间的桥为木质，当时的人们习惯地称那里是蓬莱东海关，货物上岸就在蓬莱天桥口，报关处在今尚未拆除的利源宾馆南侧。在王栋的记忆里该桥的桥板就换过三次，"天桥口，东海关"就是指南北小海之间桥的所在地。地方军阀吴佩孚是蓬莱人，他控制胶东时期，在水城小海中停靠有一小火轮，因此也很重视水城小海的清淤，曾设置挖泥船来清除小海当中的淤泥。据王栋回忆其十几岁的时候就见到过带齿铁斗的挖泥船作业，待满潮时淤泥随船带出，弃于老北山后或更远的海中。当时还有"五尊神"之说，即地方上长年设置有五位（不定数的人员）抬沙清淤的人员，主要从事的是水城水门口进口处淤沙坎的清除，保障水道通畅，便于船只顺利进出。在船只出海时，他们还让出海的船捎带沙石于船帮的两侧，抛弃于大海深处。其清淤人员的工钱出处，为外来商船的物资买卖流通费用中的一部分，此作法一直延续到蓬莱城解放前。

（三）新中国成立以后的小海清淤

1. 1964 年的小海清淤

1964 年水城有过一次清淤，据被走访的人员王栋及其四子（1948 年生人）、女儿（1957 年生人）回忆，1964 年其四子刚下学，家里新盖了房屋，尚未收拾妥当，就被村里协调给清淤施工人员居住。另有单成家（1947 年生人）回想其观看清淤人员施工，垒砌南小海东南护坡，第二年便学了瓦匠；此外，当年蓬莱阁对外开放前的管理者孙世相老人（离休干部），在 1964 年至 1980 年管理蓬莱阁，清楚地记得在 1964 年 7 月下旬刚到蓬莱阁时，就见到过小海的清淤，以及小海边岸的砌护，据其回忆，是当时的县水产局为渔业生产而组织的清淤。这与水城被走访人员的回忆时间和内容互相吻合：基本用锨、镐手工作业，农用小推车为主，规模不大，投入不多，多为来自于庄公社的人员施工，本水城村的人员并没参与。南小海东部增修了小海护坡，因护坡修建基础不牢，还曾打入不少的木桩用来加固。虽然档案、史志等部门缺乏相关的文字记载，但通过走访，对 1964 年的清淤情况，基本上可以清晰了然了。

2. 1984 年的小海清淤

20 世纪 80 年代初期，蓬莱水城基本上成为一处死港，在社会上引起强烈反响，尤其是在蓬莱阁及蓬莱水城于 1982 年被国务院公布为全国重点文物保护单位以来，更是引起了各级政府的高度重视，1984 年 3 月蓬莱县委向中共烟台市委呈报了《关于蓬莱水城"小海"清淤方案的请示报告》，并随即展开了蓬莱水城小海有史以来最大规模的清淤工程。

在做好充分准备的前提下，蓬莱县委、县政府于 1984 年 3 月 23 日，召开了水城小海清淤工程誓师大会，党、政、军三千多人参加了大会及工程开工剪彩仪式，并参加了当天的义务清淤施工劳动。

根据小海清淤工程规划设计方案，小海被划成三段，关门口外为一段，小海内以天桥为界分为南、北两段，三段同时进行清淤。

1984 年的清淤，经工程技术人员测定，小海共清除淤泥 22 万立方米，比清淤计划多 2 万立方米，平均清淤深度在 1.75 米，最浅处清至 1.5 米，主航道部分清至 3 米深。清淤后落潮时水深达到 1.5 米，涨潮时的水深达到 3.5 米。从随之出土的众多文物看，通过对小海清淤与地层堆积的分析，可以得到这样的结论：即从淤泥的顶部计算至 0.70 米处为第一层，多见民国及解放后的遗留物，0.70~1.50 米为第二层，多见清初、明代的遗留物，1.50~3.00 米为第三层，多为元代或更早期的遗留物。地层当中缺乏清代中、晚期及民国早期的遗留物，除其他方面的因素外，也许和《登州天桥闸口捐廉挑沙记》所记述的清淤章程在起作用不无关系，间接地说明了在清中、晚期、民国期间，有关清淤的制度及其作用的发挥还是相对不错的。

3．2005 年的小海清淤

由于小海近二十年来作为当地渔民的渔港，来往频繁的船舶和周围居民乱倒的生活垃圾，已使小海严重淤积，堵塞航道。经报国家文物局批准，于 2005 年 2 月 17 日由蓬莱市文物局负责，开始对蓬莱水城小海进行大规模的清淤。

此次清淤以小海上登瀛桥为界，分两阶段进行。共清理淤泥约 12 万立方米，平均清淤深度约 1.60 米，维修小海岸堤约 1300 余米，新建南小海南侧和西侧游船码头两座，完成小海岸墙玄武岩压顶 1400 余米。

对于小海海底地貌及淤泥层叠压关系，现场技术人员采用现场预留淤泥探方手段进行勘查，探方主要用来揭示海底地貌和淤泥层之间的叠压关系。通过对探方断面观察，我们发现，小海淤泥层是自 1984 年以来沉积的，都是由泥沙混合层和生活垃圾层组成，呈明显韵律分布，没有特殊的夹杂层，地层的叠压关系单一。但是，南、北小海淤泥层沉积结构还是不同的，其中，北小海主要为黄褐淤沙土夹黄褐细沙土及少量的褐色淤泥，厚 35~200 厘米；南小海主要为生活垃圾夹褐色淤泥及少许黄褐细沙土，厚 15~150 厘米。由于此次清淤基本控制在 1984 年的清淤深度上，出土器物较少。其中，北小海仅出土了少量的明清时代的青花瓷器碎片，根据其所在地层及周围附属物，应为随海水涌进来的泥沙所带。在北小海西岸堤修复过程中，发现一块大理石石碑，上刻"署登州府知府英桂捐修 道光二十四年立"。南小海出土的器物相对较多，主要有碎瓷碗、灰瓶、大铁锚、铁炮、石锚，器物出土位置比较集中，应为1984年清淤时部分地点未清理到位而留下的。此次清淤除又在南小海西侧岸堤弧形处的护坡下发现了一艘古代沉船的残余船板。

此次小海清淤使小海重新恢复了往昔的面目，为以后蓬莱水城的建设开发奠定了基础。

二　古船发掘概况

（一）1984年古船发掘概况

1984年3月23日至6月18日，蓬莱县组织2000多人对蓬莱水城小海进行了大规模的清淤工程，平均深挖1.75米，清淤中出土了大量文物，计有古船、铁锚、木锚、石锚、石炮弹、铁炮弹、铁炮、铜炮、缆绳、残铁剑、货币及大量陶瓷器等。出土的古船及大量不同类别的遗物，对研究水城与登州古港的历史变迁及海外交通、南北贸易、造船技术、古代海军技术等都提供了重要的文物资料。

蓬莱水城小海水域面积为7万余平方米，以横跨小海中部的天桥为界。天桥的南侧称南小海，北侧称北小海。

施工人员先后挖出四根造船木。其中一根圆木位于南小海中部深约1.3米的淤泥中，长3.9米，直径0.45米。其余三根均在南小海的西北角，距淤泥表面2.5～2.7米，一根长4.5、宽0.65、厚0.2米；另一根长3.85、宽0.47、厚0.35米；最长的一根为半加工的紫檀木，长8.15、宽0.48、厚0.35米，并刻有"永乐十年六月 日……"字样。

在小海的出口——水门南端、向西20米左右的主航道中，距淤泥表面深1米的位置，先后出土石狮二尊。从造型和石质方面看，两尊石狮应属一对。

在南小海的中南部3米深处出土石碇8件、石网坠2件、铁锚4件。最大的铁锚重456千克，锚杆上系有残棕缆绳。在小海中部东偏3.4米深的淤泥中出土了一根木碇，长5.21、宽0.4米，为灰黄色杉木，重243.2千克。另外还发现有炮弹、银蜡台、残剑鞘、药碾、砚台等遗物。

在小海南部挖出两门小型铁炮。较大的一门长0.76米，另一门长0.73米，炮内径6厘米，铁炮用生铁铸造。在水门外水下清淤时，出土了一批宋元明清及日本宽永铜币340枚。小海内还发现过日本的啤酒瓶、朝鲜的红陶瓶等。

最重要的是在这次清淤中，于小海西部和西南部共发现 8 处残船遗迹。其中在西部第二层相对集中的出土了四个形制较小的残船骸，均为渔船散船板。在小海西南部的第三层中也相继发现了四艘古船残骸，其中两艘为散船板，无法辨别其形制，另外两艘船体较完整，但其中一艘的三分之二压于民房之下，由于当时资金和技术力量不足，我们仅对东部的残船进行了发掘（图版一）。

4 月底，施工人员在清理余下的不到半米深的淤泥时，突然挖到一块巨大的木头，随着清理逐渐呈现出一定的规则形状，工程技术人员和考古人员经过现场观测后，认为这是一艘古代沉船。上报批准后，烟台博物馆副馆长王锡平和李步青等迅速赶到蓬莱，挖掘工作在王锡平主持下很快开展，古船周围和船身的淤泥被清理完毕，以全貌展现在世人面前。从发掘现场看，船体紧靠小海南墙，方向 120°，东高西低，船头深入小海墙内，船体距地表 4.64 米，距清淤前小海地面 2.5 米，船底之下 0.18 米为原生陆相黄土，现船体高程为 -1.7 米（以枯潮标高为 0 计算）。

现存船体残长 28.6 米，船体最狭处残宽 1.1 米，最宽处残宽 5.6 米，残高 1.2 米，呈流线型，头尖尾方，底部两端上翘，横断面呈圆弧形，有十四个舱。

古船出土后，烟台市文管会和蓬莱县文物管理所对古船进行了认真的清理，但如何把如此庞大的船体搬出的确是一个非常令人头疼的问题。当时的机械达不到整体起吊古船的能力，经过讨论，最终确定把整个大船拆散后由人工搬离。于是，考古人员在对古船进行了平面图、剖面图、局部剖面图的测绘后，按照左右顺序依次对船板进行了编号。刚开始，搬运工作比较顺利，但搬到最后一根龙骨时，众人的合力竟发挥不了一点作用，直到最后动用一辆从部队借用的当时最先进的起重机才完成这项工作。船板在搬离小海后，被暂时安置在蓬莱阁景区东炮台西侧的隐仙洞附近进行保护处理。该船是我国目前发现最长的海船，船体虽然残坏严重，但依据现存残船的一些数据，可以进一步复原研究。这是了解我国古代造船技术的十分重要的实物资料，特别是这只大船在我国北方重要的登州港发现，对研究登州的历史和它在军事上的作用，具有十分重要的意义。

1988 年 10 月，由武汉水运工程学院、烟台市文物管理委员会和蓬莱县文化局联合举办的全国性"蓬莱古船与登州古港学术论证会"在蓬莱召开，来自全国各地的专家学者 30 多人会聚古城蓬莱。会上专家学者们对古船的年代、用途和船型的复原等问题进行了跨学科的多系列、多层次的研讨和交流，取得了较一致的看法。这是近年来我国学术界对古代造船史进行多学科合作研究的最新成果。

1991 年，登州古船博物馆正式建成对游人开放，为我国古代造船史的学术研究创造了方便的条件并提供了一个范例，同时也为蓬莱阁这处国内外知名的旅游胜地增添了科学的内涵。

（二）2005 年古船发掘概况

为了配合蓬莱水城小海大规模的清淤工程，2005 年 7 月～11 月，山东省文物考古研究所、烟台市博物馆、蓬莱市文物局联合组队，对清淤过程中发现的古船进行了考古发掘和清理，共发掘三艘大型海船，编号分别为二、三、四号船（1984 年发现的船为一号船），三艘古船位于南小海的西南角，南为二号船，北为三号船，在 1984 年发现的一号船的西部，保存较完整；四号船在二、三号的东北方向，仅存 4 块残底板。

本次考古发掘大致分为两个阶段。

第一阶段，清理发掘二号船。本次发掘之初，发掘目标为 1984 年清理一号船时就发现的二号船，因压在民房下无法发掘。2005 年 7 月 21 日，考古队进驻小海发掘现场。时过境迁，二十年后的小海周围环境发生了很大变化，原有民房拆除，相对目标模糊。再者四周都是现代建筑垃圾和水泥地面，二号船的准确位置难以确定。为此，我们首先请 1984 年参加发掘的人员到现场，辨认原来的地形地貌。并走访蓬莱水城南小海附近的居民，请他们回忆南小海周围环境变化情况。在此基础上根据现有资料大致划出了二号船埋藏的范围。届时蓬莱水城正在大规模地进行西城墙的修复工程，为了给二号船发掘提供一个宽敞的操作空间，我们在南小海的西南角确定了南北长 40 米，东西宽 30 米的发掘区，并用铁板墙围起来。为了搞清二号船准确位置和地层堆积情况，我们在发掘区中部偏东部位开挖了一条长 38、宽 2 米的南北向探沟。在距地表 3.5 米左右的第⑦层下，发现了部分船板遗存。在确定二号船位置和层位的基础上，我们逐层清理了压埋在船上的现代垃圾和现代淤泥扰乱层。在二号船第 4、5、6 舱清理出明代文化堆积（含零星瓷片），对推测二号船年代具有重要价值。

对出土古船在发掘过程中的临时性保护，考古队在工作开始时就十分重视，并多次开会进行讨论，咨询了国内有关专家，并请一些专家进行现场论证，我们制定了切实可行的临时保护方案。出土古船为大型木质结构，在夏日阳光的暴晒和强海风的作用下，很容易皲裂变形，所以我们在发掘过程中，对清理出的各类遗迹、遗物先用塑料薄膜遮盖，同时对整个船体定时喷洒蒸馏水保湿。在古船清理出来后，我们又在船上支架搭盖草苫进一步加强保护。由于本次清理的古船位于小海淤泥中，而淤泥中又包含各种霉菌，为了防止这些霉菌对船体继续侵害，我们对古船采用一定比例 PEG 和硼砂混合水溶液等化学方法进行整体喷洒，加强各类船材的化学保护措施，并取得较好效果。

第二阶段，清理发掘船材和三号船。在完成清理二号船以后，我们对小海地层堆积的特点和我们面临的考古发掘环境已有了清楚的认识。我们首先采取了两项措施。第一搭建大型防雨防晒棚；第二，在发掘区西、南、北三面挖排水沟，降低发掘区海水水位，借助地层浅表水和雨水，将淤泥中的咸水和污水替换出来，排到发掘区东侧的深坑中。这既减少了暴雨对古船发掘的影响，又降低了霉菌和海水对古船的侵害。我们根据二号船、船材和三号船所处相对位置，以及三号船堆积情况，将三号船分为东、西两个区。中间留取了可以横截二号船、船材和三号船的隔梁。在发掘过程中，我们还根据古船西侧高、中间低的特点，留取了东西向的小剖面，以控制层位变化。我们通过中间隔梁的东剖面，可以清楚地区分二号船、船材和三号船的早晚关系，所出遗物也帮助我们确定他们的年代。古船舱内堆积较厚，又有很多细微的遗物，所以我们对舱内淤泥采用水洗法进行筛选，发现了若干类植物种子，为研究古船的性质和用途提供了更多的考古信息（彩版二、三）。

三　古船研究概况

1984 年蓬莱古船的发掘，为学术界提供了崭新的研究资料，推动了中国古船与航运、海防以及对外交流等方面的深入研究。蓬莱古船的相关研究主要分为如下几个方面：

（一）蓬莱古船研讨会的召开与《蓬莱水城清淤与古船发掘报告》、《蓬莱古船与登州古船》的编辑与出版。

1987 年 11 月，在中国船史研究会召开的武汉研讨会上，烟台和蓬莱的文物工作者提交了《蓬莱水城清淤与古船发掘报告》，引起了与会的船史研究工作者的浓厚兴趣和高度重视，吸引了国内外学者对蓬莱古船展开多学科的讨论和研究。

1984 年蓬莱古船发现后，蓬莱市文化局组织考古、瓷器鉴定、古船研究、古史、军事史研究等方面的专家学者，对发现古船进行了深入地综合研究，并于 1988 年 10 月召开了“蓬莱古船与登州古港学术讨论会”，1989 年 9 月出版了《蓬莱古船与登州古港》一书，对研究成果进行了汇编。

《山东蓬莱水城清淤与古船发掘》一文，对古船的发掘做了详尽报道，对古船形制、用材、出土遗物等进行了介绍，对古船的时代、性质、废弃原因及其与蓬莱古港的关系以及蓬莱古港的对外交流等进行了探讨。认为该船的年代不晚于元末明初，有可能为南方所造，该船可能是元代用于巡视海防备倭的战船，因长期使用、无法修复而遗弃的。古船的发掘，对研究登州的历史和它在军事上的作用，具有十分重要的意义。

古船研究专家从船舶工程的视角，发表了三篇古船复原研究的文章，即席龙飞、顿贺先生的《蓬莱古战船及其复原研究》、杨槱先生的《山东蓬莱水城与明代战船》和辛元欧先生的《蓬莱水城出土古船考》。席龙飞、顿贺先生对古船的特点进行了详细的介绍，对船舶的类型、产地进行了探讨，认为该船是兵船，赞同“该船是南方所造”；对古船的主要尺度、型线、船的剖面结构以及古船的桅、帆和总体布置进行了复原研究，并复原了蓬莱古船总布置及帆装图，形象、直观的体现了蓬莱古船，并推测该船的总排

水量 173.5 吨。杨槱先生由船的长宽比分析该船为沙船，为明代水师所用；复原船长
35、阔 6.2、舱深 2.5 米，载重量 87 吨，排水量 189 吨；将史书与蓬莱水城结合分析，
海防舰队的规模达到几十艘大中型战船；并根据蓬莱古船对郑和远航舟师情况进行了分
析。辛元欧先生认为：发现的蓬莱古船应是一艘既异于宋时的中型刀鱼战棹，又异于明
时的大福船，而是一艘船型、帆装均有了进一步改进的，不脱浙江地区近海战船特色的
大型刀鱼战棹。

《蓬莱古船的年代及用途考》一文的观点基本同《山东蓬莱水城清淤与古船发掘》。
沈同惠先生的《蓬莱古船属具论析》，对小海发现的石碇、木碇、铁锚进行了分析，认
为这批石碇、木碇、铁锚不是同一年代的制品；而这些属具和出土的船也不在同一年
代。石碇系汉代以前制品，木碇为宋元时之前，铁锚为元代或明初。唐志拔先生《蓬莱
水城出土火炮的沿革初探》一文，结合国内出土的火炮，对出土火炮的年代和演变进行
了分析。

耿宝昌先生对发掘及历年清淤发现的瓷器进行了鉴定分析，使我们对所出瓷器的产
地、时代以及形成原因有了更好的了解，对我们认如分析蓬莱古船提供了参考。

鉴于蓬莱水城在我国古代北方港口中的重要地位，及其作为海防要塞的特殊作用，
多篇文章对蓬莱水城的历史沿革、蓬莱的对外交流、蓬莱水军的活动状况等进行了分
析。

《齐鲁文化与登州港》、《登州港与水城》《登州古港的港区变迁》、《登州古港建置沿
革及其历史地位略论》等文章对蓬莱古港、蓬莱水城的发展演变及其重要作用进行了探
讨。《海上交通与东方文明》一文从考古学文化与古代文献、古史考证的角度，对登州
古港在半岛先秦文化中的地位进行了探索。《古代登州港的对外交往》探讨了登州港对
外交往的过程及其航线，并对登州港对山东和我国的对外贸易和文化交流的促进作用进
行分析，对古港兴衰原因作了探讨。《蓬莱港历代水军活动概述》，对蓬莱港海上水军活
动情况进行了分析，对与水城有关的军港、卫所建制、防区划分以及水陆驻军名额作了
考证，对我们研究蓬莱海防有着重要的意义。

（二）蓬莱水城的调查勘测与《蓬莱水城》一文的发表。

早在 1979 年，罗勋章先生发表《蓬莱水城》一文，对蓬莱水城、小海及其周围地
形进行了测绘。对蓬莱水城的地理位置、地形、水城的相关设施及其发展演变历史进行
了考察，为后来的研究打下了坚实的基础。详见《科技史文集》第 2 集（上海科学技术
出版社，1979 年第一版）。

（三）"登州港与中韩交流国际学术讨论会"的召开与《登州港与中韩交流国际学术
讨论会论文集》的出版。

为研究中韩两国友好交流史，2004 年 8 月，在蓬莱召开了登州港与中韩交流国际

学术讨论会。会议提交论文 42 篇，出版了《登州港与中韩交流国际学术讨论会论文集》，发表文章 34 篇。中韩学者多从古史研究与考证的角度对登州港的历史演变与中韩交流及其与日本的交流情况进行了研究和分析。

袁晓春先生的《韩国新安沉船与中国古代沉船比较研究》和金炳堇先生的《从沉船看中世纪的中韩贸易交流》，通过蓬莱古船与中国古代沉船以及韩国新安沉船的对比研究，对蓬莱古船、新安沉船的时代、产地、性质等方面进行了探讨。袁晓春先生首先对我国已经发表的古船进行了检索，并与韩国新安沉船进行了对比研究，认为韩国新安沉船采用中国传统的"船壳法"造船方法，属中国福船，应为三桅木帆船，并认为新安古船和蓬莱古船在船体结构上有相似之处："舱壁板采用凹凸榫连接；均采用曲线形龙骨"。金炳堇先生首先对古代东亚及新安船的海上航路进行了探讨，并对新安沉船的出土遗物与泉州湾宋代海船发现异物进行了对比研究，认为：考察古代东亚和新安船的航路可知，从先史时代开始已经在利用海路进行交流，古代东亚的航路是从北路出发，而中世纪则主要利用南路；新安船是从中国宁波出发航向日本经由中间停驻高丽时，沉没在新安海底的；泉州宋代海船与新安船的构造为同一形态，都属福建制造的同一系统船舶；由船上遗物分析，当时乘船人员中有高丽人和日本人。

（四）1991 年 12 月，在上海召开"世界帆船发展史国际学术研讨会"，蓬莱文物工作者与会，作了专题报告，将蓬莱古船研究成果，向海外学术界进行了介绍。

1997 年、2004 年，蓬莱文物工作者两次应邀赴韩国，出席古代航海史及古船研究国际学术讨论会，将蓬莱古船研究成果向国外传播，引起国外学术界的关注。

2004 年，韩国国立海洋遗物展示馆与蓬莱市文物局，开展了中韩海洋文化遗产共同研究的项目，双方就中韩古船发掘、保护、研究等方面，开展合作和交流。

第三章　古船位置与地层堆积

在清淤和发掘范围内共清理发掘古船 3 处，编号为二、三、四号船（1984 年清理的古船现编为一号船），其中二号船（地理坐标：北纬 37.490768956、东经 120.445056315）、三号船（地理坐标：北纬 37.490796380、东经 120.445058300）位于南小海的西南角（彩版四）。二号船艏段高程为 −142 厘米，舯部第六隔舱板处高程为 −120 厘米（南端）和 −130 厘米（北端），艉端高程为 −60 厘米；三号船艏部高程为 −190 厘米（南端）和 −208 厘米（北端），舯部第五隔舱板处高程为 −251 厘米（南端）和 −202 厘米（北端），艉部高程为 −234 厘米（南端）和 −228 厘米（北端）；四号船在西围墙的东北方向，南端高程为 −290 厘米，北端高程 −253 厘米；在二号船北侧、三号船之上还发现船材一根，东端高程为 −209 厘米、西端高程为 −63 厘米（以上高程均以枯潮标高 0 计算。图四 −1）。

考古发掘区（图四 −2）上面为现代建筑垃圾，下面为港湾淤积层，地理环境特殊，淤泥层厚达 4～5 米深。我们采取开探沟的方法寻找古船的准确位置，并了解港内的淤泥堆积情况，同时，又采取垂直船体设纵横小隔梁的方法，对出土古船、船材及其周围淤泥堆积进行分段解剖，确定二、三号船和船材之间的地层关系（彩版五，1、2）。通过上述考古工作，该区域的地层堆积的普遍情况是：现代生活建筑垃圾层叠压着较厚的现代淤泥扰乱层，其下为较厚的明代中晚期层，再下为元末明初层。现以 TG1（彩版六）西壁 A—B 段为例说明如下（图五）。

第①层：黄沙土层（表层），较硬，厚 42～82 厘米。有六片水泥硬面，并夹杂大量石块、砖、瓦等现代建筑垃圾，同时也出土了一些青花瓷片。

第②层：黄褐土，较硬，厚 48～66 厘米。含较多现代砖、瓦、瓷碗残片及石头墙基等。

第③层：灰褐色淤泥层，夹杂一些黄土块，稍硬，厚 32～66 厘米。出土有现代砖瓦。

第④层：黄褐色淤泥层，较硬，厚 18～36 厘米。出土有现代红瓦等。

第⑤层：黄土层，夹杂零星淤泥块，较软，厚 16～40 厘米。出土有现代砖瓦和瓷

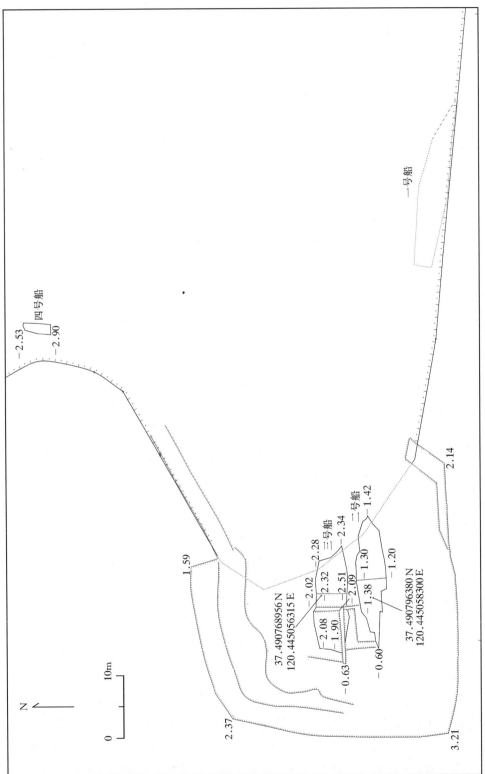

图四－1　古船出土位置图

图中数字为高程（单位：米）。高程以枯潮标高 0 计算。一号船位置是根据发掘者 1984 年原始记录补绘。

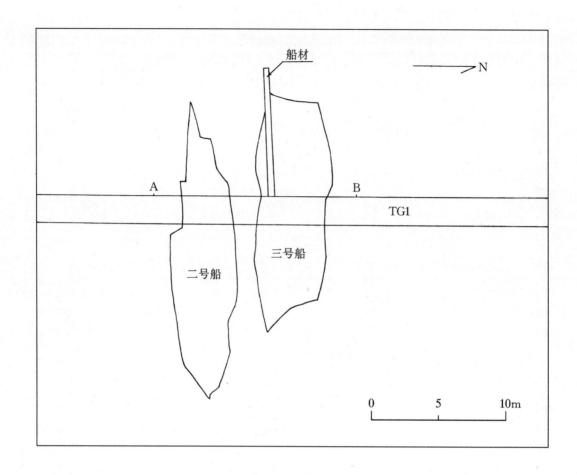

图四－2　发掘区平面图

碗以及明清时期的青花瓷器。

　　第⑥层：灰色淤泥层，较软，厚6～54厘米。出土有现代红瓦和元明清时期的瓷片。

　　第⑦层：青灰色淤泥层，较软，厚32～64厘米。出土有现代网坠、铁皮、现代及明清瓷片，该层下发现二号船和船材。

　　第⑧层：灰色淤沙层，含有蛤皮、棕绳丝等杂质，厚8～28厘米。出土有元明时期的瓷器残片等。

　　第⑨层：质地松软、含有少量舱料的灰色淤层，厚2～20厘米。出土有明代瓷片。

　　第⑩层：黑灰色淤泥层，较软，含蛤皮、木渣等，厚0～16厘米。该层出土了一些元明瓷片。

　　第⑪层：青灰色淤泥层，南部较软，内含木屑等杂质等，厚0～26厘米。

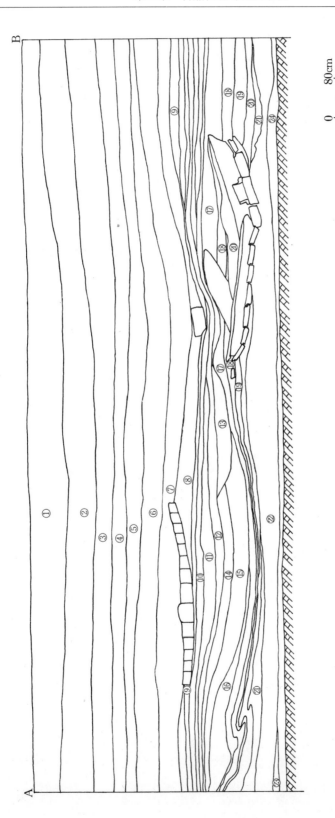

图五　探沟 1 西壁 A—B 段剖面图

第⑫层：褐色淤层较黏软，内含细沙和少量棕绳丝等，厚 6～22 厘米。

第⑬层：浅灰色淤沙层，含有多重浅黄色沙线，并掺较多杂棕绳丝等，厚 0～30 厘米。地层较短，只见于二、三号船之间。

第⑭层：黄灰色沙质淤层，稍软，带有黄色沙痕，厚 0～30 厘米。该层出土了 2 个瓷碗底、灰瓦等。

第⑮层：黑灰色沙质层，软硬，内含棕绳丝、蛎子皮、木屑等，厚 0～40 厘米。该层出土了明代青砖和瓦等。

第⑯层：黑色淤泥层，稍软，含杂质较少，厚 0～46 厘米。

第⑰层：黑褐色沙质淤层，厚 2～36 厘米。该层含有大量黑褐色粗沙，并掺杂大量木屑、舱料、棕绳丝等杂质，出土遗物比较丰富，主要有元明时期的瓷碗残片、明代青砖和瓦等，该层下发现三号船。

第⑱层：黑色淤泥层，较软、质地较纯，厚 2～34 厘米。该层发现了明代瓦片、石球等遗物。

第⑲层：黑褐色沙质层，软硬，夹粗沙内含木屑、棕绳丝等杂质，厚 0～30 厘米。

第⑳层：青灰色淤泥层，较软，含杂质较少，厚 4～34 厘米。土质较细腻，包含物比较丰富，主要有元明时期的瓷碗、瓷瓶、陶罐、石球、草绳、竹席以及松子等植物籽粒，三号船淤在此层中。

第㉑层：黑灰色淤泥层，仅见于探沟南部，较软，含有少量蛎子皮，厚 0～34 厘米。

第㉒层：深黑色淤泥层，较软，内含大量蛎子皮、棕绳丝、木屑等杂质，厚 10～66 厘米。该层出土了元代残瓷碗等。

第㉓层：黑灰色淤泥层，较软，质地较纯，厚 0～14 厘米。仅存在于探沟南部。

第㉔层：黄灰色淤泥层，厚 6～20 厘米。出土遗物较为丰富，主要有元末明初的瓷碗及一些碎瓷片。

第㉔下为黄沙土或黄土。

总体来看，⑦层以上为现代淤泥扰乱层和现代生活垃圾层，⑧～⑰层为明代中晚期层，⑱～㉔为元末明初层，二号船、三号船和船材的地层关系十分明确。二号船和船材淤在⑦层下和⑧、⑨层中，三号船淤在⑰层下和⑱、⑲、⑳层中。二号船与船材时代相同或相近，而三号船时代稍早一些。

第四章　古船形制和结构

二、三号船及船材位置相对比较集中，淤在西高东低的淤泥层中，其东北稍远处的四号船则淤在南高北低的淤泥层中。这些古船船体大，船型及技术存在较大的区别，代表了不同历史时期和不同种类的造船工艺特点。

一　二号船的形制与结构

二号船，方向91°，船体基本近水平，为瘦长的流线型，残存船底部，残长2150厘米，船舯残宽520厘米（图六；彩版七）。艉部和后面的舱壁板及船舷以上的船板已损坏掉，主龙骨、艏柱保存较好，为粗壮的圆方形。该船保存有6道舱壁板和7道舱壁板的残痕，共保留12个水密舱，加上艉龙骨，还应有若干舱，底板用材略显粗壮。前桅座因扰动移至艏柱左下方，其他桅座被破坏掉，船艏、船舯、船艉的船板有多处人工砍削等断痕。

1. 艏柱、主龙骨及补强材。

艏柱　榆木，保存较好，长478厘米，十分粗壮。前端为圆锥形，后端上为圆方形、下为圆圈形，上翘高度130厘米（彩版八，1）。后端有钩子榫口自上而下扣压在主龙骨上，钩榫长60厘米。钩子口西端还有矩形凸榫插在主龙骨的凹榫中，凸榫长6厘米（彩版八，2）。上下又有大铲钉、穿心钉、方形大铁锔与主龙骨、舱壁板相连接，方铁锔锔口长21、宽5.5、厚2.5厘米（见图六）。

主龙骨　松木，保存较好，横截面为圆方形，长1622厘米，十分粗壮（彩版九，1）。前部为蛇头形钩子同口，蛇头部前窄后宽，长60厘米，前端宽32、厚54厘米，后端宽48、厚52厘米；尾部宽34、厚16厘米。前端有钩子榫口向上与艏柱的钩子榫口相扣，东西纵向有矩形凹榫与艏柱连接，后部左右各有一夹板，以便与两侧翼板取平，同时夹板下龙骨两侧有斜槽榫加暗榫纵向与翼板连接，暗榫口长9.5、宽6~7、深4厘米；尾端有凹槽，应是接艉龙骨的槽口，口长30、宽34厘米、深8厘米（彩版九，2）。南北横向还有铲钉与翼板相连，与艏柱相连的钩子同口中部以及每一隔舱板处均有方铁锔与舱板相连（图七）。

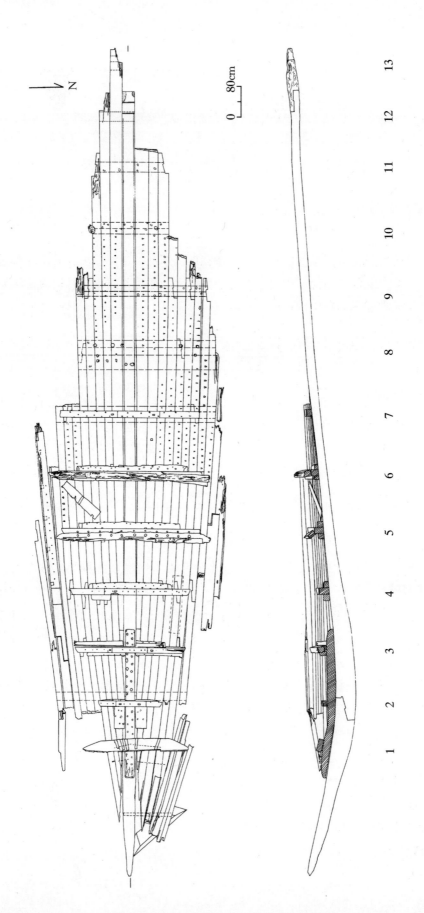

图六-1 二号船平、剖面图

0 80cm

N

1　2　3　4　5　6　7　8　9　10　11　12　13

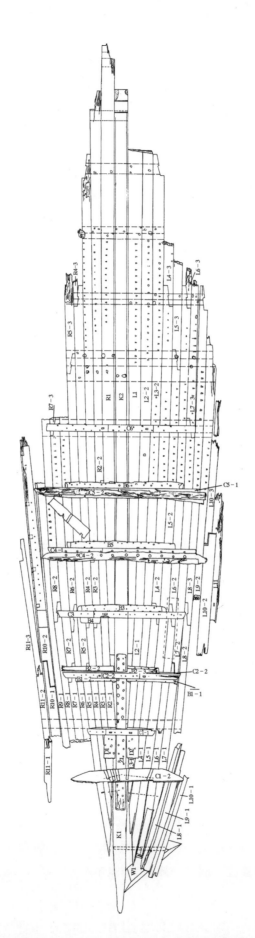

图六-2 二号船船材编号

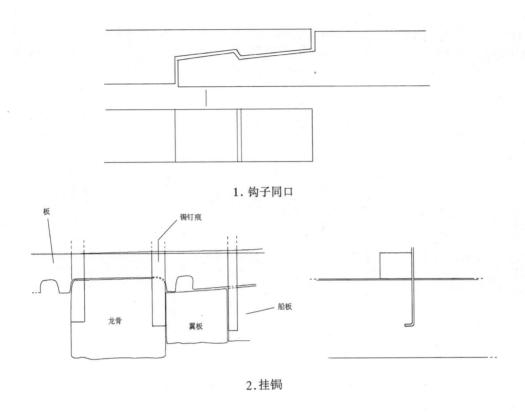

1. 钩子同口

2. 挂锔

图七　二号船局部结构示意图

补强材　设在艉柱和主龙骨之间，榆木，保存较好，横截面为圆方形，纵为凹弧形，长386、宽25、厚8～26厘米，其上与第2、3隔舱板的下层舱板的深凹槽扣合，与艉柱及主龙骨上下用圆头形铁钉加固（见图六；彩版一〇，1）。

2. 翼板及船板

翼板　位于主龙骨两侧，松木，均为独根方木，自艉部至艏柱收为弧形并逐渐变窄。右侧翼板，残长1572、厚24厘米，前端宽8厘米、后端宽36厘米；左侧翼板残长1322、厚20～24厘米，前端宽8、后端宽38厘米。其与主龙骨以大铲钉加固（彩版一〇，2）与舱板以锔钉相挂、与艏柱以蛇形同口加暗凸榫扣接，凸榫长9.5、宽6～7、深3～4厘米，其上又有两楔形夹板与龙骨取平，从形态上看，这两根船板就像两根护翼牢牢地固定在龙骨两侧。

船板　由翼板向两侧排列，左右两侧各有10排，包含松木、榆木和杉木，每列板由若干根方木连接而成（彩版一一，1），每根船板的长短和宽厚不一（表一）。船板纵向以木作的钩子同口连接，同口一般长50厘米左右，宽、厚与船板的尺寸相同（见图七，2；彩版一一，2）。横向则以铁铲钉和穿心钉加固，铲钉间距一般为14～20厘米不等，最窄的为12厘米。上下又有铁锔相挂，船板底部还有圆头形铁钉钉在隔舱板等部件上。各列船板的钩子同口交错压在舱板下面，板缝之间均用艌料封护。各列船板自船舯至艑柱弧收成尖头和尖底，底部呈"V"字形，而由第4舱至船艉则比较平直，底部呈"U"形（见图六；彩版八）。

表一　二号船船板一览表

名称	长（厘米）	宽（厘米）	厚（厘米）	同口长（厘米）
k1	478	40		60
k2	1622	40		60
L1	1332	8～38	21	
L2－1	622	25	21	50
L2－2	872	28	22	50
L3－1	647	20	20	50
L3－2	1015	28	18	52
L4－1	574	22	12	50
L4－2	842	26	18	50
L4－3	154	24	18	54
L5－1	496	23	20	48
L5－2	834	22	15	52
L5－3	270	16	18	52
L6－1	320	20	15	56
L6－2	847	21	18	56
3	98	14	24	
L7－1	482	20	11	52
L7－2	660	22	11	50
L7－3	395	22	11	
L8－1	650	20	24	
L8－3	844	36	22	50
L8－2	650	18	14	56
L9	652	25	11	
L9－1	352	16	12	

（续表）

名称	长（厘米）	宽（厘米）	厚（厘米）	同口长（厘米）
L10－1	296	16	12	31
L10－2	304	28	10	31
L10－3	254	18	10	
L10－4	90	10	9	
L11	320	26	8	
R1	1572	8～36	24	
R2－1	631	18	23	50
R2－2	1016	18	18	48
R3－1	642	18	16	55
R3－2	1010	24	18	60
R4－1	545	18	17	54
R4－2	852	23	18	54
R4－3	62	14		
R5－1	480	20	15	48
R5－2	816	22	18	52
R5－3	248	23	19	51
R6－1	340	17	16	67
R6－2	535	22	16	67
R7－1	198	11	13	67
R7－2	657	24	13	45
R7－3	44	14	13	
R8－1	351	20	11	50
R8－2	503	20		50
R9	662	19	11	
R10－1	190	16	12	64
R10－2	622	22	19	
R11－1	154	19	11	
R11－2	160	18	10	
R11－3	340	17	8	54

（续表）

名称	长（厘米）	宽（厘米）	厚（厘米）	同口长（厘米）
C2－1	172	14	44	
C2－2	288	14	32	
C3－1	314	13	16	
C3－2	114	13	28	
C4	327	16	32	
C5－1	379	14	26	
C5－2	426	14	18	
C6－1	386	16	24	
C6－2	440	16	30	
C7	398	16	18	
B1－1	148	10	18	
B1－2	84	10	16	
B2－3	79	12	28	
B3	228	16	12	
B5	280	16	14	
B6	300	10	12	
Z1	386	25	26	
W1	194	36	21	
D1	60	30		
D2	60	30		

3. 舱、舱壁板和抱梁肋骨

二号船残存 13 道隔舱板（或隔舱板残痕），第 1 隔舱板与第 2 隔舱板之间为第 1 舱，依次构成 12 个水密舱，其大小不一。第 1 舱宽度约 118 厘米，第 2 舱宽 140 厘米，第 3 舱宽 154 厘米，第 4 舱宽 156 厘米，第 5 舱宽 150 厘米，第 6 舱宽 158 厘米，第 7 舱宽 164 厘米，第 8 舱宽 146 厘米，第 9 舱宽 164 厘米，第 10 舱宽约 174 厘米，第 11 舱宽约 132 厘米，第 12 舱宽约 132 厘米。此外，从艏柱前部的右侧有一镉钉口观察，前端似还有一舱，宽约 166 厘米，而艉龙骨被破坏掉，艉部也应有若干舱，详情不明。

二号船残存的隔舱板为第 2 道至第 7 道，各隔舱板随船体横向弧形而设置，由艏部和艉部向舯部逐渐加宽（彩版一二，1）。

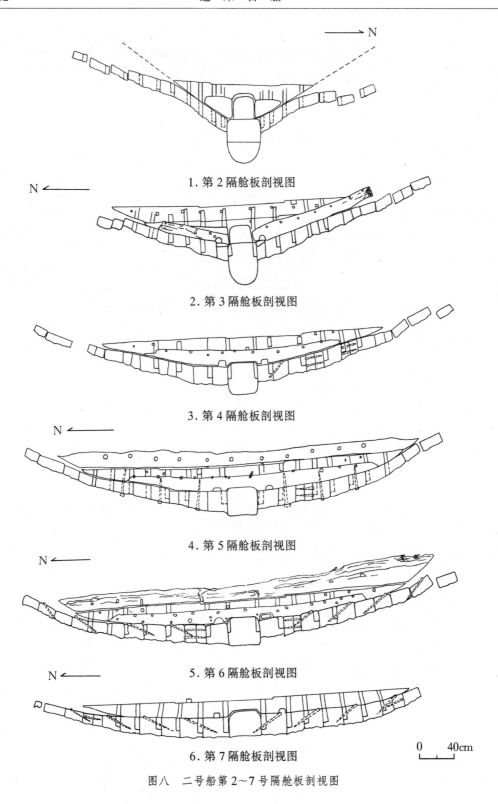

1. 第 2 隔舱板剖视图

2. 第 3 隔舱板剖视图

3. 第 4 隔舱板剖视图

4. 第 5 隔舱板剖视图

5. 第 6 隔舱板剖视图

0　40cm

6. 第 7 隔舱板剖视图

图八　二号船第 2～7 号隔舱板剖视图

　　第2隔舱板残存两层板，均呈倒梯形（图八，1）。最下层板顶端长172、厚14、高44厘米，中间有深凹槽与补强材相扣，凹槽高宽28、32厘米；顶端又有矩形凹槽与第二层板相扣合，槽长84、深2厘米，凹槽内还有两道上下串连的方形暗榫，暗榫间距为46厘米，榫口长6、宽2.5、深3厘米。第二层板长288、厚14、高32厘米，底端有凸榫，榫长68、高2厘米，顶端也有矩形凹槽，长144、深为4厘米，凹槽内有两暗榫，暗榫间距为106厘米。下层板东侧可见有8道方铁锔及锔槽，从位置来看，应与艉柱、主龙骨、翼板及外板相挂，第二层板西侧有5道铁锔槽，槽内偶见锈残的铁锔残块，从其位置来看，铁锔挂在下层舱板和船板上。两层板之间还有若干铁铲钉交错加固。

　　第3隔舱板残存两层板，均呈倒梯形（图八，2）。最下层板顶端长114、厚13、高28厘米，中间有深凹槽与补强材相扣，凹槽高宽28、20厘米，顶端有矩形凹槽，槽长90、深2厘米。第二层板顶端长314、厚13、高16厘米，底端有矩形凸榫与下层板相扣，榫长90、高2厘米；顶端有矩形凹槽，槽长105厘米，暗榫位于凹榫外，其间距为108厘米，暗榫长7.5、宽2、深4厘米。两层舱壁板西侧有11道锔槽，既与龙骨、翼板和船板相挂，两舱板也互相挂连，两舱板之间以及与龙骨、翼板、船板之间还有较多的铁铲钉予以加固。下层舱板有左右对称的圆方形流水口，宽、高各6厘米左右。

　　第4隔舱板残存一层板，呈倒梯形（图八，3）。舱板的顶端长327、厚16、高32厘米。其与龙骨有浅凹槽相扣，凹槽宽34、高4厘米。舱板顶部有矩形凹槽与其上的舱板相扣，槽长88、高2厘米，槽内还有方形暗榫与其上舱板相串连，方榫槽长8、宽4、深5.5厘米。舱壁板西侧有10道锔钉痕，锔钉与龙骨、翼板、船板等相挂，锔钉槽长46厘米左右，另有圆头形铁钉及铲钉予以加固。龙骨左右两侧有方形流水口，口宽、高各8厘米左右。舱底有几片瓷片和碎木块等。

　　第5隔舱板残存两层板，呈倒梯形（图八，4）。最下层舱板顶端长379、厚14、高26厘米。其与龙骨有浅凹榫相扣，凹榫宽36、高4厘米，顶端有矩形凹槽，槽长148、深2厘米。第二层舱板长426、厚14、高18厘米，朽坏比较严重。第二层板底端有矩形凸榫，榫长148、深2厘米，顶端有矩形凹槽，因朽坏无法判明其长度，槽内有两方形暗榫，榫口间距105厘米，暗榫长9.5厘米，榫口长6.5、宽3、深3厘米。两舱板之间另有圆头形铁铲钉加固。下层舱板与龙骨、翼板、船板有15道方铁锔相挂，锔钉长16~44厘米，并有圆头形铁钉从船底自下而上将船板与舱板固定。下层舱板龙骨两侧有圆方形流水口，口宽8~10、高6厘米。舱底有小量瓷片和碎木块等。

　　第6隔舱板残存两层板，呈倒梯形（图八，5）。最下层舱板顶端长386、厚16、高24厘米，顶端矩形凹槽，槽长155.5厘米。其与龙骨有浅凹槽相扣，凹槽长36、高4厘米。第二层舱板长440、厚16、高30厘米，朽坏严重。第二层板有矩形凸榫，与一层板相扣合，榫长155.5厘米；顶端有矩形凹槽，槽杓坏，长度不祥。又有两方形暗榫加固，暗榫口长7、宽2.5、深5.5厘米，两榫间距106厘米。两舱壁板之间另有圆头形铁铲钉加固。下层舱板与龙骨、翼板、船板残存12道挂方铁锔的痕迹，锔钉长22～34厘米，并有圆头形铁钉从船底自下而上将船板和舱板固定。下层舱板龙骨两侧有圆方形流水口，口宽16厘米左右，高6厘米。舱底有小量瓷片、残木板等。

第7舱壁板残存一层舱板，呈倒梯形（图八，6）。舱板顶端长398、厚16、高18厘米。其与龙骨有浅凹槽相扣，槽口长36、高7厘米。舱板顶端有矩形凹榫，长107厘米，凹榫有两方形暗榫，南侧残榫长15厘米，榫口长6～8、宽4、深5.5厘米，两榫间距为104厘米。舱板西侧残存13道方铁锔痕，锔钉长20～36厘米，并有圆头形铁钉从船底自下而上将船板和舱板加固。舱板龙骨两侧有圆方形流水口，口宽7厘米、高4厘米。舱底有小量瓷片、竹席等。

抱梁肋骨多设在舱壁板两侧，随船体弧度而设置，主要用来加固舱板和船板，用材也不一样，多为锥木。从残存的抱梁肋骨来看，除了第2隔舱板因东侧设桅座，只在西侧有肋骨外，余两侧均设有抱梁肋骨。其因用材随意而显得不十分规整，宽短不一（参见表一），可能多为造船的边角料。抱梁肋骨与舱板及船板均用较密的圆头形铁钉加固。龙骨两侧的抱梁肋骨均设有与舱板一样的流水口。

4．桅座、桅垫

桅座　只存前桅座，锥木，顶长190、底长106厘米，宽36厘米，高21厘米，两端随船体有两斜面。桅座上有两舵夹孔，孔中还有残木块应是舵夹木，孔长24、宽16、深10厘米（图九；彩版一二，2）。桅座底有凹槽扣在补强材上，槽口长26、高4厘米。

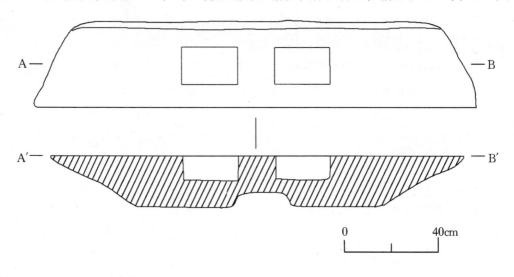

图九　二号船前桅座平、剖面图

桅座与船板、桅垫等以铁钉钉连。

桅垫共两块，位于第2隔舱板东侧补强材的两侧，紧贴第2隔舱板，斜插在补强材与龙骨两侧船板之间，南侧为锥木，右侧为樟木。两垫大小相同，长60、宽30、厚22厘米，基本与补强材齐平，桅垫与桅座、船板以铁钉钉连。

二号船在构造技术上，主龙骨与艉柱采用蛇头形钩子同口的木作技术，船板纵向连接用钩子同孔的木作技术，横向用铁质的铲钉和枣核钉加固，主龙骨与艉柱连接处有补强材。舱壁板两侧用抱梁肋骨加固，上下板采用了暗榫和挂方铁锔的连接技术紧密相叠，船板的所有接缝都用白灰、桐油和麻丝制成的艌料密封，铁钉孔则用不加麻丝的艌料封护，比较坚硬，工艺先进。二号船的用材主要是油松，艉柱、补强材等是榆木，其他还有锥木、樟木和杉木等（参见第六章）。

二 三号船的形制与结构

三号船，方向为276°，宽短型的船体向南倾斜较重，残存底部，残长约1710厘米，船舯残宽620厘米（图一〇）。艏部、艉部遭到扰乱，艉龙骨、船舷以上外板已损毁，主龙骨保存较好。三号船保存4道隔舱板和4道隔舱板残痕，可见8个舱。后桅座不见，中桅座保存较好，前桅座被现代灰窖扰至船西部淤泥中。中桅座位于第5舱（彩版一三、一四）。

1. 艉柱、主龙骨及补强材

艉柱 松木，方形，保存较好。纵为凹弧形，通长590厘米，十分粗壮（图一一）。前窄后宽，前宽42、厚12厘米，后宽61、厚22厘米，上翘高度92厘米。后端有直角同口加凸榫自上而下扣压在主龙骨上，同口长14、宽62、高10厘米，凸榫长16厘米（图一二，1）。艉柱侧面有6道方木栓与两侧翼板相连，其上又有补强材，补强材与龙骨以圆头钉和枣核钉上下紧密加固（彩版一五）。

主龙骨 松木，方形，保存较好。纵为凹弧形，长860、宽47～61、厚22厘米。其纵向有直角同口和凹榫与艉柱相扣，横向也有7道长方木拴与两侧翼板相连，补强材也是以圆头形铁钉和枣核钉与其紧密加固（参见图一一）。

补强材 松木，方形，保存较好。前方后尖，长827厘米，宽30厘米左右，厚6～17厘米。其与龙骨以枣核钉及圆头形铁钉钉连（图一三，1），舱壁板、中桅座以深凹榫与其相扣。

2. 翼板、船板

翼板 松木，位于龙骨两侧，十分粗壮，分为三段，前两段基本完好，艉段被叠摞在第八舱的船板上。艉段左翼板位于第7、8舱南侧的底板上，保存较好，艉段右翼板

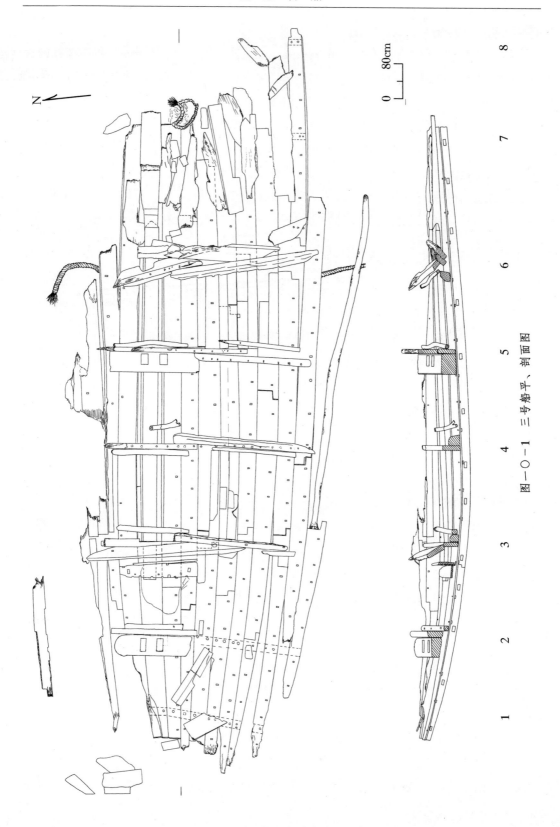

图—〇—1　三号船平、剖面图

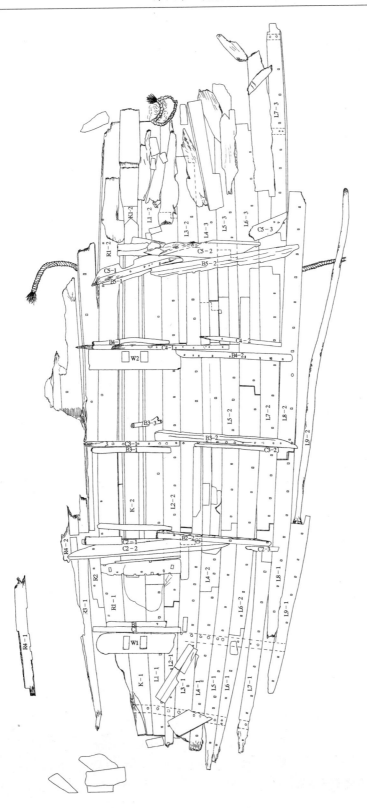

图一〇-2 三号船船材编号

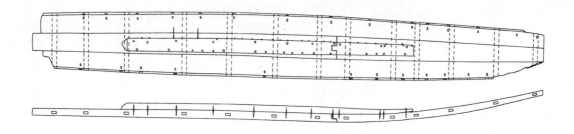

图一一　三号船龙骨、翼板平、剖面示意图

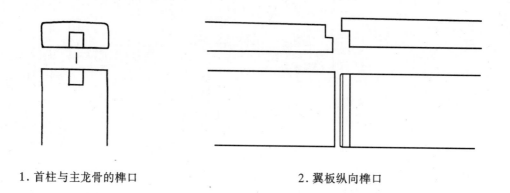

1. 首柱与主龙骨的榫口　　　　　2. 翼板纵向榫口

图一二　三号船局部结构示意图之一

位于第 7 舱北侧的底板上，残碎较严重。艏段左翼板长 414、宽 38～52、厚 12～20 厘米，舯段左翼板长 1010、宽 50～58、厚 22 厘米，艉段长 262、宽 25～40、厚 16～22 厘米；艏段右翼板残长 408、宽为 38～52、厚 12～20 厘米，舯段右翼板长 1000、宽 52～59、厚 22 厘米，艉段右翼板残长 154 厘米，宽、厚与艉段左翼板相近。左翼板三段相加为 1686 厘米，这大约是三号船底部的总长度。翼板纵向以矩形槽口相扣（参见图一二，2；彩版一六，1、2、3），艉段翼板的艉部呈拐尺形，直接相连，与龙骨形成抱拢之势，以增强保护龙骨的强度；横向与龙骨有长方形木拴相穿连（图一三，2），木栓为栗木。艏段翼板有 6 个方木栓，舯段有 7 个方木栓，艉段有 3 个方木栓，三者相加共有 16 道木栓，木栓长 110～175、宽 13、厚 6 厘米。木栓间距不等，最短间距为 54 厘米，最宽间距 150 厘米，龙骨、翼板的接口处木栓间距较短，其他地方则较宽（参见图一一）。翼板与左右第一列船板也有稍小的木栓相连，共有 15 道，木栓从侧面穿透船板，斜插在翼板的长企口上，翼板上的拴口深 10 厘米左右，翼板的外侧又有木钉榫与木栓钉连（图一三，3），以增大船体的横向强力。木栓长短依船板的宽度而定，宽 8～11、厚 4 厘米，木栓间距不一，最短为 25、最长为 117 厘米，木板接口处间距较短，每

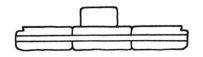

1．龙骨翼板木栓结构

2．翼板与船板木钉榫及木栓的连接结构

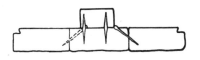

3．补强材与龙骨及龙骨与翼板的钉连结构

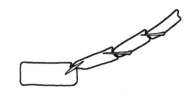

4．船板连接结构

图一三 三号船局部结构示意图之二

块板中间木栓的间距最长。

　　船板 均为松木，三号船板保存较差，尤其龙骨北侧仅保留3列，龙骨南侧保存较多，共有9列。长短、宽窄、厚薄因位置不同而不等（表二），中间较宽厚，长25.5～89、宽22～60、厚10～12厘米左右。船板之间横向采用鱼鳞搭接的技术（彩版一七，1），即先以长企口相扣（彩版一七，2），两板间上下再以木钉榫钉连（彩版一八，1）。木钉榫是从船板外侧自上而下钉连加固，外粗内细，木钉榫一般长38厘米左右，宽2厘米～6厘米左右，厚3～4厘米左右，同时还有铁钉从板外侧钉连加固（图一三，4；图一四，1）。翼板与船板还有木栓横向穿连（彩版一八，2）。纵向采用直角同口加暗榫的工艺（图一四，2），直口长一般为14厘米左右，最长达20厘米（彩版一九，1）。在船板的第三、四、六等舱都发现多处船体修补的痕迹，一般用较薄的方木板以铁钉和舱料加固和密封（彩版一九，2），长宽不一，显然该船废弃前已破漏不堪。船板与船底的翼板、龙骨构成"∪"形，三号船应为平底船。

表二 三号船船板一览表

编 号	长（厘米）	宽（厘米）	厚（厘米）
K1-1	590	42～61	22
K1-2	860	47～61	22
K2	827	30～31	17
L1-1	414	28～50	12～20
L1-2	1050	40～48	22

（续表）

编　号	长（厘米）	宽（厘米）	厚（厘米）
Y7（L1-3）	260	35~40	16~22
L2-1	325	22~34.5	11
L2-2	877	42	11
L3-1	454	38~52	11.5
L3-2	890	54	12
L4-2	670	46	11
L4-3	501	45~46.5	11.5
L5-1	560	56	11.5
L5-2	640	42~47	11
L5-3	345	45	12
L6-1	298	32.5	10
L6-2	572	36~51	11.5
L6-3	600	50	12
L7-1	528	34~42	10.2
L7-2	640	43~48	10.5
L7-3	503	49	11
L8-1	425	40.5	10.5
L8-2	617	42	9
L9-1	402	27~59	10
R1-1	408	38~52	12~20
R1-2	1000	52~9	22
R2-1	309	39~40	12.5
R2-2	460	40.5~45	11
R3-2	350	62	9
R4-1	255	30	6
W1	上198　下170	46~48	18
W2	上236　下165	49	
C1	上205　下165	34	12
C2-1	上250　下170	33	12
C2-2	上383　下268	45	10
C3-1	上240　下167	35	12
C3-2	上195　下175	38	10

编 号	长（厘米）	宽（厘米）	厚（厘米）
C4-1	上 260 下 161	35	12
C4-2	残 上 297 下 161	47	10
C4-3	残 上 200 下 173	43	10
C5-1	上 236 下 150	32	12
C5-2	残 上 150 下 176	45	85
C5-3	残 上 97 下 60	39	10
b1	150	直径 12	
b3-1	190	直径 12	
b2-2	270		
b4-2	265		

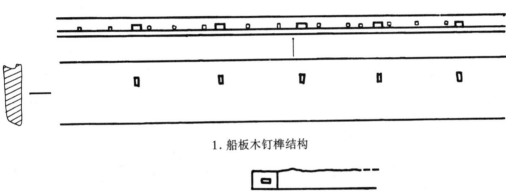

1.船板木钉榫结构

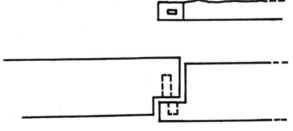

2.船板直角同口及暗榫

图一四 三号船局部结构示意图之三

3．舱、舱壁板和抱梁肋骨

三号船残存8道隔舱板（或隔舱板残痕），以船艏与第1隔舱板为第1舱，依次构成8个水密舱，大小不等。第1舱宽148厘米，舱底有残木板等。第2舱宽198厘米左右，舱底遗有陶片、残木板等。这两舱的残木板，较薄，有的还比较完整，长宽不等，可能是舱顶的用板。第3舱宽193厘米，舱底有草、残木板和小量近滩牡蛎壳及一堆陶片、草绳（彩版二〇，1）等。第4舱宽224厘米，舱底有陶片、草绳、石球和牡蛎壳等。第5舱宽223厘米，舱底有船形器等残陶片、瓷碗、石球、草绳、竹席（彩版二〇，2）和大量牡蛎壳（彩版二一）及料珠、松子（彩版二二，1）、瓜子、草种等。第6舱宽222厘米，舱底遗有瓷瓶（彩版二二，2）、瓷碗（彩版二三，1）、牡蛎壳等。第7舱因左六列板艉部板直口脱位，从平面看较宽，如减去脱维的距离，其舱宽为220厘米，舱底遗有瓷片、藤条（彩版二三，2）、竹片等。第8舱宽221厘米，舱底有数块船板叠在其上，这些船板从形制看应是船艉的船板，可能在某次清淤时将其迭摞在现在的位置（图一〇）。

隔舱板　隔舱板残存第3道至第6道，各道舱壁板较宽薄，并随船体弧形而设置，由艏、艉向舯部逐渐加宽（彩版二四，1、2）。

第3隔舱板残存三块，各板已错位，斜倒，呈倒梯形（图一五，2）。北侧下层板顶长250、底长170厘米，高33厘米，厚12厘米，并有深凹榫扣在补强材上，榫口长52、高12厘米。北侧上层板顶长383、底长268厘米，高45、厚10厘米。第3块板位于南端，长84、高30、厚10厘米，形制独特，可能与该隔舱板上的设施有关。舱板之间及舱板与龙骨、船板以交错的铁铲钉钉连。舱板东侧龙骨处有细肋、南为粗肋加固（图一五，2）。

第4隔舱板残存两块，错位并斜倒，呈倒梯形（图一五，3）。北侧板顶残长195、底残长175厘米，高38厘米，厚10厘米，并有深凹槽扣在补强材上，槽口长52、高18厘米。南侧板长240、底长167厘米，高35厘米，厚12厘米。舱板与龙骨、船板等以交错的铁铲钉钉连。舱板北侧西龙骨处有细肋、南侧东有粗肋加固。

第5隔舱板残存三块版，错位并斜倒，呈倒梯形（图一五，4）。北侧下层板顶长260、底长161厘米，并有深凹槽扣在补强材上，槽口长60厘米，高12厘米，上层板残长297、底残长160厘米，高47厘米，厚10厘米。南侧板残长200厘米，高43、厚10厘米。舱板与龙骨、船板等以交错的铁钉钉连。舱板北侧东龙骨处有细肋、南侧西有粗肋加固，北侧西还设有中桅座（图一五，4）。

第6隔舱板残存两块版，错位斜倒，呈倒梯形（图一五，5）。北侧板顶长236、底长150厘米，高32厘米，厚12厘米，并有深凹槽扣在补强材上，槽口长34、高16厘米。南侧下层板顶残长150、底残长176厘米，高45厘米，厚8.5厘米，上层板横放在第7舱，顶残长97、底残长60厘米，高39厘米，厚10厘米。舱板与龙骨、船板以交错的铲钉钉联。舱板北侧遭扰乱，龙骨处细肋不见，舱板南侧西有粗肋加固。

此外，在船头西侧现代灰窑处发现一舱壁板和桅座，因挖灰窑扰乱至此，以其形制与第2道隔舱板的痕迹相对照，应是第2隔舱板和前桅座。舱板顶长205、底长146厘米，高34厘米，厚12厘米。两端有钩榫与船板相挂，与船板以交错的铲钉钉连。其东

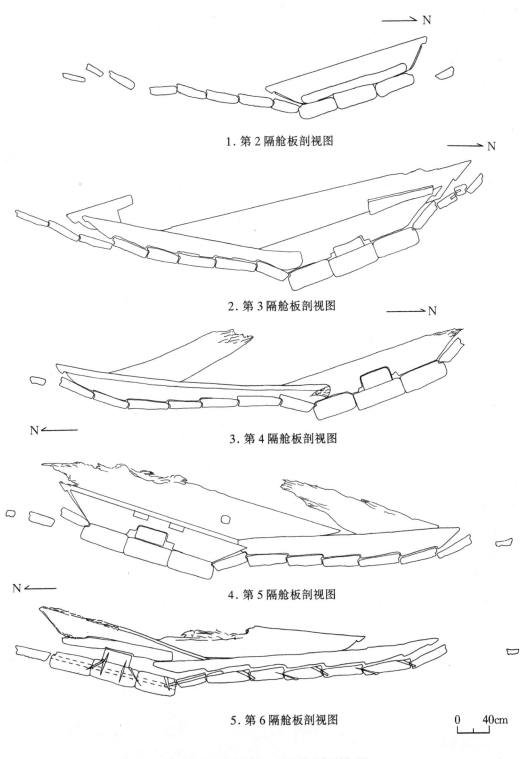

1. 第 2 隔舱板剖视图

2. 第 3 隔舱板剖视图

3. 第 4 隔舱板剖视图

4. 第 5 隔舱板剖视图

5. 第 6 隔舱板剖视图

0　　40cm

图一五　三号船第 2～6 号隔舱板剖视图

侧有细肋、西侧为前桅座（参见图一五，1）。

抱梁肋骨　三号船的抱梁肋骨很有特点，采用粗肋、细肋相结合的方法，交错加固在舱板一侧或两侧。粗肋制作比较规整，并有鱼鳞状的钩榫与船板横向钩连，肋骨与船板上下还有铁钉和木钉交错钉连，一般为中间厚、两端薄，长265~270厘米，宽20厘米左右，中间厚4~28厘米（彩版二五，1）。细肋则不十分讲究，为或直或弯的圆木棍，均加固在补强材的一侧，最长的达150~190厘米，直径为10厘米左右（彩版二五，2）。

4. 桅座

三号船共发现两桅座，为中桅座和前桅座，不见后桅座，可能被破坏掉了，前桅座移位，中桅座保持原位且保存较好。

前桅座　松木，顶长198、底长170、宽48厘米，高26厘米。两侧随船体弧度有小斜面，座底较平，座顶有两舵夹孔，中间两孔大小相同，孔长30、宽14、深8厘米，第三孔长、宽均为10厘米，深14厘米。其与船板及舱板均有铁钉钉连（彩版二六，1）。

中桅座　松木，保存较好。顶长236、底长165，宽51厘米，高30厘米。两端有直口与船板相扣，口长24、宽18、深6厘米。座底有深凹槽与补强材相扣，槽口长60、高18厘米。座顶中部有两舵夹孔，孔长25、宽18、深6厘米。其与舱板、船板均有铁钉钉连（参见图一〇；彩版二六，2）。舵夹内淤有松子、料珠、碎木屑等。

在构造技术上，3号的船板宽薄，主要采用了鱼鳞搭接的技术，纵向以直角同孔加凹凸榫的技术，横向则以长企口、木栓和方形木钉榫（彩版二七，1）相连，并用枣核钉横向加固。龙骨为粗壮的方木，艄龙骨与艏龙骨有粗壮的补强材，龙骨与两侧翼板有粗壮的长方木栓（彩版二七，2）相串联。舱壁板较宽薄，两侧有抱梁肋骨，且龙骨及舱板两侧粗肋和细肋相互交错以加固舱板，粗肋有钩形榫与外板相扣，船肋上木钉和铁钉相间，有规则的钉在船板上，细肋钉在龙骨及补强材上，主要起加固隔舱板的作用。舱壁板处的龙骨、翼板、船板底面均有圆头形铁钉自下而上钉在舱板和肋骨上。所有船板的接缝也全用白灰、桐油和麻丝制成的艌料密封，铁钉和用不加麻丝的艌料封护。三号船主要采用了较原始的木作技术和铁钉相结合的工艺，但其构造技术也很合理。三号船的用材均为油松。

三　四号船及其他构件

1. 四号船

四号船虽只剩4块底板，但船材也十分粗壮，构造技术和用材与三号船比较接近，

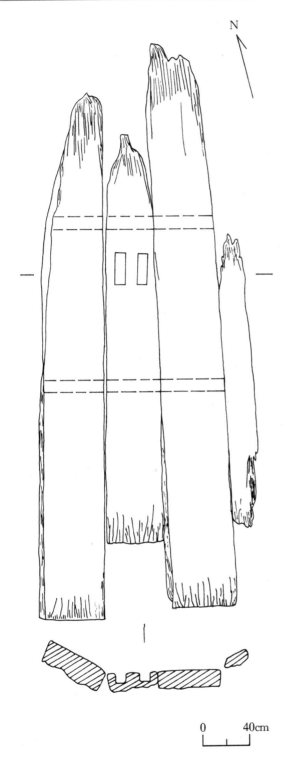

图一六　四号船平、剖面图

残长 480、残宽 196 厘米。从结构和形制来推断，似为船艉的龙骨和翼板。龙骨残长 346、宽 20～44、厚 16～20 厘米，前端有两长方形插孔，可能是舵的插孔。其与两侧翼板用宽大的长木栓相穿连，两侧翼板大小大致相同，残长 480 厘米左右，宽 26～52、厚 10～22 厘米，外侧有长企口与船板相扣（图一六；彩版二八）。

2. 船材

位于三号船西南侧淤泥的上方，保存较好，圆方木，为格木，长 9.24米，东端宽、薄，西端窄、厚，东端上宽 65、下宽 50、厚 26 厘米，西端宽 45、厚 34 厘米。西端有水路拖运的拴孔，东部有粗加工的浅槽，可能用作舵杆或龙骨等（图一七；彩版二九）。

3. 艌料、铁钉、棕绳等

艌料　从本次发现的两艘古船来看，艌料用得比较多，所有的板缝及钉子孔眼等均用艌料密封，板缝用加麻丝、桐油、白灰调制的艌料密封，钉孔等则用不加麻丝的桐油和白灰调制的艌料封护。同时由于两船的时代和结构不同，所用艌料也存在一定的区别。二号船的艌料颜色稍浅，且十分坚硬；而三号船的艌料颜色较深，比较松软。可能与桐油、白灰的调制比例有关，尚需进一步的测定进行量化分析（彩版三〇，1）。

铁钉　二、三号船的船板之间的连结和加固均大量使用铁钉，三号船

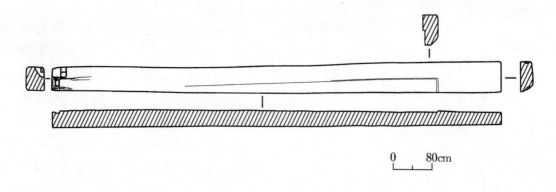

图一七　船材平、剖面图

相对少一些，连接的部位不同，铁钉的种类也存在一定的差异，二号船还有铁锔钉。铁钉主要有铲钉、圆头形钉、穿心钉等，铲钉通长一般在 30 厘米左右，圆头形铁钉长一般在 30~50 厘米，穿心钉一般长 35~50 厘米，最长的达 60 厘米左右。二号船和三号船淤泥之间出土的两件，均锈蚀、残断。标本⑨:7，长条形，顶端为尖头，已断，残长 9 厘米。横截面为长 2 厘米的方形（彩版三〇，2）。

　　棕绳　二、三号船周围均发现棕绳及凌乱的碎棕丝，较长的棕绳有 4 根，分粗、中、细三种，其中粗棕绳 1 根，中棕绳 2 根。1 根中棕绳的压在二号船西部北侧的淤泥中，比较凌乱，长度不详；另一根压在三号船艉部的船底淤泥中，残长 650、直径 6 厘米。粗棕绳压在三号船东部船底淤泥中，残长 960、直径 9 厘米；细棕绳与粗棕绳位置大致相同，残长 450、直径 3 厘米，这两根棕绳应系在一起，以拴系船锚（彩版三一）。

第五章　遗　物

本次发掘出土及古船附近清淤过程中采集的不同时期各类遗物共 96 件，多为各种生活用具。这些遗物多数与古船没有直接的关联。以下分类介绍。

一　出土遗物

本次出土的遗物主要发现在⑧、⑨、⑩层和⑰、⑱、⑳层中，即与二号和三号船相关的上下堆积层中及船底板上。共出土遗物 73 件（表三），其中陶器 5 件，瓷器 46 件，其他器物 15 件。有陶器、瓷器、石器及青砖、灰瓦等。陶器有船形壶、缸和盆等；瓷器有青花瓷碗、青瓷碗和碟、酱釉瓶和瓷罐、白瓷碗、粉青沙瓷小碗等；其他有石球、料珠、青砖、灰瓦等。此外还出土了松子、瓜子等植物种子及出土牡蛎等海洋生物。

（一）陶器

出土 5 件，且多残碎，可辨器形有缸、船形壶、钵、盆、罐等，复原 3 件。

缸　1 件。标本⑳:1，残存上半部，位于三号船第 3 舱底板上，还有一圈草绳与其叠在一起。夹砂灰陶，侈口，圆方唇，卷沿，圆肩鼓腹。腹饰绳纹，腹中部饰三道旋纹，腹内壁遍饰不规整的弦纹，弦纹之间点缀似星状的花纹。口径 16、残高 15.6 厘米（图一八，1）。

船形壶　1 件。标本⑳:3，残，复原，位于三号船第 4、5 舱淤泥中。夹砂灰陶，陶质较硬。器身呈船形，小侈口，圆唇，卷沿，矮领，圆腹，一端器壁平直；一端为弧形，口稍偏于弧形一侧。腹及圜底满饰旋纹，旋纹之间饰有破印纹。长 45.7、宽 26.2、高 27.3 厘米（图一八，2；彩版三二）。

盆　2 件，复原 1 件，依口沿分为两型。

A 型　1 件。标本㉒:7，复原，位于探沟北部。泥质灰陶，敞口，圆唇，翻卷沿，腹微鼓，底内凹。素面。口径 42.7、底径 31.8、高 17.5 厘米（图一九，1；彩版三三，1）。

B 型　1 件。标本㉓:1，残存口沿，位于探沟南部。泥质灰陶，敞口，圆唇，卷沿，上腹饰两道弦纹。口径 31.8 厘米（图一九，2；彩版三三，2）。

陶钵　1 件。标本⑦:3，复原，位于探沟北部。泥质灰陶，敞口，圆方唇，斜折

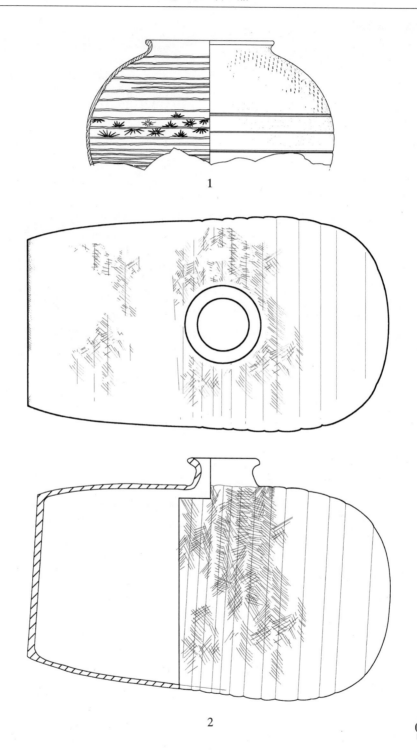

图一八　出土陶缸、船形壶

1.陶缸㉑:1　2.船形壶㉑:3

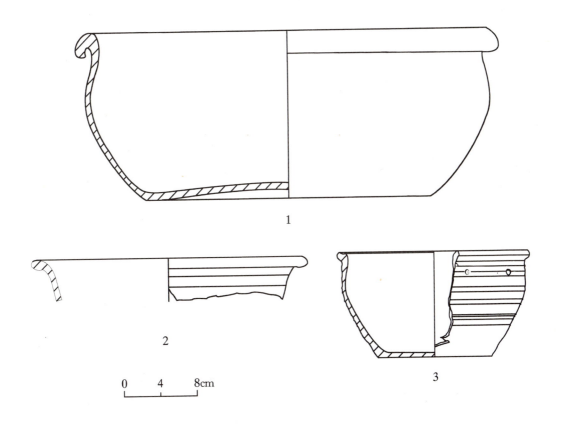

图一九 出土陶盆、钵
1.A型陶盆㉒:7 2.B型陶盆㉓:1 3.陶钵⑦:3

沿。上腹微鼓，平底。沿下有两对对称的小孔，外壁饰数周旋纹。口径20.5、底径12.5、高11.2厘米（图一九，3；彩版三三，3）。

（二）瓷器

瓷器标本46件，可辨器形35件，可复原17件，余多为残片，是这次发掘中出土遗物最多的一类，其中包括青花、青瓷、白瓷、酱釉瓷、茶叶末釉瓷、粉青沙瓷等，器形有碗、盘、瓶、罐、盅等，以碗的数量为最多，时代为元、明、清等不同时期，其中元、明时期的瓷器占较大的比例，窑口有磁州窑、北方窑、龙泉窑、景德镇窑和北方民窑。

1.青花瓷器 共有9件，可辨器形7件，可复原5件。主要发现于⑩层以上的堆积，主要器形为碗，另有小盅一件。

碗 7件，依腹分为三型。

A型 3件，青花小碗，器体较小，腹较浅。标本⑰:16，残留底部，位于三号船

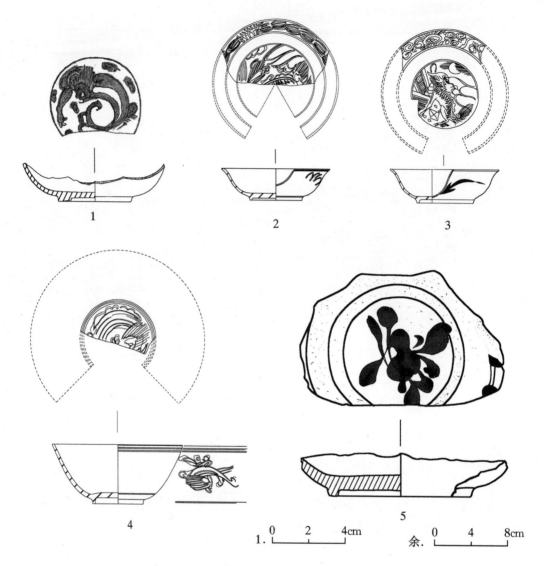

图二〇　出土青花碗

1.A型青花小碗⑰:16　2.A型青花小碗⑤:5　3.A型青花小碗⑩:3　4.B型青花碗⑤:1　5.C型青花碗⑦:2

第 4 舱⑰层淤泥中。玉璧状圈足向内倾斜，沙底未施釉，有跳刀痕，白胎，器内底饰变形蟠螭纹，底径 4.1 厘米，残高 2 厘米（图二〇，1；彩版三四，1、2）。标本⑤:5，位于探沟北部，敞口，圆唇，腹微鼓，矮圈足，白胎，内沿饰青花图案一周，器内底饰麒麟，外壁饰零散青花，足底有扰沙，口径 11.5、底径 5.5、高 3.3 厘米（图二〇，2）。标本⑩:3，位于探沟西南角。内沿饰青花图案一周，器内底饰麒麟，口径 11.7、底径 6.1、高 3.5 厘米（图二〇，3；彩版三四，3、4）。

B 型　2 件，器体稍大，腹较深。标本⑥:2，位于探沟北部。敞口，圆唇，弧腹，刀削状圈足。器内心饰松竹梅图，外沿饰青花纹，施釉较厚，有严重的缩釉现象，足底心无釉。口径14.8、底径6.2、高4.7厘米（彩版三五，1、2）。标本⑤：1，位于探沟北部。敞口，圆唇，弧腹，馒头底圈足。器外壁饰青花，内底饰变形螭螭纹，全施釉。口径14.3、底径5.6、高6.2厘米（图二〇，4；彩版三五，3、4）。

C型 1件。标本⑦：2，残存碗底，位于二号船船艉北侧。大圈足较矮，内底饰青花。底径15.4、残高4.4厘米（图二〇，5；彩版三五，5）。

青花小盅 1件。标本⑥：1，残，位于探沟北部。敞口，圆唇，腹微鼓，圈足较小，白胎。外壁饰青花。圈足施满釉。口径15.5、底径5.6、高3.2厘米（彩版三五，6）。

2.青瓷器 16件，可辨器形13件，可复原7件，全为残片。器形主要是碗类，还有盘、罐等。

碗 5件，依口、底分为四型。

A型 1件。标本㉔：4，基本完整，位于探沟南部。敞口，圆唇，折沿，腹微鼓，矮圈足。釉色白中显黄，灰胎。碗口沿部饰弦纹。碗内底有支烧痕迹，残留火石红。外施釉不及底，足有火石红。口径17.1、底径7.6、高6.7厘米（图二一，1；彩版三六，1、2）。

B型 4件。标本⑦：1，残存底部，位于二号船船艉西侧。圈足高且施釉，底厚，内心有青红涩圈。青釉，红胎。残高7.1厘米，底径7.1厘米（图二一，2）。标本⑩：2，残存口沿，位于二号船船艉北侧，敞口，圆唇，弧腹微鼓。青釉，白胎，内、外壁挂舱料。残高3.5厘米（图二一，3；彩版三六，3）。

C型 1件。标本⑳：7，可复原，位于三号船第5舱。敞口外撇，圆唇，微鼓腹，圈足较小，有鸡心底。青釉泛黑，白胎，底未施釉。内底和外底饰旋纹。口径16、底径5.8厘米（图二一，4；彩版三六，4、5）。

D型 1件。标本⑧：4，残存口沿，位于二号船第4舱。敞口，圆唇。青釉，外壁饰数周旋纹。残高7.2厘米（图二一，5；彩版三七，1）。

青瓷盘 3件。标本㉒：3，位于探沟北部㉒层淤泥中。敞口，圆唇，青釉，灰胎。有少量开片，并有重釉现象。口径14.9、底径8.7、高4厘米（图二一，6；彩版三七，2、3）。

青瓷罐 1件。标本⑳：23，位于三号船第4、5舱层淤泥中。侈口，双唇，卷沿，上腹微鼓，平底。青釉，灰胎，下腹拍印方点纹。口径10、底径12.6、高26.2厘米（图二一，7；彩版三七，4）。

3.白瓷器 6件，可辨器形6件，复原1件，均为碗类。

碗 4件，依口、底分为三型。

A型 1件。标本⑳：18，基本完整，位于三号船第7舱底板下。大敞口，圆唇，

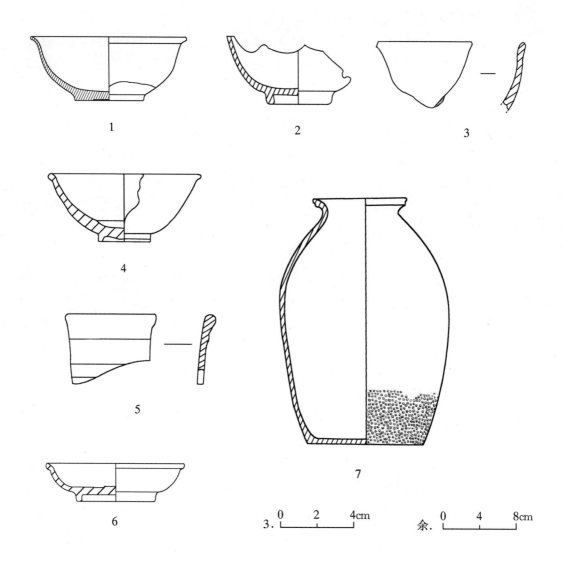

图二一　出土青花瓷碗、盘、罐

1.A型青瓷碗㉔:4　2.B型青瓷碗⑦:1　3.B型青瓷碗⑩:2　4.C型青瓷碗⑳:7　5.D型青瓷碗外壁⑧:4
6.青瓷盘㉒:3　7.青瓷罐⑳:23

斜直腹微弧，玉璧状圈足较浅。器内施满釉，内心有褐色的涩圈，内沿及内底各有一周墨圈，内壁还有随意抹的墨痕。器外未施釉。磁州窑系。口径 18.6、底径 6.8、高 6.2 厘米（图二二，1；彩版三八，1、2）。

　B型　2件。标本㉑:1，残存口沿。敞口，圆唇，折沿，斜直腹。白釉，白胎，胎较粗，外施酱彩。口径18厘米，残高4厘米（彩版三八，3）。标本⑳:24，残存口沿，位于三号船第七舱底板上。敞口，圆唇，斜直腹。白釉，白胎。口径19.7、残高6厘

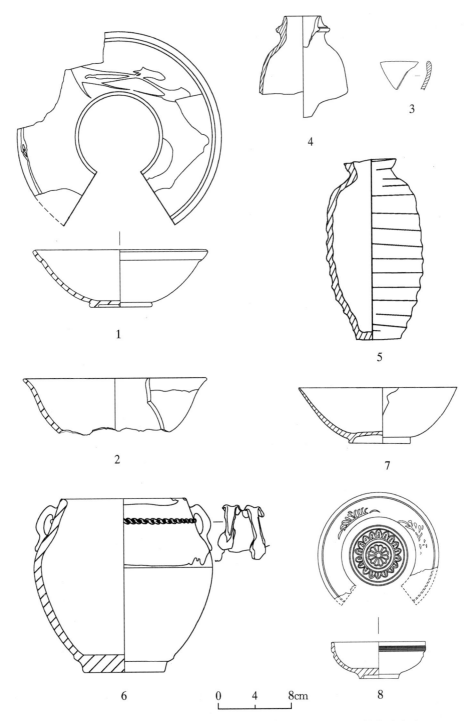

图二二 出土白瓷碗、酱釉瓷碗、瓶、罐、茶叶末釉碗、粉青沙瓷碗

1.A型白瓷碗㉑:18 2.B型白瓷碗㉑:24 3.酱釉瓷碗⑮:4 4.A型酱釉瓶㉑:8 5.B型酱釉瓶㉑:21 6.酱釉罐㉑:2 7.茶叶末釉碗㉑:2 8.粉青沙瓷碗㉑:20

米（图二二，2；彩版三八，4、5）。

C型　3件。标本⑰:7，残存底部，位于三号船第4舱。内底较圆，玉环型圈足较高，内施白釉，足底无釉，胎白中显黄。底径5.8、残高2.3厘米（彩版三八，6）。

4.酱釉瓷器　7件，可辨器形7件，可复原2件，有碗、瓶、罐等器类。

碗　1件。标本⑮:4，残存口沿部。位于二号船艉北侧⑮层。敞口，圆唇，斜直腹。外壁未施釉，内施褐釉，内底未施釉。胎显黄，残高3厘米（图二二，3；彩版三九，1）。

瓶　5件，依口分为两型。

A型　4件。标本⑳:8，残存上部，位于三号船第6舱。子母口，圆唇，束颈，溜肩，腹微鼓，小平底。酱釉，红褐色胎。口径3.9、残高10.5厘米（图二二，4）。

B型　1件。标本⑳:21，位于三号船第六舱南部。侈口，平沿，束颈，溜肩，腹微鼓，小平底。酱釉，红褐色胎。口径4、底径5、高19厘米（图二二，5；彩版三九，2）。

罐　1件。标本㉑:2，位于探沟南部。敛口，圆唇，溜肩，鼓腹，平底。肩上有对称的两桥形耳，颈部栓有麻绳，贯穿双耳。上部施酱釉，下部未施釉，灰白胎。口径13.4、底径8.6、高18.4厘米（图二二，6；彩版三九，3）。

5.茶叶末釉瓷碗　1件。标本⑳:2，位于三号船第5舱。敞口，圆唇略尖，斜直腹微鼓，圈足。茶叶末釉，胎略红。内底有涩圈，施釉不及底。口径17.2、底径6.7、高5.8厘米（图二二，7；彩版三九，4、5、6）。

6.粉青沙瓷碗　1件。标本⑳:20，位于三号船第6隔舱板北部下。敞口，圆唇，直腹较深，小圈足较平。青釉，灰白胎较细，胎釉结合紧密，瓷化程度较高。通体施釉，内底嵌白色莲花，器内壁嵌白彩波浪纹，器外壁嵌四道白彩弦纹，下又有一周深旋纹。口径10.2、底径4.3、高3.9厘米（图二二，8；彩版四〇）。

（三）其他

1.石球　共3件。依形制大小分两型。

A型　2件。标本⑳:6，位于三号船第4舱北部底板上。大体呈扁圆形，石灰岩琢制而成。长径10.8、短径10.5厘米（彩版四一，1）。

B型　1件。标本⑳:14，位于三号船第5舱北部底板上。形状为长圆形，沙岩琢制而成。长径11.4、短径10.5厘米（彩版四一，2）。

2.陶纺轮　1件。标本⑧:3，位于二号船第3舱。泥质灰陶，饼状，圆形，含少量沙粒。中间有孔。外径4、孔径1厘米（图二三，1；彩版四一，3）。

3.青砖　4件，依形制大小分为两型。

A型　3件。残，位于二号船第5舱底板下和三号船第4、5舱上⑰层淤泥中。标本

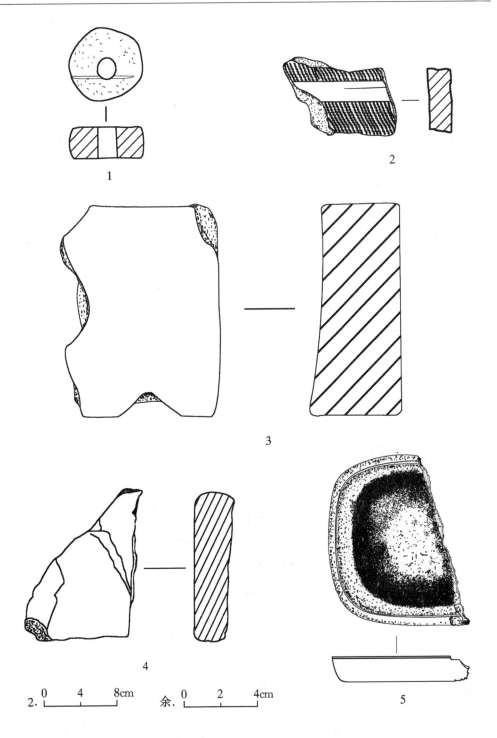

图二三　出土陶纺轮、瓦、青砖、砚台

1.陶纺轮⑧:3　2.A型瓦⑰:23　3.A型青砖⑰:19　4.B型瓦⑰:4　5.砚台⑤:3

⑰:19，泥质灰陶，方形，形体大而粗厚。残长22.4、残宽17、厚10厘米（图二三，3；彩版四一，4）。

B型 1件。标本㉔:1，微残，位于探沟南部。长方形，泥质灰陶。残长15.7、宽8、厚5厘米（彩版四一，5）。

4．灰瓦 5件。泥质灰陶，内壁印有布纹，依形制分两型。

A型 2件。⑰:23，位于三号船第4舱⑰层淤泥中，已残，饰有绳纹，残长6.15、宽3.5、厚1.3厘米（图二三，2）。

B型 3件。标本⑰:4，位于三号船第3舱⑰层淤泥中，残长7.9、残宽6.5、厚2.1厘米标本（图二三，4；彩版四二，1、2）。

5．砚台 1方。标本⑤:3，位于探沟北部。一端已残，墨池呈椭圆形，中间有蓄墨凹槽，周边饰双线纹。残长7.7、宽9、厚1.3厘米（图二三，5；彩版四二，3）。

6．料珠 1件。标本⑳:12，残存一半，位于三号船中桅座北孔，一端粗一段细，有中孔，粗端孔径0.5、细端孔径0.3厘米（彩版四二，4）。

7．植物种子 植物种子主要发现在三号船的第5、6舱及中桅座的双孔中，包括西瓜子、松子等。

葏草种子 5枚。标本⑳:13，位于三号船第6舱淤泥中，长1.152～1.757、宽0.945～1.166厘米（彩版四三，1）。

西瓜子 共8枚。标本⑳:15，位于三号船第5舱中桅座北孔，长1.026～1.219、宽0.666～0.780厘米（彩版四三，2）。

松子 约150枚左右。标本⑳:16，位于三号船第5舱中桅座北孔，均有孔，为食后所弃，长1.152～1.757、宽0.945～1.166厘米（彩版四三，3）。

8．海洋生物 本次发掘发现的海洋生物有牡蛎、蛤仔、鱼骨、象牙光角贝、泥蚶、脉红螺及船蛆等，主要出土于⑯～⑳层中，多为当地近滩海洋生物。

象牙光角贝 2件。标本⑳:11，残，位于三号船的第6隔舱板东壁上。细长，略弯曲，一端如笔尖，壳薄易碎，白色，长6厘米左右，最大径4厘米左右（彩版四三，4）。

牡蛎 主要发现在⑮～⑰层中，主要长在船材和三号船的船板周围，数量较多。牡蛎大小不一，大的长10、宽5厘米左右（参见彩版二六）。

表三 发掘出土器物一览表

编 号	名 称	完整状况	型	时代、窑口	出土地点
1	青花碗	可复原	B型	明早期，景德镇窑	探沟北部⑤层
3	灰石砚	残			探沟北部⑤层
5	青花碗	可复原	A型	明晚期，景德镇窑	探沟北部⑤层

（续表）

编号	名 称	完整状况	型	时代、窑口	出土地点
1	青花小盅	可复原		明晚期，景德镇窑	探沟北部⑥层
2	青花碗	可复原	B型	明早期，景德镇窑	探沟北部⑥层
1	青瓷碗	残存碗底	B型	明初，龙泉窑	二号船艉西侧⑦层
2	青花碗底	残	C型	民国	二号船艉北侧⑦层
3	陶钵	可复原		民国	探沟北部⑦层
1	青花瓷片	残		明晚期	二号船三舱⑧层
2	瓷口沿	残存上部		元～明	二号船五舱⑧层
3	陶纺轮	基本完整			二号船三舱⑧层
4	青瓷碗口	残	D型	明代	二号船四舱⑧层
6	瓷片	残存小片			二号船四舱⑧层
4	瓷片	残存小片		明	二号船五舱⑨层
7	铁钉	残		明代	二号船北侧⑨
8	酱釉瓷瓶残片	残存口沿	A型	元代，本地窑	二号船四舱底板下⑨层
10	青瓷瓷片	小残片		元末明初	二、三号船之间⑨层
11	青砖	残	A型	明代	二号船六舱板下⑨层
12	瓷片	小残片		元	二号船二舱船板下⑨层
2	青瓷碗口	残	B型	元代，龙泉窑	二号船艉北侧⑩层
3	青花碗	可复原	A型	明晚期，景德镇窑	探沟西南角⑩层
1	青瓷碗底	残	B型	元末，枢密釉	探沟北部⑭层
2	白瓷碗底	残	C型	元末，仿哥釉	探沟北部⑭层
1	青砖	残	A型	明代	三号船二舱⑮层
3	青花瓷片	小残片		明初	二、三号船之间⑮层
4	酱釉碗	残存口沿		明代，本地窑	二号船艉北侧⑮层
1	白瓷碗底	残	C型	元代，本地窑	三号船三舱⑰层
3	瓷片	小残片			三号船五舱⑰层
4	灰瓦	残	B型	明代	三号船三舱⑰层
5	青瓷碗底	残	B型	元末明初，龙泉窑	三号船四舱⑰层
7	白瓷碗底	残	C型	元末明初，本地窑	三号船四舱⑰层
9	灰瓦	残	B型	明	三号船四舱⑰层
10	酱釉瓶	残	A型	元代	三号船五舱⑰层
11	青瓷片	残存小片		明初，龙泉窑	三号船三舱⑰层
16	青花瓷碗	可复原	A型	明晚期，景德镇窑	三号船四舱⑰层

（续表）

编 号	名　称	完整状况	型	时代、窑口	出土地点
17	瓷片	残存小片			三号船二舱⑰层
19	青砖	残	A型	明代	三号船五舱⑰层
20	黏料	基本完整		明代	三号船三舱⑰层
22	铁钉	残		明代	三号船三舱⑰层
23	灰瓦	残	A型	明代	三号船四舱⑰层
4	石球	完整		元~明	三号船四舱⑱层
1	陶缸	残存上半部		元~明	三号船三舱底板口⑳层
2	茶叶末釉瓷碗	可复原		元~明	三号船五舱⑳层
3	船形壶	可复原		元~明	三号船四、五舱⑳层
5	灰瓦	残	B型	明	三号船二舱⑳层
6	石球	完整	A型	元~明	三号船四舱北部⑳层
7	青瓷碗	可复原	C型	元，北方窑	三号船五舱⑳层
8	酱釉瓶	残存上部	A型	元代，本地窑	三号船六舱⑳层
11	象牙光角贝	2件（残）			三号船第六隔舱板东壁⑳层
12	料珠	1枚（残）			三号船中桅座北孔⑳层
13	葎草种子	5枚			三号船六舱⑳层
14	石球	完整	B	元~明	三号船五舱北部⑳层
15	西瓜子	8枚			三号船五舱桅座北孔⑳层
16	松子	约150枚			三号船五舱桅座北孔⑳层
17	青瓷碗底	残		明代	三号船西部南侧⑳层
18	白瓷碗	可复原	A型	元末明初，磁州窑	三号船七舱底板下⑳层
20	粉青沙瓷碗	口残		元末明初，朝鲜沙瓷	三号船第六隔舱板北部下⑳层
21	酱釉瓶	基本完整	B型	元代，本地窑	三号船六舱南部⑳层
23	青瓷罐	可复原		明初，本地窑	三号船四、五舱⑳层
24	白瓷碗口沿	残	B型	元末明初	三号船七舱底板上⑳层
1	白瓷碗口沿	残	B型	明初，本地窑	探沟南部㉑层
2	酱釉瓷罐	可复原		明初，本地窑	探沟南部㉑层
2	酱釉瓶	口沿残片	A型	元代，本地窑	探沟南部㉒层
3	青瓷盘	可复原		明初北方窑仿龙泉	探沟北部㉒层
4	青瓷盘	可复原		明初北方窑仿龙泉	探沟北部㉒层
5	青瓷盘	可复原		明初北方窑仿龙泉	探沟北部㉒层
6	青瓷碗口	残		明初，仿哥窑	探沟北部㉒层

(续表)

编号	名　称	完整状况	型	时代、窑口	出土地点
7	陶盆	可复原	A 型	元末明初	探沟北部㉒层
1	陶盆口沿	残	B 型	元末明初	探沟南部㉓层
1	青砖	残	B 型	元代	探沟南部㉔层
2	瓷片	小残片			探沟南部㉔层
3	青瓷片	小残片		明初, 仿龙泉窑	探沟南部㉔层
4	青瓷碗	可复原	A 型	元末明初, 龙泉窑	探沟南部㉔层

＊因器物复原, 表中部分编号合并, 器物号不连续。

二　采集遗物

这次发掘采集的器物有 31 件, 可复原的有 23 件。以碗类居多。

1. 青花瓷器　9 件, 主要为碗类。

碗　8 件, 依器形大小和口沿分为三型。

A 型　6 件, 小碗。

标本采:18, 残, 白胎。敞口, 圆唇, 腹微鼓, 玉环形圈足向内倾斜, 底心无釉, 有跳刀痕。器内饰青花兰草纹, 旁有篆书图章一方。口径 12.9、底径 5.6、高 4 厘米 (图二四, 1; 彩版四四, 1、2)。

标本采:2, 残, 白胎。撇口, 圆唇, 腹微鼓, 矮圈足。器内饰青花白菜。口径 12.2、底径 5.6、高 3.6 厘米 (图二四, 2; 彩版四四, 3、4)。

标本采:15, 残, 白胎。敞口, 圆唇, 斜直腹, 矮圈足, 馒头底。内沿有边饰, 器内饰青花团花纹。口径 12.8、底径 5.3、高 3.8 厘米 (图二四, 3; 彩版四四, 5、6、7)。

标本采:31, 基本完整, 白胎。大敞口, 圆唇, 微鼓腹较深, 玉环型圈足较高且向内倾斜。外壁饰缠枝团花纹。器内心饰缠枝团花纹。足底有仿"大明正德年制"款样 (彩版四五, 1、2、3)。

标本采:5, 残, 白胎。敞口, 圆唇, 折沿, 腹微鼓, 刀削足内敛。口沿部有边饰, 外饰花瓣纹。底部施釉。口径 13.3、底径 6.8、高 4.2 厘米 (图二四, 5; 彩版四五, 4)。标本采:4, 残, 白胎。圆唇, 卷沿, 敞口, 弧腹, 泥鳅背状圈足。外饰缠枝花纹, 釉色泛白。高 6.2 厘米 (图二四, 6; 彩版四五, 5)。

B 型　1 件。标本采:16, 残, 白胎。敞口, 圆唇, 弧腹, 矮圈足。口沿部有边饰, 内底及外壁均饰松竹梅。口径 14.4、底径 4.2、高 5 厘米 (图二四, 6; 彩版四六, 1、

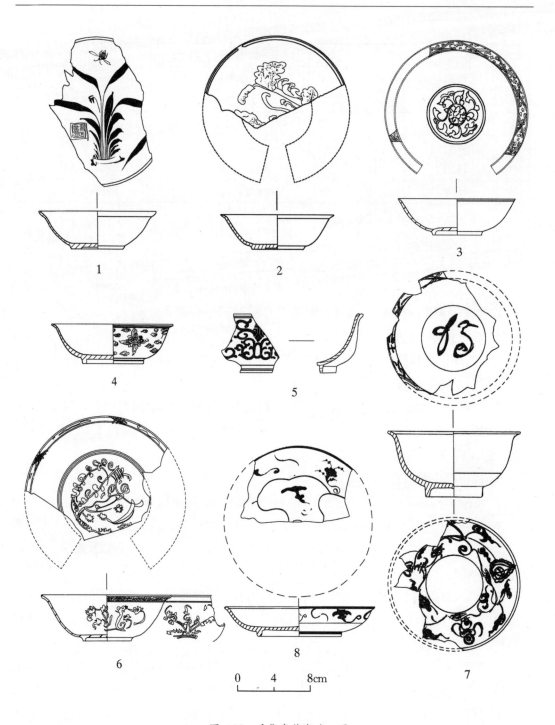

图二四　采集青花瓷碗、碟

1.A型青花小碗采:18　2.A型青花小碗内底采:2　3.A型青花小碗采:15　4.A型青花小碗采:5　5.A型青花
小碗采:4　6.B型青花碗采:16　7.C型青花碗采:28　8.青花小碟采:3

2)。

C型 1件。标本采:28,口沿残,白胎。敞口,圆唇,卷沿,弧腹较直,圈足较高。内沿部有边饰,内底饰"福"字,外腹部饰松竹梅,外壁釉开片。口径14.4、底径6.1、高7厘米(图二四,7;彩版四六,3、4)。

碟 1件。标本采:3。残白胎,敞口,圆唇。弧腹,口沿部饰青花边饰,腹外饰青花灵芝纹。通体施满釉。圈足。口径16.2、底径9.2、高3.2厘米(图二四,8;彩版四六,5)。

2.青瓷器 5件,器类有碗、盘等。

碗 4件,依腹分为两型。

A型 3件。

标本采:30,口残,灰胎。敞口,器体瘦高,圆方唇,弧腹较深,圈足较小。外腹有修胎痕,内底未施釉,圈足底部无釉。口径13.2、底径3、高7.8厘米(图二五,1;彩版四七,1)。

标本采:24,灰白胎,器体宽扁。口残,敞口,圆唇,弧腹稍浅,圈足较小,有鸡心底。内饰印花。施釉不到底。口径17.8、底径6.2、高6.9厘米(图二五,2;彩版四七,2、3)。

标本采:27,灰白胎,基本完整。敞口,圆唇,弧腹微鼓,圈足较小,有鸡心底。施满釉,器内心饰模印花纹。圈足无釉。口径16.8、底径6.8、高6.8厘米(图二五,3)。

B型 1件。标本采:22,口残,红褐胎。敞口,圆唇,折沿,弧腹较直,施青釉,高圈足较小。施釉不及底,足未施釉。口径16.5、底径6.5、高7厘米(图二五,4;彩版四七,4)

盘 1件。标本采:21,残,红褐胎。敞口,圆唇,折沿,斜腹微鼓,矮圈足,有鸡心底。器内、外底均未施釉,内底有模印花纹。口径18.4、底径6.4、高4.5厘米(图二五,5;彩版四七,5、6、7)。

3.白瓷器 5件,均为碗类,均属磁州窑系。

碗 5件,依底分为两型。

A型 4件。标本采:1,位于三号船西侧的扰土层中。残,白胎。圆唇,敞口,弧腹较深,矮圈足平且外撇,内深外浅,内底有涩圈。外壁抹化妆粉,外腹饰釉不到底,并有酱彩刻花(彩版四八,1、2)。

标本采:29,位于三号船西侧扰土层中,残,白胎。圆唇,敞口,斜直腹,圈足较高。腹外壁上部施白釉和青灰釉,饰褐彩花纹,抹化妆粉。下部及圈足施褐釉,内壁为白釉,内底有涩圈,底心有褐彩花纹,一笔勾成,十分流畅。口径21、底径7、高10.6

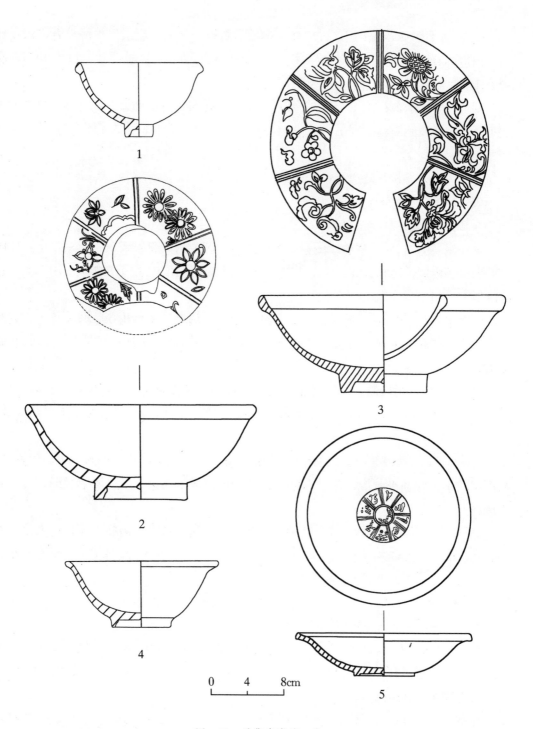

图二五　采集青瓷碗、盘

1.A型青瓷碗采:30　2.A型青瓷碗采:24　3.A型青瓷碗采:27　4.B型青瓷碗采:22　5.青瓷盘采:21

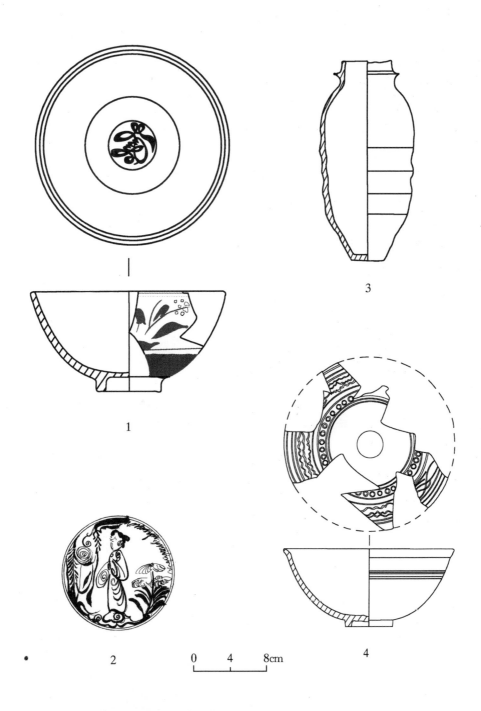

图二六 采集磁州窑碗、酱釉瓷瓶、粉青沙瓷碗

1.A型磁州窑碗采:29 2.B型磁州窑碗内底采:17 3.酱釉瓷瓶采:13 4.粉青沙瓷碗采:14

厘米（图二六，1；彩版四八，3、4、5）。

B型　1件。标本采:17，残存底部，红褐胎。圈足底部平，足壁外撇，有鸡心底，内底有6个垫烧沙痕。白釉，酱彩，内底饰褐色人物花草纹，左侧柳枝，右侧芭蕉叶，中间为秀逸的人物图案，画得潇洒舒放。直径12.2厘米（图二六，2；彩版四八，6）。

4.酱釉瓷器　3件，器类包括碗、瓶等。

碗　1件。标本采:8，残存口沿，灰胎。敞口，圆唇，小折沿。酱釉，施釉不及底。口径16.2、残高4.5厘米（彩版四九，1）。

瓶　2件。标本采:13，位于二号船东南。红褐胎。小子母口，束颈，溜肩，腹微鼓，小平底。酱釉。口径4.8、底径3.6、高21.2厘米（图二六，3；彩版四九，2）。

5.粉青沙瓷碗　1件。标本采:2，位于三号船西侧扰土层中，残，灰白胎。圆唇，敞口外撇，腹微鼓，小圈足较平，内有扰沙。胎较细，胎釉结合紧密，瓷化程度较高。通体施青釉，器内壁嵌白彩波浪纹和圆圈纹带。口径18.7、底径5.2、高8.1厘米（图二六，4；彩版四九，3、4）。

第六章　古船木材分析与保护

著名考古学家严文明先生指出"新时期的考古学的特点似乎可以概括为两条,一是更加明确以全面复原古代人类社会历史为目标,二是多学科的交叉和现代自然科学技术的广泛的应用"①。在蓬莱古船的考古发掘过程中,严格遵循田野考古操作规程,做好古船现场保护的同时,采集了木材、泥土、水等样品,从不同角度进行了分析鉴定测试工作。为从自然科学技术角度研究古船,及古船的脱盐、脱水保护等方面的工作提供了重要依据。

一　古船木材的分析测试

(一) 木材鉴定

古船木材的树种鉴定工作由中国林业科学院木材工业研究所负责,2005 年古船发掘现场,林业专家根据船体的结构,在二、三号船的不同部位选取 49 个木材样品。巧合的是 1984 年出土的古船的树种鉴定工作也是由该单位进行的。现根据 1984 年和 2005 年鉴定报告 (见附录四),将各船的用材情况整理如表一,一共发现 10 个树种。

从表 1 中可以看出,一、二、三号船的龙骨多使用的是松木,一、二号船在首柱使用的是樟木和榆木。在船板的选材上来看,一、二号船选用的是杉木(杉木气干密度 $0.39g/cm^3$),三号船是松木(油松气干密度 $0.45g/cm^3$),松、杉木的比重小,浮力大,是船板的首选。其中二号船的船板的部分船板是榆木、锥木和松木。可能是在船的使用过程中,某些船板出现腐朽而更换造成的②。在船体的其他部位使用的木材种类比较多,相对复杂。如隔舱板的选材上多是锥木等抗拉强度大的木材。

据前面的研究结果,一、二号船属于战船,结合上面所述的选材情况,可以看出,一、二号船的用材种类复杂,根据船体的不同部位,选用不同的木材,这样的树种配置,增加了船体的整体强度和浮力,以及船体的稳定性和航海速度。但是三号船的选材

---

① 严文明:《走向 21 世纪的考古学》,三秦出版社,1997 年。
② 顿贺等:《蓬莱二号古船结构特征及其复原研究》,见本书第五章。

上都是松木，松木的比重小、浮力大，证明了前面的研究结果，三号船是货船。货船需要减少自身的重量，增加浮力，增加货运量。据此古代是根据船只的不同用途来挑选木材。

表一　蓬莱古船的古船木材树种配置表

船号 部位	一	二	三	四	船　材
艏柱	樟木	榆木			
龙骨	松木、樟木	松木	松木		
船板	杉木	松木、榆木、锥木、杉木	松木		
桅座	楠木	锥木	松木		
前桅座垫		锥木、樟木			
舱板	锥木		松木		
抱梁肋骨		锥木	松木		
补强材		榆木			
散板			桤木	松木	
木栓			麻栎		
木榫			板栗		
其他					格木

（二）盐分测定

在对木材进行脱水保护工作之前，必须先进行脱盐，否则将会对木材的后期保护工作带来不利。不脱盐，脱水后木材会吸潮。因此，在蓬莱古船的实施脱水之前，必须进行脱盐。作为基础工作，首先要了解古船木材含盐的情况。我们选取了二、三号船的木材散板（二号船是杉木、三号船是松木）、船底下的淤泥、船下地下水和近海海水 6 个样品，送山东省科学院分析测试中心进行测试。详细数据请参见附录二。通过这 6 个样品的测试数据，了解古船木材中及其周围泥土和水中的含盐情况。

将分析测试的基本数据进行整理，得知古船木材中的含盐量还是比较大的。地下水中的盐分总量比近海海水的含盐总量低，但两者都低于古船木材和泥土中的盐分，这是因为古船木材在泥土和地下水的环境中，不断吸附周围泥土和水中的离子，随着时间的推移，其含盐量逐步升高。古船木材和泥土中的铁离子的含量远远大于海水和地下水，造成了这种情况的因素应是古船木材中铁钉腐蚀造成的。古船木材中的氯离子的含量大于泥土和水中的含量，二号船的杉木中的含量大于三号船的松木。

二　古船木材腐朽状况调查及其原因分析

木材被砍伐后，细胞组织死亡，自然界中的各种木材腐朽因子开始作用。如各种生物（木材害虫、木腐菌、细菌和海生钻木动物），气候条件（温度、湿度、空气污染物），以及储存条件（使用环境）等。暴露在大气中的木材易受害虫、真菌和细菌以及空气中的水分、氧气的影响而遭到破坏；而水中的木材则可能受到细菌（厌氧细菌）和海生生物的侵害[①]。

一般说来，木材浸泡在水中可以长期保存，况且用于造船的木材多数是耐腐朽的树种。从发掘现场来看，有些木材保存不错，如二号船的船板及发现的船材（参见彩版二九）。部分古船木材已经存在不同程度的腐朽，如二号船的隔舱板，变形严重，腐朽程度较深，2C5-2隔舱板的变形较重（参见彩版一二，1），如3L7-1和3L7-3起翘严重。其中编号为2K2龙骨（彩版五〇，一），由于年轮的因素，外表脱离严重。根据现场调查的情况和分析检测报告，我们从自然腐朽、生物侵蚀、人为因素三个方面探讨古船木材的腐朽因素。

（一）自然腐朽

1. 木材的组成和结构

木材是天然高分子的有机体，是由彼此相连的无数个细胞组成的。不同种类的木材，其细胞的形状和排列方式不同，因此每种木材具有特定的性质。从木材的横断面来看，自外向内依次是树皮、形成层、边材、心材、髓心。在一年生长过程中，因为季节的不同，细胞的致密程度不同而形成年轮。在木材分类学上，树木被分为针叶树和阔叶树，因此木材就分为针叶树材和阔叶树材。

针叶材和阔叶材的化学组成原则上没有区别，主要元素组成是碳（C）占45～51%，氢（H）占43～44%，氧（O）占6～7%，氮（N）0.1～0.2%等。主要成分（95%）为纤维素、半纤维素和木质素，次要成分（5%）为盐分、可溶性多糖、苯酚、蛋白质等其他化合物。针叶材和阔叶材的纤维素、半纤维素、木质素的含量不同，主要区别在于半纤维素含量区别较大[②]。

纤维素的简单分子式是 $(C_6H_{10}O_5)_n$，含有羟基（-OH基），纤维素的大分子之间的连接是靠范德华力和氢键力。因纤维素的特殊结构，具有吸湿、收缩膨胀的特性。羟基具有较强的亲水性，能吸收外界水分子，进入纤维素结构中的非结晶区。因此木材具

---

① 陈允适、李武：《古建筑与木质文物维护指南——木结构防腐及化学保护》，中国林业出版社，1995年。
② 同①。

有很强的吸湿性；而纤维素的水分的减少和增加必然会改变纤维素分子之间的距离，靠拢或拉开，导致木材的收缩或膨胀。半纤维素的吸湿性和溶胀性高于纤维素，且易水解。

古船木材出现开裂和变形的因素除其自身纤维素的特点外，还有一个重要理论根据。木材中的水分主要是以自由水和吸着水两种形式存在。在木材学上的纤维饱和点的胀缩性理论是"木材含水量在纤维饱和点（一般是指木材的平均含水率在 30％左右）以上，自由水（或称游离水）的散失或增加，不改变木材的尺寸和体积变化；在纤维饱和点以下，吸着水（或称结合水）的减少，会引起木材尺寸和体积的收缩，造成干缩，水分的增加会引起木材尺寸和体积的增加，造成湿胀"。但是吴顺清、李国清先生通过对多种出土饱水古木材进行脱水试验认为这个理论不适用于古代饱水木材，认为古代木材的纤维饱和点远远高于现代木材，甚至随着水分的散失，木材的尺寸和体积就接着发生变化[①]。

2．树种的因素

综合调查结果和树种鉴定，能看出各种木材腐朽程度和表现状况不同。松木在这四条船只的用材中所占比例最多，其腐朽程度最大，整体强度差，腐朽主要表现在海蛆的侵蚀，高饱水，变形开裂情况较少。就用材量来讲，处于第二位的杉木，其保存状况强于松木，整体强度大，开裂变形小，多是表面腐朽。处于第三位的是锥木，用于船板的锥木属中度腐朽，但是用于隔舱板、抱梁肋骨的锥木的腐朽程度大，开裂变形严重，如二号船的隔舱板。处于第四位用材的是榆木，其腐朽程度较轻，整体保存尚可，只是表面有龟裂。船舵使用的格木材质较好，表面只有轻微开裂和起翘，木材的端部有开裂。其余的几种木材，体量大的如桅座、船板等，腐朽程度相对轻微，但是体量小的如隔舱板、抱梁肋骨等，保存状况差，主要表现在开裂变形严重。木材的腐朽程度除与木材本身的材质有关以外，与其体量和所处的环境都有密切关系。

（二）生物腐蚀

1．木材微生物的破坏

附生在木材上的微生物统称为木材微生物。木材微生物以木材中的纤维素、半纤维素和木质素为碳源营养，以木材中蛋白质等高分子含氮物为氮源营养，以木材中所含有的水分为其生长所需水分。由此可以看出木材能为木材微生物提供所有的营养，木材的一些基本特性能满足某些微生物的生长需求。

木材微生物的种类主要有细菌、放线菌和真菌。细菌和放线菌可以分解纤维素和木

---

① 吴顺清：《浅谈漆木器在脱水过程中的某些影响因素》；李国清：《出土饱水古木件干缩性探讨》，《文物保护技术》第四辑，1987 年，中国文物保护技术协会编，20 页、70 页。

质素，但是破坏作用远不及真菌。真菌对木材的破坏力度和破坏速度都大于细菌和放线菌。危害木材真菌有 1000 多种，主要有表面污染菌、变色菌、软腐菌和木腐菌。

表面污染菌主要有木霉、青霉和曲霉等，该菌种喜欢在温暖潮湿的环境中生长，主要侵蚀木材的表面，受其侵害后木材表面会出现一片片黑色或淡绿色的霉斑，对木材的强度影响不大。变色菌主要有松材青变菌和山毛榉材褐变菌，主要也是影响木材的边材，同样是影响木材的外观，但是不影响木材的强度。软腐菌主要是分解木材中的纤维素，在木材细胞次生壁中形成空洞，对木材影响较大，常常引起木材表层的软化。

以上菌种对木材影响相对较小，对木材影响最大的是木腐菌，木材的腐朽主要是木腐菌引起的。木腐菌是以木材的细胞壁为养料，利用自身所分泌的霉，在细胞壁上形成空洞，从而进入细胞，最后是木材的细胞壁彻底崩溃，造成木材的腐朽。主要有褐腐菌、白腐菌和干腐菌三种。

褐腐菌是其中破坏力最强的菌种，它主要分解纤维素和戊聚糖，对木质素影响不大，因木质素的颜色是褐色，所以木材受褐腐菌腐蚀后，呈现褐色或者是红色，严重的可降解木材中纤维素的 90%。遭受褐腐菌的侵蚀后，木材的细胞壁完全破坏，最后分离成菱形小块和龟裂状，用手就可以将其捻碎。

木材中的白腐菌主要是分解木材中的木质素，而白色的纤维素留下，故腐朽态呈白色。在木材的内部多是出现褐色或黑色的细线，但木材尚能维持原来的强度。干腐菌主要是对木结构的建筑影响大，表现在木材的纵横向开裂明显，出现块状腐朽的特征，该菌种适应性比较强，条件不易时，可长期潜伏[①]。

经我们调查主要发现了褐腐菌和白腐菌。褐腐的典型症状是腐朽材表面呈方块状龟裂，褐色，严重的强度已完全丧失（彩版五〇，2）。局部发现有白腐状菌丝，腐朽部位木材发软，深度超过 2 厘米（彩版五一，1）。

2. 海生生物的破坏

古船木材长期沉没在海底的淤泥中，海生微生物和蛀木动物会对古船木材进行侵蚀。木船在使用中这些动物的危害往往是毁灭性的。一、二、三号船均遭受了不同程度的海生生物的腐蚀，尤其是船蛆的侵蚀。三号船的木材遭受海生生物的侵蚀相对严重，多数船板外表完好，但是从断裂面来看，已经布满了海蛆钻侵的孔洞，船板基本上处于中空状态，其中具有代表的是 3R2、3L3-2，3L4-2。3R2 船板因为船蛆的侵蚀，横截面上布满了大小的船蛆洞，直径约在 5 毫米左右。内部密布蛆洞，使船板的强度极度下降，难以保持船板的完整性，已经断为数块（彩版五一，2）。有关海蛆的生物特征介绍详见附录三。

---

① 马淑琴：《文物霉害的防治》，科学出版社，1997 年。

发现的另外一种是海生蛀木水虱（彩版五二，1）。海生木水虱属甲壳纲，与虾、蟹类近似。个体很小，体长最长只有 5 毫米。经其侵蚀的木材内外都是孔洞纵横交错，使木材变成海绵体，强度大大降低[①]。因为海生生物的破坏，古船木材的强度大大降低，因此影响了古船木材的整体机械强度。

除已发现的对古船木材有影响的海蛆和水虱外，朱龙先生对古船木材周围和小海内海洋生物进行的研究表明，他共发现 14 种贝类。附着在船外侧和船底的贝类主要是大连湾牡蛎，并指出附在船底的牡蛎生长较好。从发掘现场来看，在船体的周围生长牡蛎较多，在船材上的也比较多（参见彩版二一）。

（三）人为因素

古船在建造、使用、维修、废弃等环节，都存在着人为破坏的情况。首先是古船的建造。木材用于人们的生活、生产、建筑等方面的历史非常悠久。人们在砍伐树木时，已经注意到要在冬天砍伐，此时树木比较干燥，不容易腐朽。虽然如此，但在造船的过程中，人们需要对木材进加工，修整木材的外表，去除木材的边材，对木材进行凿孔等加工程序。这样就破坏了木材的结构和强度。船只在使用过程中，由于各部分的受力不同，对其强度的影响也非常大。

古代船只除了榫接外，常用"钉送"将铁钉打到船板的深处。且在钉眼、锔钉、钉槽及船板之间的一切缝隙，均用麻丝、竹茹、桐灰等做成艌料封涂，目的是减少海水对铁钉的锈蚀，并提高船体的密封性。虽然采取了一系列的措施防止铁钉生锈，但是在使用过程中保养不善，或者船体废弃后，铁钉长期处于高盐的有机环境中更容易腐蚀，腐蚀产物对古船木材造成一定的影响（彩版五二，2）。如泉州出土的宋代古船在后期的修复过程中使用了现代大铁钉，这些新的铁钉在空气中和含高盐分的木材中发生严重的腐蚀，强烈的腐蚀周围的古船木材，使有钉位处的船木变得十分脆弱，何况是古代在船木中的铁钉。

在明代已经出现了在船板外侧刷涂一层石灰水来防止海生生物附着的技术，但是，在船只使用过程中，内外部还会遭受不同程度的人为破坏。如在二、三号船的船板的外层均受到不同程度的磨损，形成深浅不一的沟。这因为在使用过程中，外表的腐朽程度不一，由海水的腐蚀和冲击造成的。这种现象在一号船的船板外层更为明显（彩版五三）。二、三号船的外表面尚未进一步的清理，如果清理后，它们的外表面可能和一号船一样。

万历《明会典》载：天顺二年（1458 年）规定："卫河、通州、淮安船厂修造船

①　陈允适、李武：《古建筑与木质文物维护指南——木结构防腐及化学保护》，中国林业出版社，1995 年。

只，松木二年小修，三年大修，五年改造；杉木三年小修，六年大修，十年改造。"[1]
据此可以看出，一、二、三号船在使用过程中，也会不断的维修和保养，维修和保养的
过程中，会更换某些船板，或者是补修某些船板，这样会对古船木材造成一定的破坏。
如三号船上补板的使用。

　　从树种鉴定结果来看，隔舱板的选材都比较讲究，首先要抗拉能力强，耐腐蚀。但
是从二、三号船刚出土时的情况来看，隔舱板保存状况最差，这与古船的使用不无关
系。可能是古船废弃后，船上部的结构被拆除，隔舱板直接暴露在外，长时间接受风吹
日晒雨淋，海水的涨退潮，反复失水吸水，因此可以说古船在完全掩埋前，隔舱板部位
已经开裂、腐朽。

　　从二、三号船的整体腐朽状况来看，三号船的腐朽程度大于二号船，这与船只的废
弃时代和埋藏深度有着明显的对应关系。从发掘报告中可以看出，三号船的废弃年代早
于二号船，从地层上来看，三号船的埋藏深度大于二号船。废弃时间早，埋藏深，腐朽
程度大；反之，腐朽的程度小。

三　保护措施

　　考古出土饱水木材的首要工作是稳定其含水量，控制水分急速挥发。防止因木材中
自由水的挥发而带来不可逆的变形开裂等不可逆的破坏。为了减缓和预防古船木材的进
一步失水腐朽，在发掘现场采取了一系列物理和化学保湿临时措施，如搭建半封闭的临
时防护棚、喷水、喷 PEG、硼砂和用潮湿土临时掩埋等。具体的操作情况请参考本书
第六章。在发掘工作接近尾声时，山东省文化厅邀请了国内文物保护、考古、规划设计
方面的专家，召开了古船保护讨论会。确定了将船拆解、脱盐、脱水修复后就地建馆的
主导意见。委托专家撰写古船的保护方案，在实施保护方案前，还是采取的喷涂 PEG
临时保护方法。

　　在发掘现场和室内木材保护选用了 PEG，聚乙二醇（PEG）是国内外应用比较成熟
的漆木器脱水保护材料。如瑞典的瓦斯号沉船的保护。以聚乙二醇（PEG 具有不同分
子量）替换饱水木材组织内水，以保持木材或器物的原形。低分子量的 PEG 是液体，
黏稠程度随着分子量的增加而增加。在以往的工作中，使用低分子量的 PEG 处理的器
物多有吸湿返潮现象。分子量在 4000 左右的 PEG 是固体的，其特性是不吸潮[2]。

　　根据蓬莱古船的实际情况我们选用了分子量为 4000 的 PEG 在现场和室内进行喷

---

①　《明会典》卷二七《会计三·漕运》。
②　徐毓明：《古代饱水木器和漆器处理方法综述》，《考古与文物》1983 年 3 期。

涂，在施工工艺上进行了探索，使用低浓度的溶液进行喷涂。为预防古船木材生霉，在PEG溶液中添加了硼砂。在PEG中添加了表面活性剂来增加其渗透能力。通过一系列的保护措施，古船的保存现状比较理想。下一步的工作重点是脱盐和脱水，对三号船大部分木材需要进行树脂填充加固。

第七章　古船的保护和利用

一　专家论证会的组织和召开

为了进一步做好古船的发掘、保护和利用工作，经请示由山东省文化厅组织的"蓬莱水城古代沉船保护专家论证会"于 2005 年 10 月 15 日～16 日，在蓬莱市举行（彩版五四）。会议邀请的国内著名文物保护专家和领导有：国家文物局文物保护专家组组长王丹华研究员、国家文物局考古专家组成员徐光冀研究员、中国文物研究所总工程师傅清远研究员、出土漆木器保护国家文物局重点科研基地主任吴顺清研究员、山东省石刻艺术博物馆蒋英炬研究员、山东省文物考古研究所张学海研究员、山东省文物科技保护中心主任孙博研究员。会议开始时山东省文化厅文物处处长由少平一一介绍了到会的专家，汇报了举行此次专题讨论会的目的和程序。与会专家推举王丹华先生和徐光冀先生为正、副组长主持会议。会上山东省考古研究所副所长佟佩华研究员汇报了蓬莱水城古船考古发掘工作情况，蓬莱市文物局局长张守禄汇报了古船保护和建设古船遗址博物馆的设想和建议（彩版五五，1）。专家们实地考察了蓬莱古船考古发掘现场（彩版五六，1），围绕古船清理发掘、科学保护以及原址建馆展示等问题各抒己见，展开了热烈的讨论。专家们经过认真的讨论，形成如下意见：

一、古船发掘工作手续完备，所清理发掘的三艘古船，地层清楚，相互关系明确，时代大致在元、明时期。这对研究中国古船类别及造船技术、海防史和古代海上交通具有重要意义，是一项重要的考古发现。

二、蓬莱市文物局提出的对古船原地保护、建馆展示的意见，基本符合国家文物局批准的《蓬莱水城及蓬莱阁保护规划》。所建展馆要同蓬莱水城风貌相一致。

三、进一步认真做好考古发掘工作，利用自然科学手段，力求获取更多的信息，为古船及其周边环境的保护做好基础工作。

四、古船保护要遵循临时保护与长久保护相一致的原则。近期要防止急速裂变和霉变，冬季要采取保暖措施。抓紧对木材种属、含水率、含盐种类及含量等基本数据的检测工作，为制定保护方案提供科学依据。

五、抓紧制定古船保护和原地建馆方案，按程序报批后实施。

古船保护讨论会期间，中共烟台市委常委、蓬莱市委书记刘树琪到会看望各位专家，介绍了"文化立市"，以深厚的历史文化为根基把蓬莱市建设成为有较强竞争力的文化强市的发展战略，并表示了继续努力，做好文物保护工作。

此次专家论证会的召开，对蓬莱水城小海出土古船的保护和原地建馆等工作，具有重要的指导意义。我们将根据专家们的意见及建议，做好古船的保护利用工作。

二 蓬莱古船新闻发布会

2005年11月2日，在蓬莱水城小海古船发掘工作基本完成后，山东省文化厅、烟台市文化局和蓬莱市人民政府在蓬莱召开"蓬莱水城小海古船发掘成果发布会"（彩版五五，2）。山东省文化厅副厅长谢治秀专程从济南到蓬莱考察古船发掘现场（彩版五六，2），并在新闻发布会上作重要讲话。谢厅长充分肯定了考古发掘的成果，向一直重视文物保护工作、积极支持考古发掘工作的烟台市和蓬莱市的领导表示感谢。并在总结全省文物保护工作的基础上，号召"把考古研究、文物保护和宣传展示有机的结合在一起，为弘扬中华民族优秀文化传统，为山东的两个文明建设而奋斗"。烟台市文化局局长徐明、蓬莱市人民政府市长刘炳国也在新闻发布会上作了重要讲话。

新闻发布会由山东省文化厅文物处处长由少平主持。山东省文物研究所副所长、古船考古队队长佟佩华发布了蓬莱水城小海古船发掘重要成果。

出席新闻发布会的媒体记者有：新华社、中国日报、人民日报、中国新闻报、香港大公报、大众日报、中国文物报、中国旅游报、山东电视台、山东广播电台以及烟台市、蓬莱市的媒体记者。中央电视台当晚在新闻节目中报道了蓬莱水城小海古船发掘的重要成果。

附：蓬莱水城小海古船发掘获得重要成果新闻发布稿

2005年7月21日至9月2日，在山东省文化厅的领导下，由山东省文物考古研究所、烟台市博物馆和蓬莱市文物局联合组成的古船考古队，配合蓬莱水城小海清淤工作，对发现的古代木船进行了清理发掘。共发现古船三艘，并出土了较为丰富的遗物。

在发掘过程中，依照发掘操作规程进行认真的清理发掘。加强科技保护力量，多次召开讨论会，做好古船的现场保护工作。并邀请古船史研究专家，对古船的特点、发现与研究情况进行分析。蓬莱市文物局进行了认真的筹备、协调工作，并积极参与考古发掘。对发掘工作环境进行了整理，搭盖防护蓬，加强现场发掘和古船的保护工作。

本次共发掘古船三艘，位于1984年发现的一号船西侧，编号为二、三、四号。二、三号船南北相邻，四号船在西北，相距较远。四号船仅存几块船板。

二号古船，船头朝东，船体呈瘦长的流线型，残存船底部。残长21.5米。根据残存舱板及桅座推算，该船约有16个舱。在构造技术上，主龙骨与艏柱、艉龙骨以船板纵向连接用钩子同孔的木作技术，横向用铁质的铲钉和穿心钉加固，主龙骨与艏柱、艉龙骨有补强材。舱壁板采用了暗榫和挂方铁锔的连接技术，舱壁板两侧用抱梁肋骨加固，船板接缝用白灰、桐油和麻丝制成的艌料密封，铁钉则用不加麻丝的艌料封护，工艺先进。

三号古船，位于二号船的北侧。船头朝西。宽短型的船体残存底部，残长17.1米，根据舱板和桅座位置复原该船约10舱。在构造技术上，主要采用了鱼鳞搭接的技术，纵向以直角同孔加暗榫的技术，横向则以企口和方形榫钉相连。舱壁板两侧有抱梁肋骨，龙骨及舱板两侧粗肋和细肋相互交错以加固舱板，粗肋有钩形榫与外板相扣，船肋上木榫和铁钉相间，有规则的钉在船板上，进而加大船板与船体的强度。船板的接缝用白灰、桐油和麻丝制成的艌料密封。该船采用了较原始的木作技术，但构造技术也很合理。

出土遗物较为丰富，有瓷器、陶器、料器、石器、瓜果种子、棕绳、草编、竹片等。瓷器有碗、盘、瓶等，陶器有陶罐等，石器为石锭，料器为1件晶莹透亮、加工精致的料珠，棕绳、草编、竹片等保存较好，并发现瓜果种子和鱼刺等。

根据地层关系及出土遗物，二号船的废弃时代为明代，三号船的废弃时代为元代或元末明初。四号船的时代无法确定。

古船的发掘具有重要的意义，在蓬莱小海共发掘古船四艘，数量多，一、二号船复原尺寸大于35米，古船研究专家认为，这两艘船"为目前国内发现同时期最大的战船"；二、三号船有明确的层位关系，这对于研究古代造船史具有重要的意义；一号船与二号船形制结构相似，而与三、四号船差别较大，提供了重要的古船研究资料。为做好古船的科学发掘、保护工作，经国家文物局同意，2005年10月15日～16日，山东省文化厅邀请北京、山东著名的文物保护、考古发掘和古建规划专家，召开了"蓬莱水城小海古船保护讨论会"，与会专家对发掘工作予以肯定，认为古船的发掘"对研究中国古船类别及造船技术、海防史和古代海上交通具有重要意义，是一项重要的考古发现"，并就多学科结合获取更大信息量、古船保护与研究、原地建馆等提出宝贵的意见和建议。

三 古船的保护

在制定考古发掘计划时我们就把考古发掘现场和古船保护列为重要内容。古船在水下掩埋数百年，船材已遭到很大程度的破坏。随着发掘工作的进展，我们对古船材保存现状不断进行观察和分析，在荆州博物馆吴顺清等专家的指导下，由蓬莱市文物局负责采用多种措施对古船进行有效的临时保护。

（一）发掘现场的保护

古船发掘现场位于蓬莱水城小海西南岸边，总面积约 1200 平方米。为了保证蓬莱古船发掘和保护工程的顺利进行，我们采取以下保护措施：

1．搭建围挡。在发掘工地现场的南、西、北三面（东面是小海），使用建筑挡板搭建围挡，使发掘工地形成一个半封闭的工作环境。

2．雇佣保安人员现场巡逻。我们与蓬莱市保安公司签订合同，雇佣 4 名保安人员 24 小时值班，禁止非工作人员进入工地，保证发掘工程的正常秩序和出土文物的安全。

（二）古船的临时保护

1．古船的室外保护

古船出土后，放置在发掘工地上，当务之急是防止木材氧化变质和因大量脱水发生开裂变形。为了做好古船的临时保护工作，我们采取了一系列措施。

（1）搭建古船遮阳防护篷

古船出土时，正是炎热的夏季，为了避免阳光和雨水对古船船材造成破坏，我们在出土古船上方，用钢管搭建了一个东西长 30 米，南北宽 15 米的铁架子，上面覆盖篷布。同时，在铁架子的南面和西面，安装建筑用围挡，形成一个半封闭保护空间，以遮挡阳光、减缓古船船材水分蒸发。

为防止木材因快速失水而发生急速裂变，我们采纳专家建议，在"蓬莱二号古船"和"蓬莱三号古船"上搭建竹架子，竹架子上面覆盖草栅子。为了船材能够保持一定的湿度，根据实际情况，向草栅子上喷淋蒸馏水，喷水量做到使草栅子含水不向下滴到船材上。由于"三号船"船材破坏较重，还采取在船材表面覆盖一层湿润泥土的保湿措施。每天注意观察船材的变化情况，根据船材湿度，调整喷水量。

（2）化学药物保护

蓬莱古船在地下埋藏了数百年之久，船材遭受了船蛆、海笋、海生蛀木水虱危害的痕迹多处可见，部分船材腐烂十分严重。为了保证船材不发生霉变等病害，我们依据专家意见，在严格遵循临时保护与长久保护相一致原则下，对古船进行了及时的化学药物保护。古船保护最初阶段采取每天向船材喷淋丙二醇溶液的保护措施，对古船船材进行防腐、防霉保护。后因喷淋丙二醇溶液对古船以后的脱水保护不利，我们根据专家建议，改用喷淋 75％酒精溶液和 0.4％硼砂混合水溶液保护，每天对古船船材进行防腐、防霉保护。

2．古船的室内保护

冬季来临前，我们将拆解后的古船，搬入位于小海东岸的原锋静园宾馆一楼北大厅内。因船材太多，在大厅里搭建铁架子，在地面和铁架子上面摆开船材。为做好古船室内的临时保护工作，我们采取了一系列的措施。

（1）保持室内适当的温度和湿度，我们首先对大厅门窗等进行严密封护，保证了大厅的密闭性，使内部的热气不能散发出去，外面的冷空气吹不进来。

第二个措施是安装锅炉供暖，并在室内安装了5台暖风机，将锅炉热蒸气吹送到大厅内，使大厅内的湿度和温度始终保持在正常的范围内。防止出现因冻融造成船材开裂损坏发生。

（2）清除船材表面泥沙

古船出土后，许多船材表面粘满黏稠的淤泥和沙子。由于季节已是冬季，温度随时都会降至零度以下，对船材造成无法挽回的破坏。在这种情况下，我们先将所有船材先搬入了室内。经过一段时间后，黏稠的淤泥慢慢变硬，我们组织人力，用软质刷子和湿润的棉布，将船材表面的淤泥和沙子，进行了彻底的擦拭清除。

（3）蓬莱古船的化学保护

我们根据省专家的保护方案，坚持每天向船材喷淋 PEG 和硼砂混合水溶液，对出土古船进行化学保护。PEG 是一种低分子量聚合物，国外用 PEG 解决古代饱水木的尺寸稳定性比较成功。它在木材组织内起填充作用，与木质纤维的氢键结合，防止饱水古船木质干燥时凹陷干裂，稳定古船船材的形状。具体做法是：用蒸馏水稀释化学药物，配制 30 公斤 10％PEG 和 0.4％硼砂混合水溶液，用喷雾器均匀地喷淋船材表面，每天喷淋一次。经过一段时间后，再改用 15％ PEG 和 0.4％硼砂混合水溶液喷淋船材，每天喷淋一次。

（4）做好古船保护记录

为了做好蓬莱古船的保护，每天有专人值班，观察古船船材的情况，及时了解和掌握室内的温度和湿度以及船材的变化，并将有关情况做好记录。

（5）雇佣保安人员夜间值班

为了保证蓬莱古船夜间的安全，我们与保安公司签订合同，雇佣保安人员夜间在古船存放大厅值班，保证蓬莱古船在夜间不会遭受人为破坏和其他意外破坏。

四　展示场馆设想

根据 2005 年 10 月"蓬莱水城小海古船保护讨论会"专家意见，本着信息化、遗址型、互动性三大新的展示理念，计划在两艘古船遗址上建立新的古船博物馆。新馆将彰显核心吸引力，挖掘完整价值，拓展船港文化，集成完整知识，把握观众需求心理，营造完整体验。

（一）地块属性

1. 处在小海近期出土的两艘古船遗址上，便于开发遗址型博物馆。

2. 处在小海边上，便于建立海底展厅。

3. 处在蓬莱水城"三圈一心"的中心圈位置，有利于将新馆打造成水城的核心吸引物。

（二）策划思路

充分利用地块属性，立足三大任务，发挥三大优势，打造一个高品位、特色化、中规模的古船博物馆。

1. 策划任务：使其成为蓬莱水城的核心项目和主要吸引物；使其成为展示蓬莱古港及古代海洋文化的集中展示区；让古船及小海出土的文物资源得到很好的保护。

2. 三大优势：拥有我国至今发现最大的古代海上战船和保护完好的遗址；拥有保护完整的古港，沉船遗址与古港天然有机地联系在一起；拥有大量的沉船、小海出土的文物及船模等实物资源。

3. 策划目标：充分挖掘登州古港文化和海底沉船文化，运用现代科技和仿古技术，并在广东海上丝绸之路博物馆、嘉兴船文化博物馆、青岛海军博物馆、泉州海外交通史博物馆、上海交通大学船舶数字博物馆之间确立自身的差异化定位，打造一个高品位、特色化、中规模的古船博物馆。新馆将成为一个特色鲜明的海底沉船博物馆（遗址馆），全国最集中反映中国古代海上实力的科技馆。

（三）空间布局

以文物保护为核心，根据展示内容和空间功能，让新的博物馆形成三大主题集中的区域：公共服务区、陈列展示馆和海底沉船馆。

1. 公共服务区

公共服务区域相当于博物馆的观众中心，包括：售票、存包、咨询、导游解说及适当的休息设施，位于入口正门两边。利用正门前后的空地，建设博物馆广场，广场上布置一些与蓬莱古港相关的小品，用来营造氛围。

2. 陈列展示馆

陈列展示馆主要由三大功能区构成：中国各历史时期代表性船舶模型陈列区、登州古船古港文化陈列区、船长体验区。

（1）船舶模型陈列区

充分利用登州古船博物馆现有的50余只船舶模型，按照历史脉络展示5000年前独木舟、东汉斗舰、隋代龙舟、唐代游舫、明代郑和宝船、清代快船、现代战舰、货轮、游轮、客货滚装轮等船模。形象地再现我国造船技术的发展历程，真实地反映我国现代造船技术在海洋交通开发、远洋渔业、科学考察、国防现代化等领域中发挥的巨大作用，让观众找到登州古港在历史长河中的位置。在重要的船模边上设置 LCD 显示器，并与休息沙发连在一起，观众可边休息边通过 LCD 显示器全面了解船模及所代表时代的船舶文化。用现代科技表达出场景唯美的震撼力，激起观众对古船的兴趣，为观众营造出一种"新奇感"的氛围。

（2）登州古船古港文化陈列区

该区主要展示 1984 年 6 月小海出土的元代海上军用战船、小海出土的文物、登州古港沧桑变迁史等三大主题。利用投影仪和北面墙壁，播放 20 分钟左右的影视片断，展示战船挖掘、战船复原及战船在当时实战中的场景。利用西面墙壁，按地理模块、神仙模块、贸易模块、军事模块和外交模块，展示五幅登州古港沧桑变迁史半景画，在画的下方设置五台等离子电视，播放与半景画相同主题的影视片断。利用剩余空间展示小海出土的文物，在重要的文物边上设置 LCD 显示器，并与休息沙发连在一起，观众可边休息边通过 LCD 显示器全面了解文物及所代表的文化。注意声音的处理方式，避免相互干扰。利用材质、灯光和色彩手段制造一种战船停泊在海中的景象，同时要符合文保要求。采取实物、图片和多媒体技术相结合，带观众走进登州古港浩瀚的历史，为观众营造出一种"历史感"的氛围。

（3）船长体验区

该区主要展示船长体验和旅游购物两大主题。建一个模拟驾驶船舱，配置高端船舶操纵模拟器，编制和不断丰富模拟驾驶、模拟海战和海上探险程序，让观众体验一回当船长的滋味。在旅游购物区设置视听欣赏装置，观众可在此欣赏各类船舶文化电子资料，根据自己的喜好，有选择地购买。该区作为博物馆游览的最后一个环节，用庞大的体量和高超的虚拟现实技术来提高观众的体验质量，并配备丰富的专题旅游商品，为观众营造出一种"圆满感"的氛围。

3．海底沉船馆

海底沉船馆是博物馆的精华部分，主要展示新挖掘出的两艘沉船及随船出土的文物，同时加强海底环境的渲染和进出通道的布置。在沉船遗址处就地建馆，让观众在海底欣赏蓬莱沉船实景，为观众营造出一种"神秘感"的氛围。

整个馆的内容安排以旅游体验为主线，借助空间主题的集中展示来让观众获得四种体验：新奇感、历史感、神秘感、圆满感。最终目的是让观众在游览结束之后产生"兴奋感"，成为观众在蓬莱水城游览过程中的高潮环节，继续参与水城的其他旅游项目。

（四）海底沉船馆设计说明

新挖掘出的两艘沉船有很高的文物和科研价值，在沉船原址就地建海底沉船馆。此项目的关键点在于文物保护和海底沉船环境的营造。

1．设计理念

在海底展示登州古港沉船实景。展馆外部环境营造有两种方案：第一，营造成一艘沉没的海底巨轮，让观众在这艘巨轮的船舱中来观赏沉船。第二，营造成海底世界，让观众在五面环水的海底来观赏沉船。

本次策划通过三个功能模块来演绎古港沉船：古港沉船原地实物展示、外部环境营造和进出通道布置。为了保证此馆的安全，在馆与小海之间建一防洪堤。

2．功能模块与设计要点

（1）沉船原物展示区

沉船原物展示区主要陈列新挖掘出的两艘沉船及随船出土的文物。此馆设计成长36、宽18米的长方形，馆外四周及顶部各留出3米的空间用以营造海底的氛围，两条船并列展示。

两条船的摆放不需要太规整，按出土时的原状做一些微调。文物围绕两条船周边，放在玻璃盒中单个展示。馆中的空气温度和湿度要符合文物保护的要求。馆的四周、顶部及底部的游步道都采用玻璃等透明材质。游步道设计在馆的四周，观众通过阶梯可走到船的近前，但不能触摸船体。

（2）外部环境营造

a．海底巨轮式的外部环境营造

主要通过船舷、甲板、物品、声光四种途径营造环境。巨轮外海底，充满了海水。

b．海底世界式的外部环境营造

主要通过海水、物品、声光三种途径营造环境。海水中可以设置一些水草，海底可以展示一些物品，物品的选择范围很广，只要能体现海底世界就行了。玻璃外面的另一面墙需要做一些雕塑，以免单调，雕塑的主题只要能体现海底世界就行了。光照的设计与上一种方案相近，声音只要模拟海底的自然声响就行。

（3）进出通道布置

出入口通道可布置一些沉船文化介绍，把观众的思路带到沉船这件事上来。可展示的内容很多：世界五大著名沉船玛丽·罗斯号、泰坦尼克号、路西塔尼亚号、俾斯麦号、贝尔格拉诺号；中国沉船发掘成果"碗礁一号"、"南海一号"、"的星号"、"将军一号"等。

3．游线安排

在入口通道里，导游可以讲解沉船馆的概貌。进入展馆后，导游按逆时针方向介绍新挖掘两艘沉船的经过，沉船及随沉船出土的文物。简单介绍一下海底氛围的营造手法，安排一定时间给观众自由活动，让观众去欣赏海底氛围。在出口通道里，导游可以讲解"碗礁一号"、"南海一号"、"的星号"、"将军一号"、"玛丽·罗斯号"、"泰坦尼克

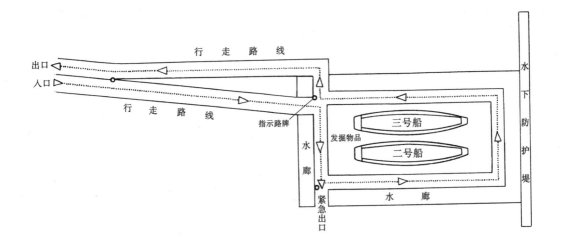

图二七　海底沉船馆展示、参观设想图

号”、“路西塔尼亚号”、“俾斯麦号”、“贝尔格拉诺号”等沉船事件。在出口处对下一展馆的总体情况进行介绍（图二七）。

第八章 结 语

一 对淤积堆积的认识

蓬莱古船沉积于海底淤积层中，由于这次小海隔断海水清理淤泥的特殊清理方式，古船的发掘能够如同陆地遗址，按照传统考古地层学的方法，分层进行清理和采集标本。但是，由于海水冲积或沉淀淤积的特殊性，淤积堆积及其包含物有其特殊性。

从发掘区内的淤积堆积来看，①～⑤层为现代建筑及生活垃圾层，⑥～⑦层为经现代扰动的淤泥层，堆积中出有现代铁皮、网坠以及现代瓷碗片。⑧层以下为早期文化堆积，⑧、⑩、⑫、⑬、⑭、⑲层为较细的淤沙层，⑮、⑰为较粗淤沙层，其他为淤泥层，呈现淤泥层和淤沙层交错叠压的现象，反映了当时古港较为频繁的潮汐变化，同样也反映了各层堆积的形成时间长短不一。⑰层为黑褐色淤沙层，夹杂大量木屑、舱料、棕绳等杂物，出土陶瓷片、方砖等，在木板等遗物上附着生长大量的牡蛎。该层为长时期丢弃垃圾形成，这时期水面可能比较稳定，依附生长多种海洋生物。⑧～⑰层出土明代中晚期的青砖和瓷器残片，主要有 A 型青花碗、B 型和 D 型青瓷碗、C 型白瓷碗和 A 型大青砖等，A 型青花碗多为明代晚期景德镇烧造，B 型和 D 型青瓷碗分别为明初和明中期龙泉窑烧造，应是明代中晚期的堆积，而⑱～㉔层出土元末明初遗物，主要有船形壶、A 型青瓷碗和青瓷盘、C 型青瓷碗和青瓷罐、A 型和 B 型白瓷碗、A 型和 B 型酱釉瓶、酱釉罐、茶叶末釉碗以及粉青沙瓷碗和 B 型青砖等，其时代应为元末明初。至于古港内是否存在更早的淤积堆积，这有待将来更多的考古工作加以确定。

海浪冲荡及海水淤积的特殊成因，使得海底淤积堆积特别是还没有板结的堆积可能出现翻动或层位关系颠倒，如同陆地遗址特殊堆积的倒装地层。对于快速形成堆积中遗物的时代要认真分析。由于海水的向下沉积和流动性，淤泥状的堆积能够沉积在船舱内，同时在船外侧也可形成，如堆积㉑层在船外与船内部分土质土色相同，应为同一层堆积，但是不能理解为船内堆积㉑层压着船舱并叠压船外堆积㉑层。

淤泥状的堆积长期浸泡在海水中，在堆积的表层形成厚厚的淤泥，有的部位可能较深。不难理解，由水表沉落的遗物，特别是比较沉重的物体，如大青砖、船材等，能够沉入堆积深处。加上水的下旋力，物体可能会下沉于下层堆积中。因此对于堆积中遗物的时代要具体分析。

发现的船材，长9米多，西高东低深陷淤泥中。重量集中于东端，其下为水泡淤泥，因此东端可能深深的扎入下面的地层中，现在所处的层位非船材坠入的时代。由于木头长，西端上翘，其下的堆积也可能是后期淤积形成，船材的时代也可能晚于其下的堆积层。由于特殊的环境和船材重而长的特点，对于船材的层位关系及其与二号船的关系要仔细分析。船材的西端层位与二号船同，但东端在二号船下几十厘米，因此船材存在早于二号船的可能。

总之，软泥状的淤积堆积有其自身的特殊性，土质稀软，对于其上的物体缺少承托力，物体易于下沉。水的流动能够改变地层堆积的分布状况，可能形成较混乱的或倒装的层位关系。物体落于水下淤泥中，流水对物体有下旋力，在流水的作用下也会下沉。因此，对于堆积中遗物时代的判断要根据堆积的特点、形成原因进行分析，从而提高判断遗物的时代及其相互层位关系的准确性。

二 对出土陶瓷器的认识

这次古船发掘过程中，在依次清理的淤积堆积里发现了一定数量的陶、瓷器，为我们判断各淤积层的时代提供了依据。瓷器种类有碗、盘、瓶、罐；釉色，有青花、青瓷、白瓷、酱釉瓷等；所出瓷器既有山东窑口烧造的，亦有磁州窑、龙泉窑烧造的，并发现较多景德镇瓷器，个别器物为朝鲜瓷器。器物多为元、明、清时期，究其原因，历史上小海多次清淤，早期的遗物可能遗留较少。由堆积中发现瓷器看，A型青瓷碗，为明代初年北方窑烧造；青瓷盘，青釉厚重，为明初器物；堆积㉒中出土地仿龙泉窑的青瓷为明初遗物；酱釉瓷罐，釉色泛红褐、釉较淡、口部微内斜，为明初遗物，是类器物在山东地区常见；A型青花碗⑦:2，圈足内削、釉色较深，为明代晚期遗物。C型青花碗，圈足窄、矮，向内斜收，为明末清初遗物。出土数量较多且比较有特色的酱釉瓷瓶，在山东金元墓葬中多有发现①，而部分瓷瓶可能到了明代②。

在古船清理过程中，我们发现了两件朝鲜时期的粉青沙瓷碗，一件位于3号船第6舱北隔舱板下的船板上，因长期积压，其下船板有较深的压痕；另一件则位于船西侧现代灰窑扰土中。其时代应在元末或明初。

出土陶器多为一般生活用器，有陶盆、罐、钵、瓮、壶等，陶器皆为清灰陶，胎质

---

① 章丘市博物馆：《山东章丘青野元代壁画墓清理简报》，《华夏考古》1999年4期；山东省文物考古研究所、龙口市博物馆：《山东龙口市阎家店遗址发掘简报》，《华夏考古》2004年3期。
② 宁波市文物考古研究所、象山县文管会：《浙江象山县明代海船的清理》，《考古》1998年3期。

较薄。素面，有的在器物的下半部有拍印纹，有的陶器的外表象似施有薄釉。陶器多为卷沿，有的有桥形耳，皆为平底器，多为山东地区宋元时期常见器物。船形壶以往较为少见，从器物造型上看，可能为船上使用水器。

　　小海历代清淤，发现的陶、瓷器研究价值较高。虽然缺少层位关系，但众多窑口的瓷器集于一地，为我们分析登州港与各地的交流，特别是与日本和朝鲜的交流提供了研究资料。地层中出土的陶瓷器，为我们认识小海淤积状况提供了参考标本。而在古船内发现且能够确认在船上使用的器物，如三号船上的大口陶瓮在底部用草圈围垫，这对于我们认识古船的使用年代和沿海的生活习俗有帮助。

三　对古船的认识

　　二、三号船形制不同、用材不一，采用的构造技术和造船工艺也有差别。

　　二号船的造型结构反映当时较先进的造船工艺，船身为瘦长的流线型，艏部的 V 形底提高了该船的耐波性，中部的 U 形底吃水浅，与其他类别的古船相比，船速相对较快一些。连接技术采用了钩子同孔、铲钉、枣核钉、挂锔等技术，提高了船的抗沉性，代表了我国明代造船匠师的高超技术。

　　三号船船身比较宽短，从残存的翼板长度来推算，船底长约 17～18 米，船底较平，船速也相对较慢，船板横向采用鱼鳞搭接技术，以木钉榫和铁钉加固；纵向以直角同孔加暗榫相连，龙骨与翼板用木栓相穿连，翼板与第一列板也用木栓加固。三号船构造和加固技术中木作工艺较二号船多，但铁钉用的也不少。各船板之间、龙骨与翼板、隔舱板之间、抱梁肋骨与船板之间等均用铁钉，主要是圆头形铁钉和枣核钉，只是不见铁铲钉和挂铁锔的工艺。总体造船工艺虽然比较合理，但不及二号船坚固；另三号船船体的修补之处也比二号船多得多。

　　根据一号船舱内出土遗物生活用具较少，多是与战事有关的铁弹和石球，而其形体瘦长，普遍认为该船是战船。有的学者依据船的长宽比及造船用材，推断为沙船[①]。但是一般认为沙船方头方尾，而一、二号船尖头与之有别。有的学者推定为改进的大型战船，建造于浙江的温州、明州或台州[②]。

　　三号船早于一、二号船，造船技术与构造工艺的差别可能是时代的原因，同时不同类型船只采用的船材和构造技术也可能导致这种差别。宋元时期船板的组装，"中等以上的大船的船板是用一定规格的板材交错重叠组成，……不同部位的板材采取不同的连

---

　　①　杨槱：《山东蓬莱水城与明代战船》，《蓬莱古船与登州古港》，大连海运学院出版社，1989 年。
　　②　辛元欧：《蓬莱水城出土古船考》，《蓬莱古船与登州古港》，大连海运学院出版社，1989 年。

接方式，或为平接，有时又用斜口接、榫接、搭接。接头处用木榫加固，再以铁钉钉牢，然后填充舱料"[1]。宽扁船板企口搭接并用木榫加固的方法在福建泉州后渚港南宋古船[2] 和浙江宁波市东门口宋代海船[3] 中都有发现，为我国宋元时期造船技术特点。1976 年在韩国全罗道新安郡发现的元代海船[4]，残长 28、残宽 6.8 米，复原长度 34、宽 11 米 。八舱，并装肋骨。尖底，方形龙骨。舷板单层，为槽舌状鱼鳞构造。出土的货签上有"至治三年（1323 年）"款识，有人认为该船是元代中后期自福建起航的远洋货船，属于福船型[5]；有人根据铜制秤砣上的"庆元路"刻字认为是从庆元（宁波）出发的。该船长宽比与构造技术同三号古船。因此，三号船的制造、使用年代应为元末明初，同属海洋货船，可能属于福船型。

四号古船，仅存四块底板，应为船艏的龙骨和翼板。构造技术同三号古船。其时代与船的类型应该与三号古船相近。

需要说明的是，目前中国发现的大型海船还不是很多，而且还有货船、战船混用的现象，所以二、三、四号船更确切的类型和功用，还有待更多的发现予以判定。

二号船所用木材绝大部分为油松，三号船所用木材除了小材料外，主要为油松，为北方所产，可见二、三号船存在北方制造的可能。而蓬莱小海几次清淤都发现有船材，尽管这些木材多采自南方，海运至北方，是否说明蓬莱古港能够造船或修理古船？否则，古港内不会发现如此多的船材。而《明史·河渠志四》《运河下》海运条记载："嘉靖二年（1523 年）遮洋总漂粮二万石，溺死官军五十余人。五年（1526 年）停登州造船"，朝廷在登州设有造船厂是确定无疑的，虽然造船厂的位置及其规模，还有待更多的考古工作加以印证，但蓬莱发现的古船也存在当地制造的可能。

关于古船的废弃年代，二号船下的堆积中存在明代晚期的标本，因此二号古船的废弃时代应在明代晚期。一号船的废弃时代和二号船应该比较接近。三号船在堆积⑳层之下，堆积⑳层与船下的堆积㉑、㉒层和堆积㉔层中存在元末明初的遗物。因此三号船的废弃时代应为明代初年。

关于船的制造和使用年代，应该距离船的废弃时间不远。《明会典》记："天顺二年（1458 年）规定：'卫河、通州、淮安船厂修造船只，松木二年小修，三年大修，五年改造；杉木三年小修，六年大修，十年改造'"[6]，由此可知，古船的使用年限不会很

---

① 王冠倬：《中国古船图谱》，生活·读书·新知三联书店，2001 年。

② 《泉州湾宋代海船发掘简报》，《文物》1975 年 10 期。

③ 林士民：《宁波东门口码头遗址发掘报告》，《浙江省文物考古所学刊》，文物出版社，1981 年。

④ ［朝］尹武炳：《新安海底遗物的发掘及水中考古学的成果》，东京国立博物馆、中日新闻出版社，新安海底出土文物，1983 年。

⑤ 王冠倬：《中国古船图谱》，生活·读书·新知三联书店，2001 年。

⑥ 《明会典》卷二七《会计三·漕运》。

长。一、二号船的制造和使用时代应在明代晚期，最早不会超过明代中期；三号船应在明代初年或元末明初，四号船的制造和使用年代不详，可能与三号船相近。

关于船的沉没原因我们只能做些推测。二、三号船皆位于小海的西南角，三号船船头向西，靠向岸边。二号船船头向东，应为倚岸停靠。在二号船北侧、三号船的上方，发现一个9米多的船材，截面边长50多厘米，在船材的西端有一拴绳用的榫孔，应为人们拴绳用船或人力向岸上牵引至此，以备造船或修船之用。因此，发现的船只应为在使用时停靠在岸边，或损坏后拖至岸边、停泊海湾内待修。特别是价值昂贵的船材，沉于港湾，究其原因，或由于自然的原因，大风或海浪使之沉于海底，陷于淤沙内，逐渐废弃；亦可能由于人们为躲避战乱或其他灾祸，弃船而去，停泊在港湾内的船只或牵引至港湾的大型船材，渐渐沉陷在海浪或沙泥中。

四　蓬莱古船与古船考古

蓬莱古船的发掘，使我们得以对我国古船及其相关设施的考古发掘与研究工作进行深入的思考。

古船指古代不同类型的舟船。因其运行范围和结构不同可分为海上深水用船和河湖浅水用船，俗称海船或河船。因其用途不同，可分为战船、货船、客船、渔船、比赛（竞渡）用船等等。海船因其产地不同，其制造技术与船的结构亦有差别，又可称为广船、福船、浙船等，或因其结构俗称为"沙船"、"刀鱼船"等。古船发掘泛指古代舟船及其相关设施或附属遗物的考古学调查、勘测和发掘工作。大致可分为海洋或河湖水面下古船的发掘工作（属水下考古的范畴），滨海或故旧河道、湖泊淤积堆积中古船的发掘工作，造船或修船设施的发掘以及港湾码头或河道闸门遗址的发掘等等。随着现代科学技术的运用及学科的发展，古船考古工作还包括出土或出水古船及其遗物的科学鉴定和保护工作。

舟船为水上交通或航运工具，它的使用与水域相关，因此作为古船遗物，多保存在海洋或河湖水面之下。水下古船的调查和发掘是古船发掘的一个重要方面。近年来，随着水下古代沉船及其他遗迹和遗物的考古工作的开展，水下考古工作得以快速发展。古船及其遗物的发掘与研究是水下考古工作的重要组成部分。水下考古因其深水作业的特殊自然环境，需要对海流、水温等有科学的认识，为水下考古准备坚实的基础。同样，还要配备必备的特殊设施和器具。采用特殊的测绘和记录手段。而且对于出水遗物，需要做特别的处理和科学的鉴定。绥中古船的科学发掘和整理，为我们今后水下考古的基本准备和科学研究，摸索出一整套科学规范的工作程序，值得我们在工作中学习和推广。

古旧河道或湖泊淤积堆积中的发掘，因河湖干枯，古船的发掘工作能够脱离水面进行，其工作性质有了陆地遗址的发掘特点。可以采用传统考古学的发掘和资料采集手段。但因其文化堆积的形成与水有关，文化堆积的表现形式也有其自身的特点，工作中要仔细分析。进而确定堆积中遗物的时代及其与文化堆积的相应关系，从而判断文化堆积的形成时代。

造船设施，诸如船坞、造船厂等遗址，因其建造大型船只的工作特殊性，与造船、修船相关的设施，有其自身的特点：首先，该类遗址规模大、面积广，如南京宝船厂遗址有十几万平方米，而广州汉代造船设施也长达数百米；其次，遗址所处地势低洼，多为多水或淤泥文化堆积。因此，发掘工作要大面积的揭露，最好能全部揭露发掘。这样我们在发掘工作开始前，要做好全面的准备。调查、勘探并与文献考证结合，搞清遗址的范围，并有计划的做好大面积或全面揭露发掘的准备工作。大范围、复杂条件下的考古测绘和记录，可以采用现代化的仪器，如 GPS 或 GTS 等。而淤泥或多水情况下的发掘可能应该采取水下考古的一些方法和手段。至于，大面积带水淤泥中文物的清理和资料的收集工作，还需要在实践中摸索。南京宝船厂遗址的发掘，为该类遗址的发掘与研究积累了经验。

蓬莱古船长期处于海水之下，但由于其特殊的地理位置和小海古港的特殊性，在历史上为小海清淤也曾多次短期性断水。我们在古船发掘时采用人工隔离海水的方法，即落潮时堵住小海中部的桥孔，把外侧的海水隔离。这样考古发掘能够脱离水面。但其文化堆积仍为长期海水淤积形成的淤泥状堆积，有其自身的文化特点。发掘时采用陆地遗址的基本方法，即用探沟控制层位，分片解剖，按照层位关系取好标本。并依据文化堆积中出土遗物来推断堆积的时代，从而为判断古船之间的相对早晚关系和古船的时代提供了坚实基础。对古船底板部位的堆积，采用水选法，采集了一些细小的瓜果种子、料器等，这也是深水发掘中所无法实现的。但这两次的古船发掘都位于小海，仅是古船发掘工作的一个特例。在蓬莱近海，以及胶东半岛沿海，也存在大量的古代沉船或残留的水下遗迹和遗物，近海深水或浅水中的考古调查、发掘与研究工作，必须采用水下考古的工作方法，才能有更多的发现。愿借助现代水下考古的先进经验和工作方法，使蓬莱及胶东半岛沿海古船的发掘与研究工作取得更大的成绩。

五 蓬莱古船的多学科研究与保护

1984 年发掘的一号船，已经脱水保护并修复，在登州古船博物馆内展出，取得了良好的社会效益。2005 年古船发掘伊始，即制定了古船发掘、保护、修复的科学工作流程，并设想建馆长期保护展示。围绕这一目标相继开展了古船的复原研究、木材树种鉴定、木材地下水、海水等含盐测定、水城贝类的研究及三号船船舱内出土植物种子的鉴定等多项工作。运用以上自然科学技术手段汲取的考古学信息，不仅增加了古船考古资料的数量，并且可以提高古船资料的质量。这些研究成果，有助于对古船的建造、用途、使用及废弃等诸多问题进行研究。

地下文物处于一个相对封闭的环境，导致环境变化的各种因素相对稳定的话，文物保护状况就比较好。考古发掘时，文物的环境发生变化，温湿度发生急剧改变，氧气迅速进入，文物极易氧化，或者失水变形。有机质文物更是容易发生氧化和失水而造成不可逆的变化。作为木质文物古船也存在同样的问题，因此我们在发掘现场采取了一些必需的物理或化学措施，减缓了水分的挥发，预防了船材的进一步腐朽，为整个考古工作顺利进行提供了保证。

文物科技分析测试是文物保护工作的基础。对于蓬莱古船来说，要想对古船进行修复复原，首要的工作是要进行科学分析测试，然后才能进行脱盐、脱水干燥定型。我们对蓬莱古船的分析测试主要做了两项工作：树种鉴定和含盐测定。木材鉴定工作帮助了解古船的木材配置情况，以及不同木材的腐朽情况。盐分的测试说明了古船木材中的含盐种类和含量。这些对下一步的脱盐、脱水保护工作具有重要的指导意义。分析测试工作还有不够完善的地方，如木材的强度测试、含水率测试以及木材上滋生微生物种属的鉴定工作，这些在今后的保护工作中还需不断补充。

附录一

蓬莱二号古船结构特征及其复原研究

顿贺　席龙飞　龚昌奇　蔡薇

武汉理工大学交通学院

1984 年，在水城小海清淤工程中，在小海的南侧和西南侧发现了三条古代沉船，并将南侧的一条古船出土，该船称为"一号船"。一号古船残长 28、残宽 5.6、残深 0.8 米。经复原，古船总长 32、宽 6.0、型深 2.6 米[①]。同时出土了瓷器、木锚、铁锚、火炮（铳）、石弹丸、灰瓶等文物。1988 年底，在蓬莱召开了来自各学术界专家、学者学术研讨会，经多方考证，一号船为元末明初古战船[②]。一号古船其结构之严谨合理，工艺技术之先进，制造之精良，使我们大开眼界，以有力的物证反映了当时中国古代的造船技术已经达到了相当高的水平[③]。古船现陈列于登州古船博物馆。

2005 年，山东省、烟台市、蓬莱市考古工作者，将小海西南侧的两条古船进行了科学发掘，其中之一为二号船。二号船的形制与一号船相当接近。

一　二号古船的结构特征

二号船是距离已出土的一号船最近的一条，船体呈东西向，头东尾西。残长 22.5、残宽约 5 米，除龙骨外，左右舷残存各 11 列船板，主龙骨完整，长 16.2 米，首柱残长约 5.0 米，尾龙骨已无存。经复原，其船舶主体尺度与一号船相当。

1. 比对依据

二号船船首部呈 V 形，中后部呈平底 U 形，长宽比值较大，单层板结构，其型线和结构特征与蓬莱一号船和浙江象山船多有相似之处。一号船和象山船作为与二号船的

①　席龙飞、顿贺：《蓬莱古战船及其复原研究》，《蓬莱古船与登州古港》，大连海运学院出版社，1989 年。

②　席龙飞：《中国科学技术史·交通卷》，科学出版社，2004 年。

③　Dun he, Wang Maosheng, Yuan Xiaochun, Luo Shiheng, Structure of Ancient Penglai Ship and Its Thechnological Features of Construction, Selected Papers of the Chinese Society of Naval Architects and Marine Engineers, Supplement of Shipbuilding of China, VOL. 9, 1994.

比对依据，见图1①、图2②、图3。

2. 古船的分舱分析

二号古船残存六道舱壁，分别是第2、3、4、5、6、7横舱壁。根据主龙骨上锔钉槽、外板上锔钉槽、舱壁安装遗留下来的痕迹和外板横向勾子同口端接缝位置，可以确定出1、8、9、10、11、12号横舱壁位置，又据图二七和图二八，可以看出，主龙骨和尾龙骨接头处至尾封板，应设有两道横舱壁，其中一个舱壁用于压住补强材与尾龙骨叠合端部，这就是13号舱壁的位置，13号至尾封板间，还应设一道舱壁，为14号舱壁，由此推断，二号古船共设14道舱壁，全船分15个舱。2号舱壁壁前、7号舱壁壁前为首桅和主桅位置。

3. 龙骨结构及连接工艺

浙江象山明代古船龙骨与其邻近的船底板厚度差异不明显，在主龙骨、尾龙骨交接部位均设置了补强材③。

蓬莱一号古船主龙骨长17.06米，为松木。尾龙骨为樟木，长5.58米，与主龙骨接合部剖面尺寸同主龙骨，向后逐渐减少。首柱用樟木，残长3.96米。主龙骨与尾龙骨接头部位设补强材，在主龙骨与首柱、主龙骨与尾龙骨勾子同口接合部有"保寿孔"④。

蓬莱二号古船主龙骨为硬松木，长16.2米，在第2、3、4、5、6、7、8、10、12号舱壁处测得剖面宽×厚度尺寸分别为：330×420、350×420、360×300、360×270、360×268、360×270、360×300、345×290、355×210毫米。首柱（首龙骨）为榆木，长约5米，首柱在与主龙骨接头处宽385、厚500毫米，向首端逐渐变细。主龙骨与首柱上方有宽255、高200毫米的榆木补强材，补强材纵跨二舱。

一号船和二号船的主龙骨中部明显向上拱起，这种主龙骨向上拱起的形式在其他古船上也有发现。

采用勾子同口结构形式，在我国应用较早。1999年安徽柳孜运河出土的唐代木船有的已经使用了勾子同口技术⑤。成书于明万历三十四年（1606年）何汝宾著的《兵

①　Dun he, Wang Maosheng, Yuan Xiaochun, Luo Shiheng, Structure of Ancient Penglai Ship and Its Thechnological Features of Construction, Selected Papers of the Chinese Society of Naval Architects and Marine Engineers, Supplement of Shipbuilding of China, VOL.9, 1994.
　　烟台市文物管理委员会、蓬莱县文化局：《山东蓬莱水城清淤与古船发掘》，《蓬莱古船与登州古港》，大连海运学院出版社，1989年。
②　宁波市文物考古研究所、象山县文管会：《浙江象山县明代海船清理》，《考古》1998年3期，33～36页。
③　同②。
④　烟台市文物管理委员会、蓬莱县文化局：《山东蓬莱水城清淤与古船发掘》，《蓬莱古船与登州古港》，大连海运学院出版社，1989年。
⑤　龚昌奇、席龙飞：《柳孜运河一批唐代沉船的发掘与研究》，《淮北柳孜运河造船遗址发掘报告》，2002年。

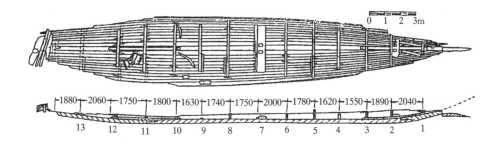

图 1 蓬莱一号古船

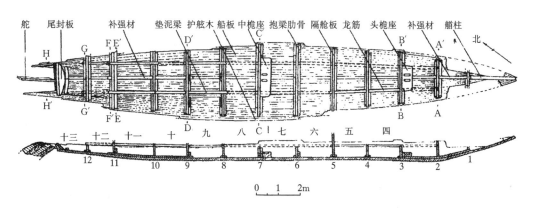

图 2 浙江象山古船

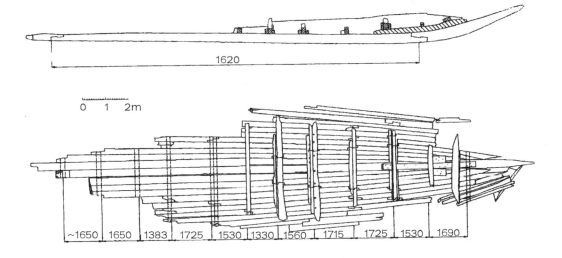

图 3 蓬莱二号古船

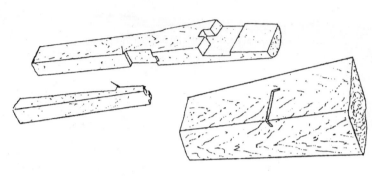

图 4　一号古船主龙骨与龙骨翼板的连接形式

录》①介绍了明代福船、鸟船、苍船、草撇船、唬船、哨船、壳船、渔船，反复提到了"首䑬"、"中䑬"、"尾䑬"、"底䑬"，并对其尺寸、材料有详细的说明。䑬为何义，查《康熙字典》解释为"战舰内贯以大木曰底䑬，今牒文有此字"。以此分析，"底䑬"即常说的底部龙筋或龙骨。"首䑬"即首龙骨，"中䑬"即主龙骨，"尾䑬"即尾龙骨。《兵录》中介绍福船等首龙骨、中龙骨、尾龙骨之间连接时说，"前后䑬俱顿在中䑬三尺之内"，龙骨与龙骨翼板的连接是"用松木砧方二尺，两边凿缝以受板"。蓬莱一号古船主龙骨与首柱、与尾龙骨连接采用的是勾子同口加凹凸榫结构（图 4），除有大蘑菇钉外，加有铁箍。

二号船主龙骨与首柱采用勾子同口，其榫形式不同于一号船，而是在首柱接头一端制有一高 30、厚 30 毫米水平方向横通榫，上表面有一定斜度，对应榫槽在主龙骨相应部位。分析原因，在接头处，首柱厚 500 毫米，比主龙骨高出较多，设置这样的通榫有利于控制主龙骨与首柱在接合部位产生上下方向的位移（图 5）。二号船首柱与主龙骨接头处除用大铁钉钉固外，还加有铁箍，上方有纵跨二舱的补强材，补强材为榆木。

主龙骨尾部有勾子同口，在勾子同口处，船板开始向上弯曲。可惜尾龙骨仅存有小段，而补强材已无存。二号船勾子同口处无"保寿孔"。

蓬莱一、二号古船龙骨翼板与主龙骨的连接也有些差异。

一号船在主龙骨与龙骨翼板相接的首端部，在主龙骨的侧面开有凹槽和勾子槽，在龙骨翼板设凸榫和勾榫，采用穿心钉和铲钉钉固（图 5）。

二号船在龙骨翼板首端有凸形榫，在主龙骨上侧面开有凹形槽，以穿心钉和铲钉连接（图 5）。

二号船主龙骨、龙骨翼板，通过大穿心钉和铲钉，连成一个整体，穿心钉间距经抽查测量为：160、170、155、275、325、420、535 毫米，并注意到，穿心钉间距大时，中间会有锔钉，用于舱壁的定位与固定。

4. 船的舱壁结构与工艺

① 何汝宾：《兵录》，卷十，万历三十四年本。

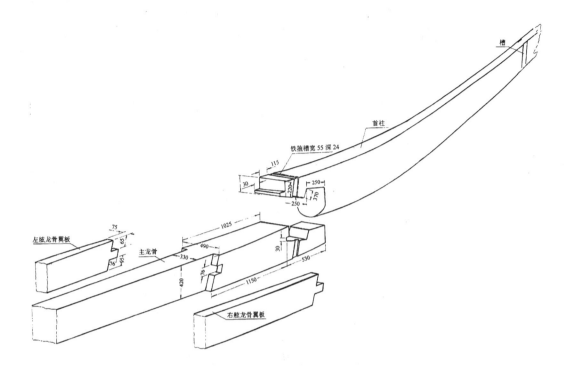

图 5　二号古船主龙骨与首柱、龙骨翼板的连接形式

在公元 410 年的晋代，中国就出现了在船上设置多道水密舱壁的技术。水密舱壁的设置，有利于增强船舶的抗沉性、安全性，提高了横向强度和便于分割舱室。中国古船，特别是海船、战船，舱壁多、间距小是其特点。二号古船又证实了这一点。

一号古船舱壁板为锥属木，全船设 13 道舱壁，分为 14 个舱。1～4 号舱壁无流水孔，12 号舱壁无存。其中 2 号、7 号壁前分别为首桅座和中桅座位置。舱壁板之间水平接缝为倒梯形并加木榫，以铲钉钉固。在舱内仅发现少量定位局部肋骨[①]。

象山船有 12 道水密舱壁，前 3 道舱壁不设流水孔，其他多设流水孔。壁板接缝有水平直线缝和自然曲线缝，板间无榫，以钉固定。舱壁底部前后均设舱壁肋骨，材料为硬杂木或樟木，舱壁肋骨多为樟木。3 号舱壁和 7 号舱壁为前、中桅座处，此二处的壁

① Dun he, Wang Maosheng, Yuan Xiaochun, Luo Shiheng, Structure of Ancient Penglai Ship and Its Thechnological Features of Construction, Selected Papers of the Chinese Society of Naval Architects and Marine Engineers, Supplement of Shipbuilding of China, VOL.9, 1994.
烟台市文物管理委员会、蓬莱县文化局：《山东蓬莱水城清淤与古船发掘》，《蓬莱古船与登州古港》，大连海运学院出版社，1989 年。

板未设流水孔[①]。

　　二号古船残存 6 道舱壁，全船应有 14 道舱壁，分为 15 个舱，残存最大舱长 1.725、最小 1.33 米。除 2 号舱壁不设流水孔外，3～7 号舱壁均设有流水孔。2、8 号壁板前为首桅座和中桅座位置。舱壁板为榆木或锥属木。壁板上下之间接缝为水平缝，并有矩形凹凸相合，其矩形凹凸深度、长度、位置无规律。上下板间开有榫槽，以榫打入，同时钉有铲钉。在 2、3 号舱壁上还有多道长凹槽，似为锔槽（未见锔钉，只残有锈迹）。舱壁底部前后均加有定位局部肋骨（见图 3，图 6～11）。

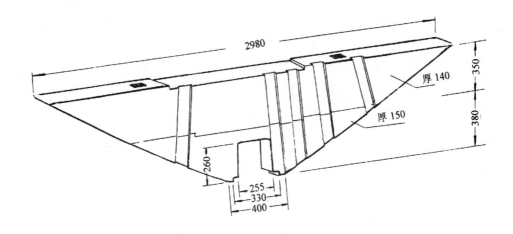

图 6　二号古船 2 号横舱壁

　　与象山古船舱壁结构比较：一、二号船壁板加榫和开成倒梯形、矩形缝，作用是避免舱壁板列间的横向位移。矩形缝施工较梯形缝更方便，在深度相同情况下，更利于避免舱壁板列间的位移。壁板上的木榫，相当于销钉，具有较好的抗剪切能力，木榫使上下板连接紧固，耐冲击力好，也有利于板面平整，结构严谨合理。

　　还应注意到，舱壁肋骨上流水孔比壁板上流水孔大，呈不规则方形孔，尺寸大小不一。而壁板上流水孔，呈拱门形，且上略宽于下。舱壁肋骨的流水孔比壁板上的孔大，便于插拔木塞。舱壁肋骨以大蘑菇钉与舱壁板、外板钉固（图 12）。

　　从舱壁的结构处理上看，二号船与一号船相近，从设置壁舱肋骨的多少及部位上看，二号船又同象山船。

　　5. 外板结构

　　浙江象山船船底板和舷侧板为杉木，端接缝为平面同口，纵向板缝为平对接，船板

──────────

①　席龙飞：《中国科学技术史·交通卷》，科学出版社，2004 年。宁波市文物考古研究所、象山县文管会：《浙江象山县明代海船清理》，《考古》1998 年 3 期，33～36 页。

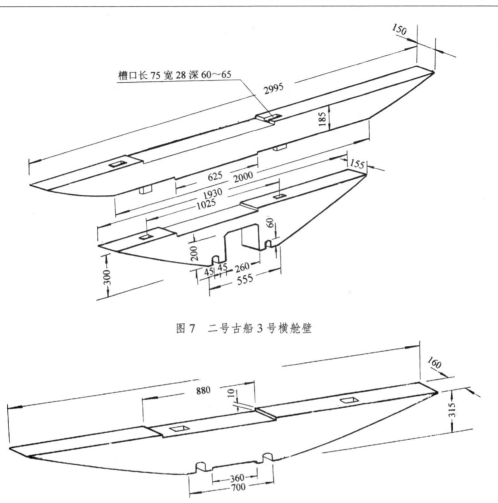

图 7　二号古船 3 号横舱壁

图 8　二号古船 4 号横舱壁

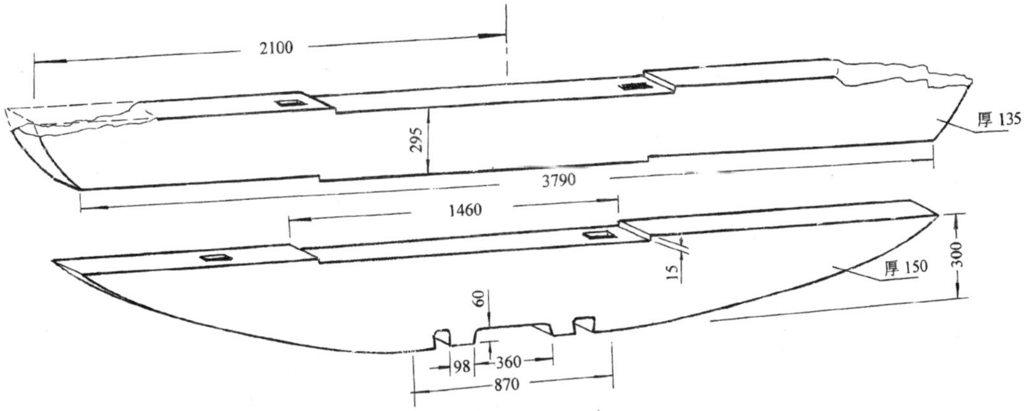

图 9　二号古船 5 号横舱壁

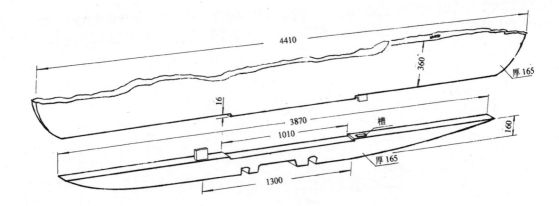

图 10　二号古船 6 号横舱壁

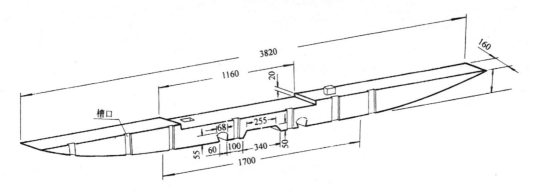

图 11　二号古船 7 号横舱壁

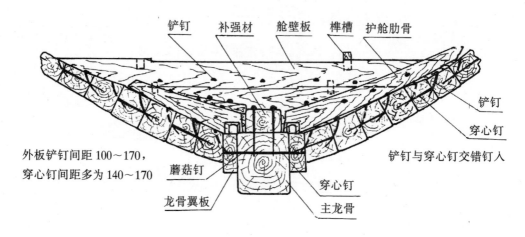

图 12　二号古船 3 号舱壁连接

之间除舱料外，用铁钉连接①。

蓬莱一号古船外板为杉木。外板的端接缝采用勾子同口和勾子同口加凹凸榫两种，接头均位于横舱壁处，且交错。外板的边接缝为平对接，以穿心钉和铲钉固定，并舱缝。铲钉从船内侧钉入。在舱壁处设铜钉，用于钩连外板并固定在横舱壁上，以利于外板与舱壁的连接并可固定舱壁②。

二号古船外板为杉木，左右舷残存各11列板。龙骨翼板首端宽×厚为75×260毫米，中部宽×厚为215×305毫米，在11号横舱壁处龙骨翼板宽×厚为220×355毫米。其他外板宽200～255毫米，厚100～210毫米。外板的端接缝采用未加凹凸榫的勾子同口形式相接，勾子同口长度在490毫米左右。勾子同口比平面同口、直角同口、滑肩同口结构更好，其结构工艺选择都是经过考虑的。外板边接缝为平面对接。

二号船的外板与外板、外板与舱壁、外板与龙骨的连接使用了铜钉、铲钉、穿心钉。抽查测量：铲钉间距为100、145、150、140、160、165、170、180毫米，穿心钉间距为160、170、155、325、420、450、535毫米。龙骨与龙骨翼板穿心钉间距为100、145、155、160、170、275、325、450、535毫米，当穿心钉间距大时，两钉之间出现了铜钉槽，说明加有铜钉。补强材与主龙骨和首柱，以大蘑菇钉钉固，舱壁肋骨与舱壁板和外板，以蘑菇钉钉固（见图12）。

值得注意的是，从整体外板腐蚀情况看，二号船在使用较长时间后出现过破损，修换过船板。被换过的船板为右舷第10列第二块和左舷第10列3～6号横舱壁间的船板，换上的船板材质较新，且几无腐蚀。第10列第二块换上去的木板与原存留船板采用勾子同口相接，但同口处缝隙较大，抹有偏厚的舱灰。这块板上表面和舷外一面，均有6个中心距为810毫米的榫孔，孔不在同一横平面上，错开。上表面6个孔，有的虽有榫，但未出头，有的则以油灰抹平，外舷六个榫孔均用油灰抹平了事。在外舷榫孔处，扣除孔深，实际板厚只有3～6厘米，如果建造时就这样用板，显然不合理。较好的解释是，古船用了较长时间出现了破损，是临时找一块木板应急换上去的。而在左舷换上去的板则采用了齿形并板直角同口形式，这与全船外板端接缝为勾子同口的结构风格也是不一致的（图13）。

6. 二号船底部应设有纵梁以托起木铺板。

在出土的木板中，发现一块木板。这块木板不完整，完整一端呈直线外倾。下表面为水平直线状，开有榫槽，板高255毫米，上方开有四个凹形槽子，二大二小。依据象

① 宁波市文物考古研究所、象山县文管会《浙江象山县明代海船清理》，《考古》，1998年3期，33～36页。
② Dun he, Wang Maosheng, Yuan Xiaochun, Luo Shiheng, Structure of Ancient Penglai Ship and Its Thechnological Features of Construction, Selected Papers of the Chinese Society of Naval Architects and Marine Engineers, Supplement of Shipbuilding of China, VOL.9, 1994.

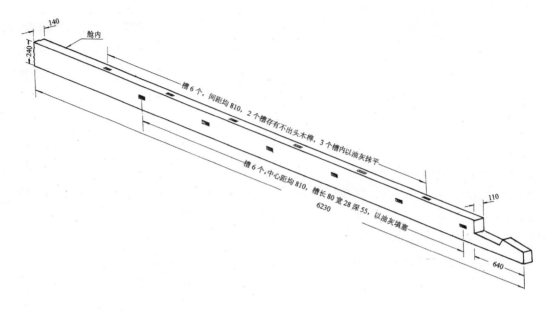

图 13　二号船右舷第 10 列第 2 块船板

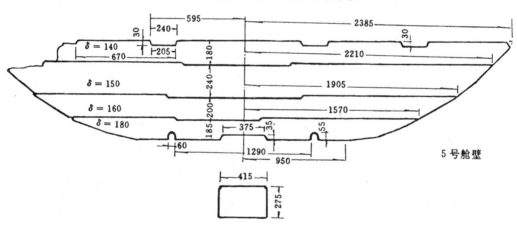

图 14　一号古船 5 号横舱壁

山船[①] 和蓬莱一号古船，凹槽应为放置纵梁之用。一号古船舱壁上的凹槽见图 14，二号船的一块壁板上的凹槽见图 15。

　　据《明史·兵志》，"关于'下实土石'和'中为寝处'的意见，舱壁上的凹槽可认为是放置纵向梁木之需。纵向梁木之上铺以木板作为'寝处'和供士兵活动的处所"[②]。下实土石作为压载以改善船舶稳性。出土的象山船有纵梁实物，证实了对一号古船的分

　　① 席龙飞：《中国科学技术史·交通卷》，科学出版社，2004 年。
　　② 同①。

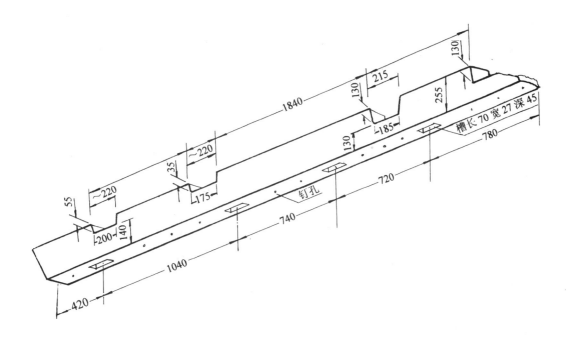

图 15　二号古船上的一块木板

析，也为二号古船提供了佐证，说明二号古船底部铺有木铺板，其上为士兵活动处所，其下为压舱土石。参考一号船：凹槽距船底内表面高度为 775～760 毫米。

7. 桅座结构

"凡舟身将十丈者，立桅必两，树中桅之位折中过前"①，二号船至少设桅两个。中桅座无存，但可辨位置于 8 号舱壁之前，紧贴壁板。说明二号船船身长在十丈左右，2 号舱壁前为首桅座位置，首桅座为锥木，下方垫板为樟木。桅座形状与船体内表面吻合，为一整木。下有通过补强材的凹槽，上有两个方形凹槽，是安装桅夹之用（图 16）。

8. 舱料

"夫造船之工，唯油舱为最要"②。中国古船舱缝技术已为大量的出土古船所证实。二号船使用了大量舱料进行舱缝。中国古船用的舱料有两种成分，一种是桐油、石灰、白麻（黄麻或旧渔网），将白麻或黄麻或旧渔网制成绒状，桐油、石灰、麻绒按 1：2：1 比例舂成舱灰。"温台闽广，海滨石不堪灰者则天生蛎蚝以代之"③，"执椎与凿濡足取

---

① 宋应星：《天工开物》，江苏广陵刻印社，1997 年。
② 李昭祥：《龙江船厂志》，江苏古籍出版社，1999 年。
③ 同①。

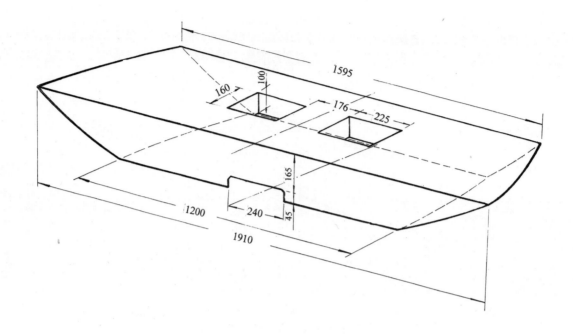

图 16 二号古船前桅座

来。……叠煤架火燔成，与前石灰共法，……调合桐油造舟"①。两广则以竹绒代替麻绒。

令人引起注意的是，在二号船舱内位于铲钉孔的木材表面，涂了一层物质，涂层厚度约2~3毫米，呈浅灰色，已板结，与木材表面接合紧固，无绒状物，状似今天用的水泥，这种舱料用以保护铲钉不生锈。

二 二号船型线的复原

二号古船首部呈V形，有首柱，当是尖头，中部呈U形，有部分为圆舭、平底。其型线特征与已出土的一号船②和象山船③相似。

据《蓬莱水城出土古船考》的分析研究，认为此种"长宽比"较大的船型"应是一般着眼于快速性的一类古战船"④，"此类战船系出江浙濒海去处的渔船演变和改装而

① 宋应星：《天工开物》，江苏广陵刻印社，1997年。
② 席龙飞、顿贺：《蓬莱古战船及其复原研究》，《蓬莱古船与登州古港》，大连海运学院出版社，1989年。
③ 席龙飞：《中国科学技术史·交通卷》，科学出版社，2004年。
④ 辛元欧：《蓬莱水城出土古船考》，《蓬莱古船与登州古港》，大连海运学院出版社，1989年。

成"①。

船舶型线的复原

在船型分析基础上，依据出土测量报告、有关数据、已出土的古船和文献资料进行复原。

（1）型宽，依据各舱壁实测轮廓，加上外板厚度，注意变化趋势的协调性，首先绘出各舱壁处的横剖线形状，得出二号船型宽6.0米。

（2）船长，首先依据资料，绘出基线、中龙骨线和首柱轮廓线，得到首轮廓线及其延伸趋势。

取与一号船相同的设计吃水，即取1.8米。参考一号船，设计水线长取26.4米。

船主体的总长与尾封板倾斜角度、型深、首尾舷弧高度和首部轮廓形状有关。中国古代船舶，为了改善操舵时驾驶视线，通常尾舷弧高度大于首舷弧高度，二号船首舷弧高度取0.8米，尾舷弧高度取1.4米。

（3）型深，由于二号船的尺度与一号船相近，故取与一号船相同的型深，即2.6米。

按初估尺度绘出型线图，得二号船：总长33.85米，主体长31.10米，设计水线长26.40米，型深2.60米，吃水1.80米，型宽6.00米，水线宽5.95米，首舷弧0.80米，尾舷弧1.40米，梁拱0.55米，$B/D=2.3$，$B/T=3.33$，$L/B=5.183$，$L_{oA}/B_{WL}=1.178$，$L_{WL}/B=4.437$，排水量约171吨。

二号船的型线见图17。

（三）二号船总体布置的复原

桅、帆、设备

主桅高度可以按设计水线长度选取，二号船设计水线长26.4米。复原时，先暂取主桅高28米，在满足布置下，尽量减少桅杆长度。

主帆参考一号船，取底边为宽14米。帆对边取底为宽的0.8倍，取11米，底边倾角取10°，帆上边宽度取13米，上边倾角取55°，求得帆面积为约215平方米。从操作方便和人员行走方便考虑，底边距甲板取1.8米。参考一号船，桅杆在帆面的位置按2:7选取，即帆面半衡比2:7。桅杆与帆通过蓬弓限位。望斗高取1.3米，望斗底面距主桅顶端取2米，吊帆滑轮太低影响帆的起吊、帆索张力，过高会增加桅的长度，取适宜位置，再加上大桅旗，最后较理想的主桅为高27米。

首桅取16.5米。取头帆底边8米，底边倾角取20°，对边取7.7米，顶边取9.0米，顶边倾角取70°，则得头帆面积约95平方米。

①　辛元欧：《蓬莱水城出土古船考》，《蓬莱古船与登州古港》，大连海运学院出版社，1989年。

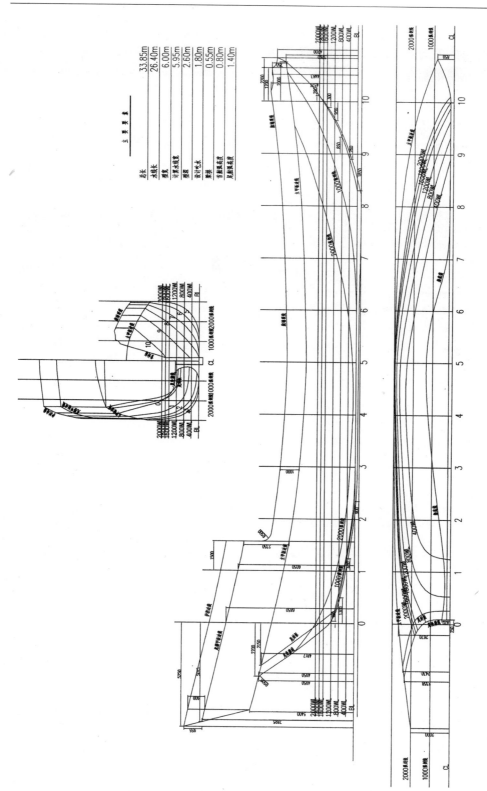

主　要　要　素

总长	33.85m
水线长	26.40m
型宽	6.00m
计算水线宽	5.95m
型深	2.60m
设计吃水	1.80m
菜捎	0.55m
首舷弧高度	0.80m
尾舷弧高度	1.40m

图 17　二号古船型线图

主要参数
总长　　　　33.85m
主体长　　　31.10m
水线长　　　26.40m
最大船宽　　6.80m
型宽　　　　6.00m
型深　　　　2.60m
吃水　　　　1.80m
梁拱　　　　0.55m
主桅高　　　26.00m
头桅高　　　16.50m
主帆面积　　180m²
头帆面积　　72m²
帆平衡　　　2:7
舵展舷比　　2.8:1

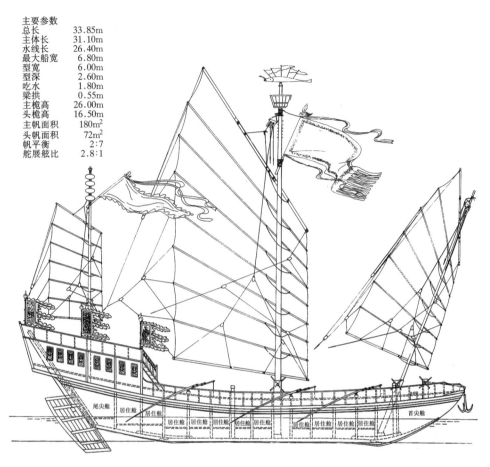

尾尖舱　居住舱　居住舱　居住舱　居住舱　居住舱　居住舱　居住舱　居住舱　居住舱　居住舱　居住舱　首尖舱

尾楼甲板

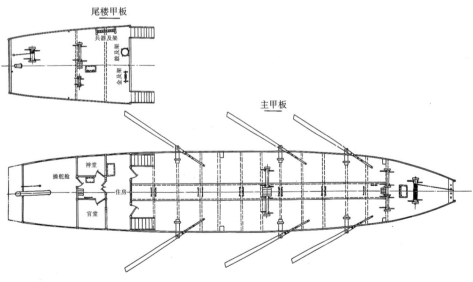

主甲板

图18　二号古船复原图

设尾楼一层，尾楼甲板起于13号横舱壁上方，古代木船梁拱大，为方便走动和居住，甲板上再加一层木铺板，因此尾楼至主甲板，甲板间高取2.35米，估计舱室净空高度约1.85米。

主甲板设舷墙，高1.0米，尾楼甲板周边设0.9米护栏板，结构同主甲板。

有风使帆，无风摇橹，故主甲板两舷共设橹六把，人员在主甲板上摇橹。

主甲板设起降帆用铰关4个，系缆柱4个，首部设起锚绞关1个，锚用三爪铁锚，船头甲板上有伏狮大木，两边为拿伏狮。

尾楼顶甲板前部设金、鼓、兵器及架，尾楼上设有一桅杆，用于悬挂号灯、标识旗，并挂小帆1个，以助舵。尾楼甲板设绞关3个，一为升降舵之用，一为升降号灯、旗之用，一为升降助舵帆之用。顺风鱼置于主桅顶部。

主甲板下各舱室均有直梯可达主甲板，尾楼内有直梯可达主甲板下的舱室，有直梯

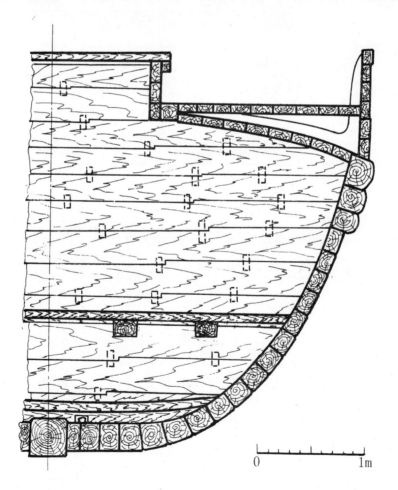

0　　　　　　　　　　1m

图19　二号古船5号横舱壁的复原

可达尾楼甲板。

尾楼两舷及前壁设板式木窗。窗可开启和闩闭。尾楼前端壁设木门 2 个，门槛高 400 毫米，可直达主甲板，尾楼甲板两舷各设板窗 8 扇。主甲板尾楼前设露天斜梯 2 部，可达尾楼甲板。

二号古船舵的复原

舵是船舶重要的操纵设备，自从中国在汉代发明了船尾舵，舵在世界各国的船上一直使用至今。

依据复原的型线图和布置图，参考一号船进行舵的复原设计。取舵叶高度为 5.0 米，舵叶宽度约 1.75 米。得舵展弦比为 2.86。以此为据，按古海船舵的特征绘出它的外形。舵叶上开有吊舵孔，舵叶两边有舵夹板，上下有木框，以榫、钉连接，并有铁箍。舵杆开有 2～3 个插关门棒的孔槽，舵杆有铁箍相护，操舵在尾楼内。由于船舶尺度较大，尾封板后方设舵承座，参考一号船，舵承座开有直经约 300 毫米通孔，通孔后处开口夹角 44°～45°，可穿过舵杆和转舵之用。

复原后的总布置图见图 18。

依据型线图、总布置图和二号船的结构情况复原后的典型舱壁结构见图 19。

参加蓬莱二号古船船体结构测绘的人员有：袁晓春、李建萍、董韶军、范惠泉等，在此一并表示谢意。

附录二

蓬莱三号古船的型线测绘与复原研究

汪敏　席龙飞　龚昌奇

武汉理工大学交通学院

1. 蓬莱三号古船出土概况

2005年7月至11月，在中国山东省蓬莱古港，由山东省文物考古研究所、烟台市博物馆、蓬莱市文物局等考古单位合作成功地发掘出三艘古船，两艘比较完整。其中一艘古船的沉没时间大约是在元末明初年间。该古船编号为蓬莱三号，从该船的形制与造船技术来看，当为韩国古船。

图 1　蓬莱三号古船出土现场

图1为蓬莱三号古船出土现场。蓬莱三号古船被发掘时，发现船舶向左倾斜，致使整个左舷埋入地底，右舷翘起，所以古船的左舷结构保存得非常完整，而右舷大部分已经无所见。图中C1～C5为1～5号舱壁，其中C4号舱壁的左舷部分保存得最为完整，舯后位置的C6与C7号舱壁已经不存在，经分析认为是应当有的。图中编号K板为中心龙骨板，

编号 R1 板为右龙骨翼板，编号 L1 板为左龙骨翼板。从 L1 与 R1 板开始依次排列，两舷应分别有 9 列外板并呈瓦片式搭接，编号依次为 L1、L2……与 R1、R2……

2．蓬莱三号古船的测绘

对古船型线复原的第一步，也是最重要的一步就是对古船残存部分的诸多构件进行准确地测量，并根据实测结果，将各残存结构的装配图绘制出来。这项工作是在将古船船板从出土现场拆下来进行保护的间隙时间进行的。

（1）中心龙骨板的测绘

中心龙骨板的测量，除将龙骨板的长度和各处的宽度测出之外，还用塑料布剪出龙骨板的纵向剖面样板。将样板铺平、展开，定出基线，这样就可以绘制出中心龙骨板在纵向剖面的翘度。中心龙骨板构造图参见附图 1。

（2）龙骨翼板的测绘

采取相同的办法，测绘出龙骨翼板的长度和宽度。中心龙骨板与龙骨翼板是用 17 个木栓紧密连接在一起的。其装配构造图参见附图 1。

（3）舱壁的测绘

舱壁的轮廓线最能表现船体的型线。舱壁的测绘方法是将每道舱壁的残存舱壁板摆放平整，舱壁的外形自然就显露出来。只可惜残存的舱壁板只有 2 列或 3 列。第 1 号舱壁到第 5 号舱壁的构造图参见附图 2。

3．蓬莱三号古船型线复原过程与方法

古船型线复原的主要方法是在结构实测的基础上，结合古船造船结构与工艺特点，采取推断、初定、校核的过程，绘制出古船型线。具体型线复原过程如下：

（1）在附图 1 中，截取龙骨板外表面边线，定出纵向船底线。韩国古船的首、尾型线一般为方首、方尾[1]，在侧视图中绘出首、尾轮廓线。

（2）第 4 号舱壁（C4 舱壁）的结构保存最为完整，其位置基本在船中部，所以通过 C4 舱壁横剖面结构图可以绘出中央横剖面图，并根据 C4 舱壁中的 L9 板距基线的高度，推断出该古船的型深为 3 米。

（3）韩国古船的甲板舷弧一般不大[2]，且尾部舷弧大于首部舷弧。在纵剖型线图中，绘出甲板边线侧视图，可定出各舱壁的实际高度。

（4）按第 1 号舱壁（C1）～第 5 号舱壁（C5）舱壁及其外板的外表面，绘出各舱壁处的横剖线。韩国古船的梁拱一般不大[3]，结合甲板实际高度，在横剖型线图上绘出甲板边线。

---

① ［韩］金在瑾：《我们船的历史》，首尔大学出版社，1989 年，12～19 页。

② 同①。

③ 同①。

（5）根据甲板边线侧视图与横剖型线图，在半宽水线面图上绘出甲板边线，并逐步调整三向剖线。

（6）对第 1 号舱壁（C1）～第 5 号舱壁（C5）舱壁横剖线图划分水线，截取各水线的半宽值，绘制出 C1～C5 站的各水线型线图。

（7）由于第 6 号舱壁（C6）与第 7 号舱壁（C7）是我们推定的，C6 与 C7 站的各水线半宽值是根据各水线的走向趋势以及甲板边线推定出来。

（8）对半宽水线图重新划分理论站号，得到各理论站横剖线。

（9）根据横剖型线图，绘出各纵剖线。

4．蓬莱三号古船型线复原结果

（1）型线复原结果

根据上述型线复原过程，可以得到蓬莱三号古船型线图（图 2）。

（2）静水力计算结果

对蓬莱三号古船进行静水力计算，并将计算结果绘制成静水力曲线与邦金曲线（图 3）。

5．总结

（1）主要尺度

通过对蓬莱三号古船型线的复原，再现了整个古船的型线原貌。蓬莱古船的主要尺度如下：

总长：	L＝22.5 米	甲板宽：	Bmax＝8.4 米
水线长：	Lwl＝19.2 米	型宽：	B＝7.2 米
设计吃水：	d＝1.8 米	型深：	D＝3 米
方形系数：	Cb＝0.504	棱形系数：	Cp＝0.764
水线面系数：	Cw＝0.835	排水量：	△＝128.5 吨

可以看出，蓬莱三号古船的型线特征为：平底，浅吃水，水线以下部分为盆状剖面，方形系数较小，各水线在纵向方向上曲度变化小。具有这种型线特点的船型在造船工艺上有许多的便利：木板不需要很大的弯曲，通过瓦片式搭接就可以连接起来。这与现代船舶方形系数较大，具有丰满的横剖面，曲线变化大的船型相比较，是截然不同的。

（2）尺度比

　　　L/B＝2.28　　　　B/D＝2.8　　　　D/d＝1.67

由此可见，蓬莱三号古船（韩国古船）的长宽比很小，甚至比中国的泉州湾宋代海船还要小些①。由于帆船航速不高，小的长宽比与瘦削的船型相结合，对快速性并无大

① 席龙飞：《中国造船史》，湖北教育出版社，2000 年，200～201 页。

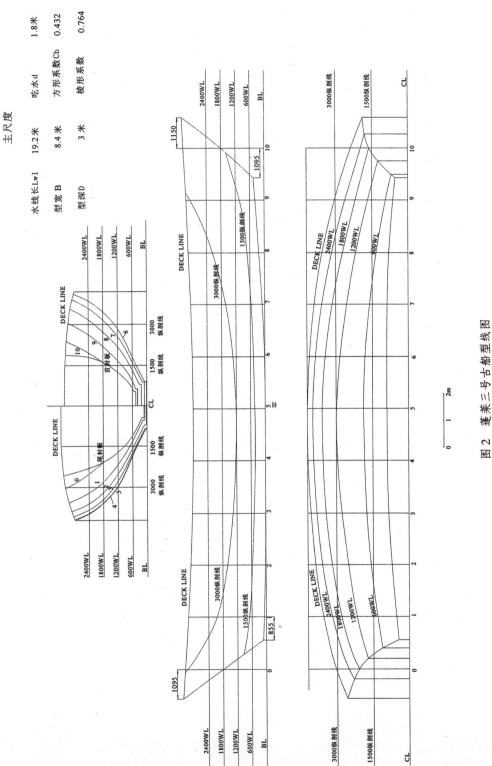

主尺度

水线长Lwl	19.2米	吃水d	1.8米
型宽B	8.4米	方形系数Cb	0.432
型深D	3米	棱形系数	0.764

图 2　蓬莱三号古船型线图

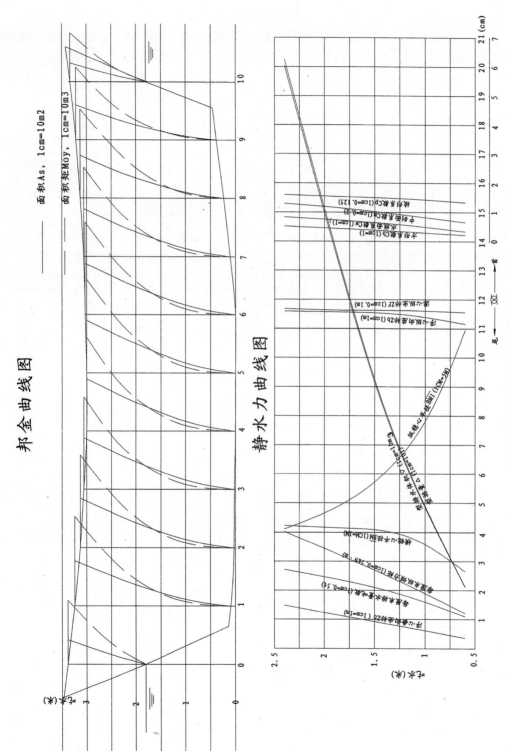

图 3　邦金曲线图与静水力曲线图

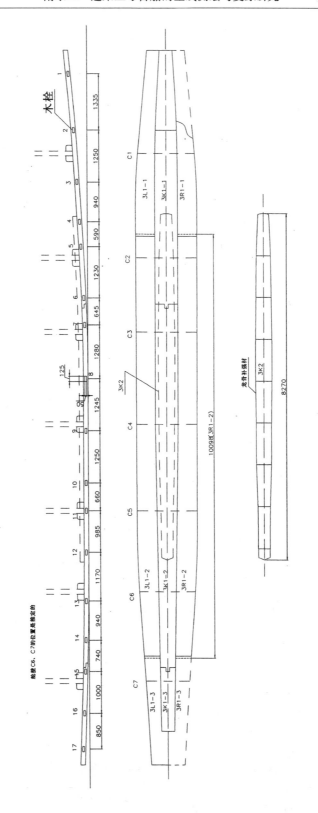

附图 1 三号古船中心龙骨板及龙骨翼板装配构造图

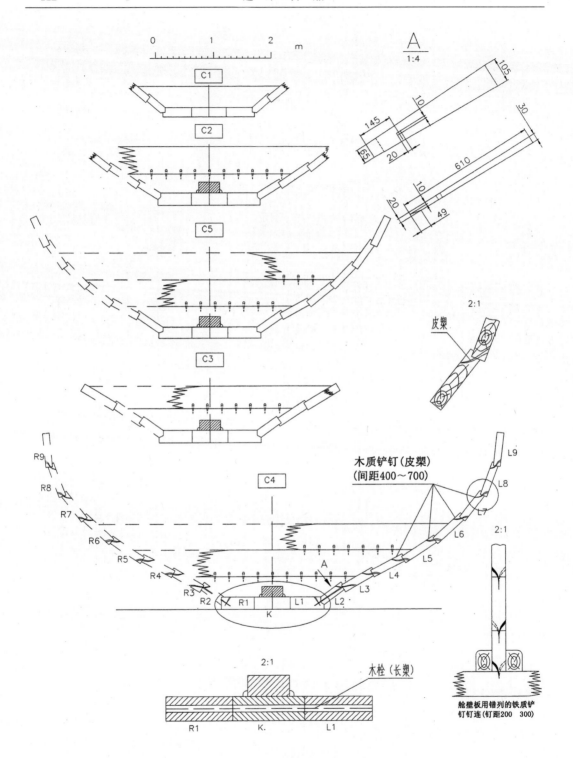

附图 2　三号古船第 1 号舱壁到第 5 号舱壁构造图

碍。该船的方形系数 Cb 为 0.504，方形系数较小。这种瘦削的船型在施工中，特别是在弯曲木板的施工中，有很多方便。韩国古船常航行于沿海和到中国的黄海海域，由于这些航区常有浅沙，所以采用平底是很正确的选择。这正如中国的沙船主要航行于北洋航区一样，通常也采用平底船型。

致谢：参加蓬莱三号古船测绘的人员有：席龙飞、袁晓春、李建萍、董韶军、范惠泉等，在此一并表示感谢！

附录三

蓬莱三号古船的测绘及复原研究

龚昌奇　　蔡薇　　席龙飞

武汉理工大学交通学院

2005 年 7 月至 11 月，在中国山东省蓬莱市水城西南隅，由山东省文物考古研究所、烟台市博物馆、蓬莱市文物局等考古单位，成功地发掘出三艘古船。蓬莱 3 号古船为其中之一。根据发掘现场观察，该古船"长宽比"很小，应该是一艘货物运输船。据地层及相关文物判断，该船是在元末至明初年间在此沉没的。该古船的船体结构和施工方法，虽然有些地方与历年发现的中国古船有些相似之处，但是更多的地方则与中国古船有相当大的差别。

为了深入了解该船船体结构、施工技术，在考古人员基本工作完成之后的 11 月，利用将船板拆卸并运输到保护场所的空当，我们对诸多船体构件逐一进行了测绘。其结果参见：

蓬莱三号古船龙骨板及龙骨翼板装配图（参见附录二附图 1）；实测舱壁图（参见附录二附图 2）及"长槊"、"皮槊"图（参见附录二附图 2）。

1. 关于蓬莱三号古船产地和国籍的认定

通过对该古船船体构件和施工方法的实测和绘制装配图，我们以其主要特征，断定该船是高丽古船。从设置舱壁以及采用铁钉连接技术等项看，发现该船也带有中国与韩国间造船技术交流的痕迹。

认定蓬莱三号古船是高丽古船的三个特征是：

（1）三号船未见龙骨。在船体的中线处有由三块厚重的木板构成的龙骨板，而且由 17 只"木栓"将中心龙骨板和左右两块龙骨翼板连成一体。

此种结构形式在已发掘的中国古船上从未见到过，但是，这却是高丽古船的传统造船方法。这"木栓"在韩国文献中被称为"长槊"[①]。它的使用在韩国可上推到木筏时代[②]。

（2）三号船的外板采用鱼鳞式搭接方式连接。这种连接方式是高丽船传统的连接方式，虽然中国古船有时也会采用此种方式。

①　[韩]金在瑾：《我们船的历史》（朝鲜文），首尔大学出版社，1991 年，15、20、72、82 页。

②　[韩]李元植：《韩国的船》（朝鲜文），Daewonsa 出版公司，1990 年，15、24、25 页。

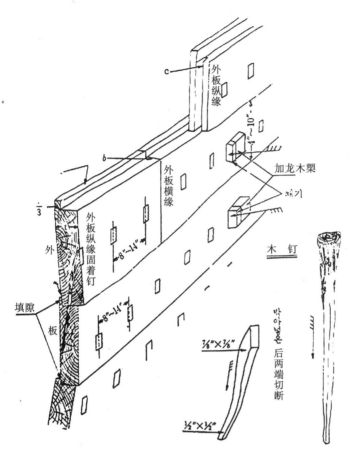

（3）三号船在外板的边接缝处采用"木钉"连接为主，以铁钉连接为辅（图1）。此种"木钉"在韩国文献中称为"皮楔"[①]，在三号船上见到的"皮塑"与上揭金氏、李氏所述完全一致。

依据上述三点，我们认定三号船是在韩国造的高丽古船。但是，三号船也有与高丽古船不一致的地方。高丽古船通常是用"驾龙木"[②]来保证船舶的横向强度，而不使用横舱壁。在发明和使用横舱壁之前，采用"驾龙木"的确是保证横强度的有效方法。根据公元前1500年的浮雕而复原的著名的尼罗河大型驳船，总长约210英尺，合65米。该船即在相当于横舱壁的位置加设三个空梁[③]，相当于每组设三个"驾龙木"。

图1　利用木钉（皮楔）钉连外板示意图
（采自金在瑾《我们船的历史》）

然而，今日发掘出的三号船却没有"驾龙木"，而是像诸多中国古船那样，采用了横向舱壁。这又应当怎样解释呢？

我们认为，这或许是古代韩中之间进行造船技术交流的结果。在中国文献中，记述中外造船技术交流的佳话不胜枚举。例如，北宋时期沈括所著的科技著作《梦溪笔谈》[④]就记有中国向高丽传授可倒桅杆技术的故事。说的是一艘船桅折船破漂到我国某

①　[韩]金在瑾著：《我们船的历史》（朝鲜文），首尔大学出版社，1991年，15、20、72、82页。[韩]李元植著：《韩国的船》（朝鲜文），Daewonsa出版公司，1990年，15、24、25页。[韩]许逸、姜泽祥、李昌亿著，崔云峰译：《韩国古代造船史之考察》，《船史研究》总第18期（2004年），131~149页。
②　[韩]金在瑾著：《续韩国船舶史研究》（朝鲜文），首尔大学出版社，1994年，98~99页。
③　George F. Bass, "A History of Seafaring", Walker and Company, New York, 1972, p.21.
④　[宋]沈括：《梦溪笔谈》，商务印书馆，1937年。

县。舟人服饰与我一样而语言不能懂，后来知道是高丽人。县令命船匠帮助修船。原船桅杆不可倒，船匠按中国技术造一可起倒的桅杆并教来人掌握桅杆起倒之术。现在发掘的三号船，具有两只桅座，其构造形式与中国古船几无差别，应当也是可起倒的桅杆。在韩国的文献上，也能见到桅杆是可起倒的。这是否是在北宋时期就从中国引进的桅杆技术呢？这是值得探讨的问题。

　　2. 蓬莱三号古船船体型线的复原

　　蓬莱 3 号古船的船体型线的复原研究工作是由博士研究生汪敏等人完成的，兹不赘述（参见附录二附图 2）。

　　3. 蓬莱三号古船总体布置的复原

　　据对型线的复原研究，三号船主要尺度是：

　　总长　22.6 米　　甲板宽　8.4 米　　型深　3.0 米

　　三号船的总布置图如图 2 所示。

　　（1）桅及帆　三号船在出土时曾发现有：主桅座在 4 号舱壁之前；首桅座在 1 号舱壁之后。由此可知主桅是可以向前倾倒的，首桅则是可以向后倾倒的。由于桅座上开有桅夹板的两个榫孔，所以可以设计有两块桅夹板，一直延伸到甲板之上。由于桅座完全是中国式样，所以按中国的桅结构进行复原。

　　参照金在瑾著《我们船的历史》第 35 页图 19 韩国的帆，绘出主帆和首帆。主桅高取 15.2 米，首桅高取 12.5 米。主帆面积为 52 平方米，首帆面积为 30 平方米。

　　（2）舵　参照金在瑾上述著作的第 13 页的渔船图的舵和第 30 页的船尾构造图，复原设计出三号船的尾舵，取舵面积为 3.4 平方米，舵的展弦比为 3.4，舵面积系数接近 10％。

　　（3）船锚　参照金在瑾教授上述著作的第 19 页，韩国战船的外观图上两爪木锚的式样，复原设计出三号船的两爪木锚。锚杆长 1.6、锚爪长 0.4 米。此种式样的木锚在中国的明代以前是相当流行的。在明代起才在船上使用四爪铁锚。

　　参照韩国过去渔船用的绞锚机的式样，设计一种卧式手扳式绞锚机，如图 2。

　　4. 蓬莱 3 号古船船体构造的复原

　　依据型线图和总布置图，设计绘制船体结构图，如图 3；舱壁图，如图 4。

　　由于未见到过古代高丽船的舱壁构造图，前已述及，我们以为舱壁的使用是由中国传播到高丽的，有关舱壁、舱口设备，均以中国古船的实际为设计依据。

　　（1）外板的构造和连接　外板较宽，通常为 0.4～0.62 米，厚度可达 125 毫米。该船的外板边接缝采用鱼鳞式搭接，以木钉（皮槊）钉连。据金在瑾的著作第 20 页，皮槊（木钉）的标准间距为 8～14 寸，约合 20～36 厘米。而今在三号船上发现的木钉间距为 0.5～0.8 米。所以在木钉之间还加钉铁质铲钉，间距约在 200～300 毫米。铲钉由外板外面由较高一列外板钉向较低一列外板。

外板的端接头采用较简洁的直角同口。

（2）舱壁的构造和连接　已发现有第1号到第5号舱壁，根据船的体量，我们认为还应有第6、第7号舱壁。舱壁板水平向排列，板宽在300～470毫米之间，厚120毫米。板缝直线平接，板列间无榫卯钉连。舱壁板用错列的铁质铲钉钉连，钉距在200～300毫米。

与中国古船稍有不同，在舱壁的前后均有舱壁肋骨环围并加固。

（3）舱口及盖板　中国古船的舱口多取首尾连通的形式，因为舱长较短，这样的构

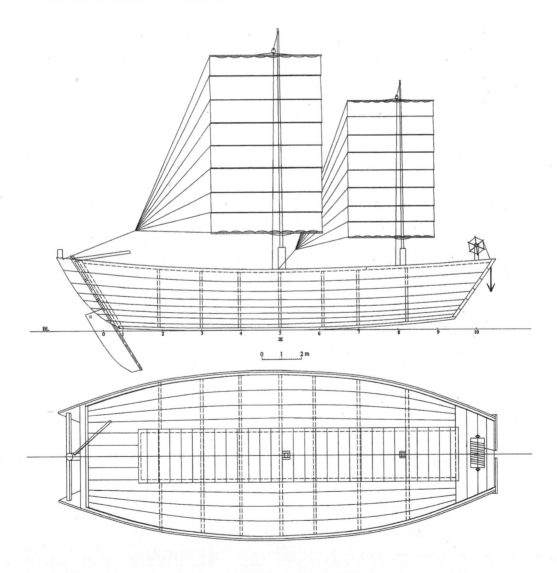

图2 蓬莱三号古船的总布置图

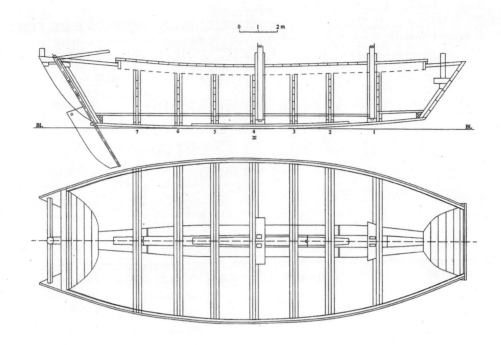

图 3　蓬莱三号古船的船体结构图

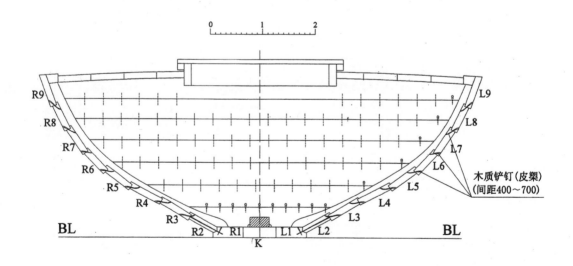

图 4　蓬莱三号古船的舱壁图

造较为简洁，由舱口可通达到每个船舱。舱口宽 2.4 米。舱口盖板横向排列，盖板缝处的下面有一横梁并开槽口，雨水或波浪打到舱盖上的海水，均可由槽孔排到两舷，不至于淹浸船舱中的货物。

（4）我们的疑问　中国古船在靠近甲板处的外板，特别加厚加大，称之为大拉，高丽古船是怎样处理的呢？中国古船在甲板上通常设有舷墙，约高 1.0～1.2 米，古文献上称之为女墙。今观金在瑾的著作，看到有些船的外观图，其甲板上并无舷墙之类。究竟应怎样复原？我们还存在疑问。

对高丽古船，我们知之甚少。本文谬误之处，企盼各位同道予以指点和纠正。

参加蓬莱三号船测绘的人员有席龙飞、袁晓春、李建萍、董韶军、范惠泉等，在此一并致谢。

附录四

蓬莱水城小海古船材质状况及树种配置

刘秀英　李　华　陈允适　腰希申　张晓芳

中国林业科学研究院木材工业研究所

蓬莱水城是全国重点文物保护单位，建于明洪武九年（1376年），是中国迄今为止保存最完整的古代水军基地。在开工于2005年4月份的蓬莱水城小海清淤工程中，发掘出三艘木质古船。古船的成功发掘具有重大的文物研究价值和现实意义。

本次挖掘的三艘古船位于1984年发现的一号船的西侧，编号为二、三、四号，其中四号船仅存几块船板（参见彩版四、二八）。

二号船船头朝东，船体呈瘦长的流线型，残存船底底部，残长22.5米。三号船位于二号船的北侧，船头朝西。短宽型的船体残存底部，残长17.1米。根据地层关系及出土遗物分析，二号船废弃时代为明代，三号船的废弃时代为元代或元末明初。

应山东省文物考古所及蓬莱市文物局之邀，中国林科院木材工业研究所一行三人于2005年11月4日～5日对蓬莱古船材质状况进行了实地勘查及古船各部位构件取样，并做了室内研究，对古船的树种配制进行了分析，整理成文，希望能对考古研究和文物保护有所帮助。

一　古船木料材质状况

古船木件刚刚发掘时材质完好。从现场正在发掘的船板看，材质表面完好如初，而且有很好的强度。一般木材在水中浸泡，可以长期保存。

木材出土（水）表面干燥后，很快发生腐朽和开裂变形，因此出土（水）木材保护的重要一步就是使木材保持一定的湿度，并在保湿过程中做好防霉防腐处理。现场对小海出水古船做了这样的处理，其效果较好。

木材长期埋没在海底的淤泥中，受海中微生物与海生蛀木动物的侵蚀，木材难免遭受损害。现场观察，船蛆、海笋及海生蛀木水虱危害的痕迹多处可见（参见彩版五，2；彩版五二，1），木船在使用中这些动物的危害往往是毁灭性的。早在公元14世纪，哥伦布在其第四次航海日记中记述："凿船贝将船凿成蜂窝状，而对此我们毫无办法。"从对古船木材的勘查看，海生蛀木动物的危害程度尚未达到影响木材完整性的程度。

出水的古船木材目前发现的主要问题是腐朽。除个别舱板外，大部分是表面腐朽。腐朽深度一般不超过2厘米，如二号船龙骨、前桅座垫和艉柱等。船板个别腐朽较严重，多有纵向开裂，严重腐朽处手捻成粉（参见彩版一二，1）。

从现场勘查看，目前发现的腐朽多为褐腐。褐腐的典型症状是腐朽材表面成方块状龟裂，褐色，严重时强度完全丧失。局部发现有白腐状菌丝，腐朽部位木材发软（参见彩版五○，2；彩版五一，1），深度超过2厘米。

详细材质状况请参阅表一。

表一　古船勘查表

序号	船号	测绘编号	名称	位置及材质状况	树种	树种拉丁名
1	3	3L3-1	左三板	船头和三舱板之间。材质较好。	松木（硬木松）	Pinus sp.
2	3	无	龙骨下船板	船头和三舱板之间。板边材质发软，轻度腐朽。	松木（硬木松）	Pnius sp.
3	3	3b1	抱梁肋骨一	船头和三舱板之间。表面轻腐。	松木（硬木松）	Pinus sp.
4	3	3R2-1	右二板	三舱板和四舱板之间。	松木（硬木松）	Pinus sp.
5	3	3C1-1	三舱板一	表面含水率较低；有龟裂，裂纹稍宽。表面中度腐朽。	松木（硬木松）	Pinus sp.
6	3	无	舱壁	散置，无具体位置，位于船的中部。	松木（硬木松）	Pinus sp.
7	3	无	龙骨	取样处位于四舱板和五舱板之间。表面材质完整，略干燥；有龟裂，纹细小；内部有强度。	松木（硬木松）	Pinus sp.
8	3	3b2-2	抱梁肋骨二	紧靠三舱板处。	松木（硬木松）	Pinus sp.
9	3	3C1-2	三舱板二		松木（硬木松）	Pinus sp.
10	3	3L8	左八板	四舱板与五舱板之间。内部颜色发白；边缘有细小龟裂，材质较软；中部略有强度。	松木（硬木松）	Pinus sp.
11	3	3L6	左六板	四舱板与五舱板之间。	松木（硬木松）	Pinus sp.

序号	船号	测绘编号	名称	位置及材质状况	树种	树种拉丁名
12	3	3C2-1	四舱板一	左侧。有船蛆；表面干燥，有龟裂。轻度腐朽。	松木（硬木松）	*Pinus sp.*
13	3	3C2-2	四舱板二	右侧。边缘龟裂中度腐朽；右端部成片状，部分成丝状；局部干燥翘起。	松木（硬木松）	*Pinus sp.*
14	3	3b3-1	抱梁肋骨三	四舱板左侧。表面龟裂，中度腐朽；下缘含水率较高，端部细纹斜裂；上部略干，材质较好；下部材质软。	松木（硬木松）	*Pinus sp.*
15	3	3L4	左四板	四舱板与五舱板之间。有纵向裂纹，宽在0.3厘米～0.5厘米之间；表面局部有小的龟裂；干燥处有强度；含水率较高处强度很低。	松木（硬木松）	*Pinus sp.*
16	3	3L1	左一板	四舱板与五舱板之间。表面较干燥；有纵向细小裂纹。	松木（硬木松）	*Pinus sp.*
17	3	3R1	右一板	四舱板与五舱板之间。中间较干，有一定强度；端部含水率高，工具刺探有水分溢出；表面有细小龟裂和纵向细长裂纹。	松木（硬木松）	*Pinus sp.*
18	3	3R3	右三板	四舱板与五舱板之间。表面含水率较低，但材质较软；四边缘残缺；表面龟裂严重，有多条纵向裂纹。	松木（硬木松）	*Pinus sp.*
19	3	3W2	桅座二	靠近五舱板处。材质较干，较软，强度较低；色浅；边缘龟裂；有纵向细长裂纹。	松木（硬木松）	*Pinus sp.*
20	3	3C3-2	五舱板二	右侧。左边缘材质较好，右边缘残缺，成丝片状，有强度；整体有细小龟裂；有船蛆。	松木（硬木松）	*Pinus sp.*
21	3	3C3-1	五舱板一	左侧。有蛀木水虱；上缘龟裂状腐朽，呈褐色；整体有强度。	松木（硬木松）	*Pinus sp.*
22	3	3C3-3	五舱板三	含水率偏高；表面有细长裂纹。	松木（硬木松）	*Pinus sp.*
23	3	3Y5	船板	散置。局部腐朽严重；有船蛆；有龟裂；表面干燥；有一定强度；材质较软；呈白色。	松木（硬木松）	*Pinus sp.*

序号	船号	测绘编号	名称	位置及材质状况	树种	树种拉丁名
24	未知	无	舵杆	材质完好；表面干燥后略有翘起；有龟裂。端头稍有开裂，局部中度腐朽。	格木	*Erythrophleum sp.*
25	3	3W1	桅座一	表面龟裂。	松木（硬木松）	*Pinus sp.*
26	2	2K1	艄柱	表面腐朽；内部材质较好，有强度；有龟裂及纵向裂纹。	榆木	*Ulmus sp.*
27	2	2Z1	补强材	纵裂较密；材质较好，有强度。	榆木	*Ulmus sp.*
28	2	2d1	前桅座垫一	左侧。材质较好，有强度；有纵向细小裂纹。	锥木	*Castanopsis sp.*
29	2	2d2	前桅座垫二	右侧。表面腐朽深 1 厘米左右；呈深色；内部材质较好，有强度。	樟木	*Cinnamomum sp.*
30	2	2W1	桅座	纵裂，最宽约 0.5 厘米；材质较好，有强度。	锥木	*Castanopsis sp.*
31	2	2C1-2	一舱板二	散置。局部腐朽；多处有洞；纵向开裂；上侧开裂严重；其他部位材质较好；有强度。	锥木	*Castanopsis sp.*
32	2	2C3	三舱板	多处纵向开裂严重；局部 30 厘米～50 厘米长，15 厘米～25 厘米严重腐朽，手捻成粉。	锥木	*Castanopsis sp.*
33	2	2b2	抱梁肋骨二	靠三舱板。有细小纵裂。	锥木	*Castanopsis sp.*
34	2	2C4-2	四舱板二	上侧。表面腐朽；龟裂严重。	榆木	*Ulmus sp.*
35	2	2C4-1	四舱板一	下侧。边缘有细长纵裂；局部少量龟裂；材质较好。	锥木	*Castanopsis sp.*
36	2	2b5	抱梁肋骨五	四舱板后侧。边缘纵裂。	锥木	*Castanopsis sp.*
37	2	2b4	抱梁肋骨四	材质较好；较潮；有强度。	锥木	*Castanopsis sp.*
38	2	2K2	龙骨	于船尾处取样。腐朽深约 2 厘米，内部材质较好。	松木（硬木松）	*Pinus sp.*
39	2	2R1	右一板	五舱板和六舱板之间。材质较好；强度较高。	松木（硬木松）	*Pinus sp.*
40	2	2R1	右一板	船尾处。材质较软；有龟裂；有腐朽。	松木（硬木松）	*Pinus sp.*

序号	船号	测绘编号	名称	位置及材质状况	树种	树种拉丁名
41	2	2L10	左十板	五舱板和六舱板之间。整体材质较好；有断裂且断裂处有腐朽。	杉木	*Cunninghamia lanceolata Hook.*
42	2	2Y2	散板	船头处。材质较好；未见腐朽；略有细小斜裂。	锥木	*Castanopsis sp.*
43	2	2R9	右九板	三舱板和四舱板之间。材质较好；表面略有腐朽。	杉木	*Cunninghamia lanceolata Hook.*
44	4	4b1	无	材质较好；两端均有腐朽，其中南端头成片状，北端头底部腐朽较严重。	松木（硬木松）	*Pinus sp.*
45	4	4b2	无	含水率高，工具刺探有水渗出；材质较软；中部及两端有船蛆，很明显，很严重，表面已不成形，严重腐朽。	松木（硬木松）	*Pinus sp.*
46	4	4b3	无	北端腐朽局部成丝；侧边腐朽严重，含水率高；材质较好。	松木（硬木松）	*Pinus sp.*
47	3	无	船头	第二散板	桤木	*Alnus sp.*
48	3	3K1－1	木栓		麻栎	*Quercus acutissima Carr*
49	3	3L8－1	木榫		板栗	*Castanea mollissima BL.*

二　古船树种配制

　　为研究古船的树种配制，现场取样 47 个，后寄来 2 个，共 49 个；全部做了树种鉴定，整理结果见表二。造船用材一般要求材质坚实，强度大，耐水，耐腐朽，对金属无腐蚀，耐涂饰等。

　　骨架首先要求冲击韧性及弯曲强度好，其次要求适当的硬度，劈裂强度及顺纹抗压强度，胀缩性小。

　　桅杆要求弯曲强度和冲击韧性好，树干通直，尖削度小，少节。艏、艉柱还要求坚硬和弹性好，耐磨损。

　　船壳重要的是弯曲强度和冲击韧性好，胀缩性和渗透性小，有适当的强度，横纹抗压及劈裂强度大，耐腐，耐蛀。

表二　古船木构件树种配制

序号	树种	拉丁学名	船号	样品名称	
				构件名称	具体名称
1	松木（硬木松类）	*Pinus sp.*	二	船板	右一板
				龙骨	龙骨
			三	船板	左一板、左三板、左四板、左六板、左八板、右一板、右二板、右三板、散置船板、龙骨下船板
				舱板	三舱板一、三舱板二、四舱板一、四舱板二、五舱板一、五舱板二、五舱板三、舱壁
				抱梁肋骨	抱梁肋骨一、抱梁肋骨二、抱梁肋骨三
				桅座	桅座一、桅座二
				龙骨	龙骨
			四	散板	三块散板
2	格木	*Erythrophleum sp.*	未知	船材	船材（未加工完成）
3	榆木	*Ulmus sp.*	二	艄柱	艄柱
				补强材	补强材
				舱板	四舱板二
4	锥木	*Castanopsis sp.*	二	舱板	一舱板二、三舱板、四舱板一、散板
				抱梁肋骨	抱梁肋骨二、抱梁肋骨四、抱梁肋骨五
				桅座	桅座
				前桅座垫	前桅座垫一
5	樟木	*Cinnamomum sp.*	二	前桅座垫	前桅座垫二
6	杉木	*Cunninghamia lanceolata Hook.*	二	船板	左十板、右九板
7	桤木	*Alnus sp.*	三	散板	船头第二散板
8	麻栎	*Quercus acutissima Carr*	三	木栓	木栓
9	板栗	*Castanea mollissima BL.*	三	木榫	木榫

船橹、浆要求材质坚韧，纹理通直，弯曲强度及冲击韧性高，耐磨，耐腐。

甲板、舱板等首先要有较大的弯曲强度、冲击韧性及强度，其次抗劈裂，胀缩性小，耐磨，耐腐，耐酸碱等也很重要。

从表二看出，古船所用木材树种基本符合这一要求。

1. 松树为常绿乔木，植物体内含树脂，是世界上生产用材和树脂的主要树种，在我国用材中占有重要的地位。我国有 30 几种，分布几遍全国。属于硬木松类的有产自东北的樟子松、华北的油松及南方的马尾松、高山松等。从产地分析，古船所用松木为油松。油松主要分布在我国华北、西北及东北广大地区，是我国古代建筑的主要用材，被称作"老黄松"。据史书记载，800 年前油松在我国华北地区分布广泛，多被选作古建筑用材；近代油松分布日渐稀少，在北京地区已成为观赏树种。

油松气干密度 0.45g／cm³ 左右，抗弯弹性模量 9316mPa，表二显示，在古船中除艄柱、舵杆外几乎都有硬木松类的构件。

2. 格木为常绿乔木，主要分布在非洲、大洋洲及亚洲的热带和亚热带地区。全世界共有 11 种，我国仅有一种，分布在广东、广西、台湾、福建和浙江等地。

格木纹理交错，结构细而均匀，气干密度 0.89g／cm³，甚硬，强度大，干缩系数65％，干燥不当易发生翘曲，木材耐久性强，抗虫蛀、白蚁及海生钻木动物的危害。主要用作建筑材、桥梁、枕木、码头桩材、木船的龙骨、龙筋、舵杆及肋骨，另外还可做高级家具及工具等。

古船挖掘现场一根未加工完成的船材即为格木。从材质勘查情况看，该船材除端头稍有中度腐朽外，整个材身保存完好。

3. 榆树为落叶乔木或灌木，分布在北温带，我国有 23 种，南、北方均有分布，尤以东北、华北和西北最为常见。榆木干燥较困难，易开裂和翘曲，稍耐腐，渗透性好，易加工，弦锯板上呈现美丽的抛物线花纹，油漆性能良好。

以产于我国东北、华北的裂叶榆为例，气干密度 0.55g／cm³，抗弯弹性模量11670mPa。

在古船上，榆木作为艄柱和补强材。榆木密度中等，不算太硬，但韧性、抗弯、耐磨及抗冲击性能等均较强，用作艄柱和补强材恰好发挥了这方面的优点。

4. 锥木属的树木为常绿乔木，我国约 60 种，主要分布在长江以南及台湾等省，是我国常绿阔叶树林和热带季雨林的主要树种，木材蓄积量大，是工业农业上的重要用材之一。

锥木中的红锥强度较大，耐腐，耐海生蛀木动物，适于做船舶材，国内多用作船壳、龙骨、龙筋、肋骨等。材色红，细致，少变形，是优良的家具材，又是雕刻、文具美工等用材，此外房屋建筑、桥梁、桩柱、枕木、电杆、车辆、工具、农具等无不适用。

红锥气干密度 $0.75g/cm^3$，抗弯弹性模量 13141 mPa。

古船中前桅座垫、桅座、舱板、抱梁肋骨等多为锥木。

5. 樟木为常绿乔木或灌木，有樟脑香味，分布在印度、东南亚及大洋洲。我国约46种，分布在秦岭以南，尤以西南、中南等省区种类最多，最主要的有香樟，肉桂和黄樟。用材树种以香樟最为有名，黄樟次之，肉桂只是树皮用作调味料。

香樟为常绿乔木，有的高达 40 米，胸径达 4 米者。主要分布于长江流域及以南各省。螺旋纹理或交错纹理，结构细而匀，干缩小，强度较低。干燥速度较慢，易翘曲、开裂，耐腐耐蛀，易切削加工。适宜做船材、车辆、房屋建筑及室内装修、木桩、农具等。

古船中仅发现二号船前桅座垫是樟木。

6. 杉木分布广，生长快，产量高，木材加工性能好，抗白蚁，耐腐，是我国广受欢迎的建筑、船舶、包装及装修用材。

杉木气干密度 $0.39g/cm^3$，抗弯弹性模量 9218 mPa。

杉木木材干燥容易，速度快，无缺陷产生，切削容易但切面光洁度差。

古船中仅发现二号船部分船板为杉木。

7. 桤木为落叶乔木或灌木，全世界约 40 余种，分布在欧亚及北美，我国产 7 种，全国均有分布。

桤树生长快，喜生于田垅和溪边，桤木在南方农村中使用普遍，常作薪炭材和日常用品、作火药用木炭、河岸防护及水闸用木桩，包装、车辆、雕刻、家具等。

桤木结构纹理直，木材轻，硬度中，干缩小，强度低。一般气干密度 $0.53g/cm^3$，抗弯弹性模量 9807 mPa。

在古船中仅发现一块三号船船头散放的木材为桤木，显见桤木并非当时造船常用的木料。

8. 麻栎是一种乔木，高约 25 米，胸径 1 米。坚硬，不规则纵深裂。普遍分布在华中、中南、云贵、华北及辽南等地区，在海拔 200~2500 米的平原、丘陵地区。

麻栎结构纹理直；结构粗；气干密度 $0.69g/cm^3$；重而硬；干缩系数 0.62%，强度中至高；冲击韧性高。不易干燥，容易径裂与翘曲；耐腐，但是家天牛危害严重。边材容易腐朽。

适用于枕木，坑木、篱柱、木桩、船舶、桥梁及运动器材、农村用材，也是室内装饰的良材。

9. 板栗是一种落叶乔木，高达 20 米，产自华东、云贵、华北、中南及辽宁等地区。

板栗结构纹理直；结构中至粗；气干密度 0.69 g／cm³；干缩小或中；干缩系数 0.46％，强度及冲击韧性中。干燥宜慢稍有翘曲、开裂、内裂皱缩等倾向。耐腐性中等，边材容易遭蛀虫危害和易受蓝变菌感染。

原木可做电杆、木桩、枕木；也可以用于家具、装修和房屋修建材料；还可以用在农具等方面。

10. 楠木属樟科、楠木属，大乔木，高达 30 米，树干通直，小枝被灰黄色或灰褐色柔毛。叶互生，革质椭圆形，叶为披针形或倒披针形，先端渐尖，基部楔形，上面无毛或沿中脉下半部有毛，下面密被短柔毛。花被片在结果后直立紧抱果实基部，果长卵形或椭圆形。花期 4～5 月，果 9～10 月成熟。楠木为亚热带树种，耐阴，深根性，适生于气候温暖湿润、土壤肥沃的地方，我国长江以南均有种植。楠木以其树形端丽，叶密荫深，适于配植草坪中及建筑物旁，以资庇荫，或与其他树类在园之一隅混植成林，以增景色。楠木具有防风及防水之效，各地寺院或附近，古木甚多。

综合上述，松、榆、樟、杉、锥木及麻栎是当地造船常用的木材。而产自我国两广地区的格木用作船材，对材质有特殊要求，显然是专门从南方运来。樟木、锥木属于同样情况，基本是从南方运来。椴木材质并不适合船用，可能是混合在其他木材中，一同从南方运入。板栗的材质也可适用于木榫。

在 1984 年，我单位腰希申先生曾对一号古船木材进行鉴定，一号船主要用材也是杉木、樟木、锥木和松木。中桅座和船舵尾为楠木，二、三号船的桅座则为松木和锥木。时隔 20 年，先后对照，也颇有意义。一号船树种鉴定情况列于表三，附后供参考。

表三　山东蓬莱一号船的树种鉴定

编号	名称	树种	树种拉丁名
1	船板	杉木	*Cunninghamia lanceolata Hook*.
2	龙骨（尾部）	樟木	*Cinnamomum sp*.
3	中桅座	楠木	*Phoebe sp*.
4	船舱隔梁	锥木	*Castanopsis sp*.
5	船舵尾	楠木	*Phoebe sp*.
6	龙骨（中部）	松木	*Pinus sp*.
7	船板	杉木	*Cunninghamia lanceolata Hook*.
8	船板	杉木	*Cunninghamia lanceolata Hook*.

三 蓬莱古船木材树种鉴定报告

木材解剖特征：针叶材，年轮甚明显，早材至晚材急变。早材管胞横切面为方形及长方形，径壁具缘纹孔通常一列，圆形及椭圆形；晚材管胞横切面为长方形、方形及多边形，径壁具缘纹孔单列、形小、圆形。轴向薄壁组织未见，木射线单列和纺锤形两类，单列射线通常3~8细胞高，纺锤射线具径向树脂道，近道上下方射线细胞2~3列，射线管胞存在于上述两类射线中，位于上下边缘1~2列。上下壁具深锯齿状或犬牙状加厚，具缘纹孔明显、形小。射线薄壁细胞与早材管胞间交叉场纹孔式为窗格状1~2个，通常为1个，具轴向和横向树脂道，树脂道泌脂细胞壁薄，常含拟侵填体，径向树脂道比横向树脂道小得多。

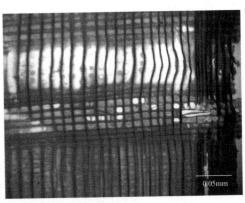

横切面　　　　　　　　　　　　　　　　　径切面

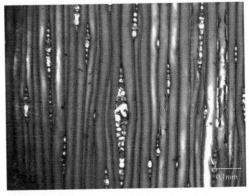

弦切面

鉴定结论：

根据以上显微特征鉴定为：松木（硬木松）*pinus sp.*

　　木材解剖特征：生长轮不明显，散孔材。导管横切面为圆形及卵圆形，通常单管孔，少数径列复管孔 2～3 个。单穿孔，管间纹孔式互列。轴向薄壁组织量多，翼状，短聚翼状及轮界状。木纤维通常壁厚，少数壁薄。木射线 1～2 列。射线组织同形单列及多列。射线与导管间纹孔式类似管间纹孔式。无胞间道。

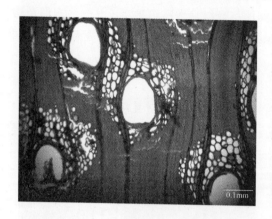

横切面

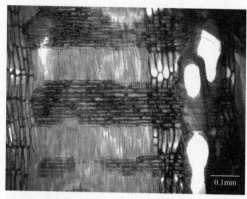

径切面

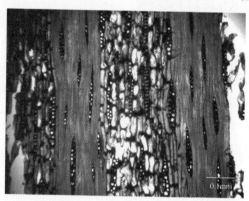

弦切面

鉴定结论：

根据以上显微特征鉴定为：格木 *Erythrophleum sp.*

　　木材解剖特征：生长较明显，环孔材，早材至晚材急变。早材导管横切面为圆形及卵圆形，具侵填体，在晚材带横切面为不规则多角形，多呈管孔团，径列复管孔及单管孔，弦列或波浪型。单穿孔，螺纹加厚存在于小导管管壁上，明显。管间纹孔式互列，轴向薄壁组织主为傍管型，在早材带为环管状，在晚材带形成波浪型。木纤维壁厚。木射线单列者很少，多列射线宽 2～5 细胞。射线组织同形单列及多列。射线与导管间纹孔式类似管间纹孔式。无胞间道。

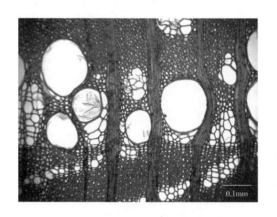

横切面

径切面

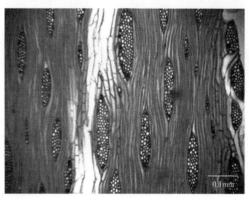

弦切面

鉴定结论：

根据以上显微特征鉴定为：榆木 *Ulmus sp.*

　　木材解剖特征：生长年轮略明显，环孔材，呈辐射状。导管在早材带为卵圆形，径裂；在晚材带为不规则多角型，单管孔，管间纹孔式互列。环管管胞量多，薄壁组织主为星散——聚合及离管带状，宽1～3细胞。木纤维壁薄至厚。木射线单列者数多，宽木射线（聚合射线）数少。射线组织同形单列及多列，偶见异形Ⅲ型。射线细胞与导管纹孔式为刻痕状，少数肾形及卵圆形，无胞间道。

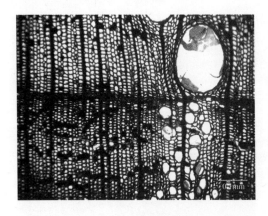

横切面　　　　　　　　　　　　　　　径切面

弦切面

鉴定结论：

根据以上显微特征鉴定为：锥木 Castanopsis sp.

　　木材解剖特征：生长轮较明显，散孔材至半环孔材。导管横切面为圆形，卵圆形，部分具多角形轮廓；单管孔及短径列复管孔2~4个，稀呈管孔团。单穿孔，极少为梯状复穿孔；管间纹孔式互列。轴向薄壁组织环管状及轮界状，少数环管束状及星散状，具油细胞或黏液细胞。木纤维壁薄或及厚。木射线单列极少，多列射线宽2~3细胞。射线组织通常为异形Ⅱ型，稀Ⅲ型，射线与导管间纹孔式为刻痕状及大圆形。无胞间道。

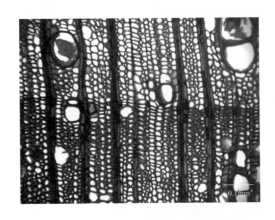

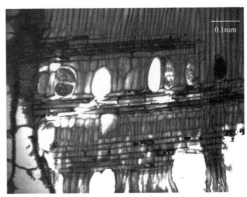

横切面　　　　　　　　　　　　　　径切面

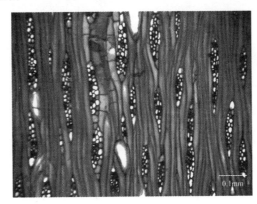

弦切面

鉴定结论：

根据以上显微特征鉴定为：樟木 *Cinnamomum sp*.

　　木材解剖特征：针叶材，年轮甚明显，早材至晚材渐变。早材管胞横切面为不规则多边形及方形；晚材管胞横切面为长方形及多边形，径壁具缘纹孔多1列、少数2列。轴向薄壁组织量多，星散状及弦向带状。木射线全由薄壁细胞组成，通常单列，水平壁厚。射线薄壁细胞与早材管胞间交叉场纹孔式为杉木形，通常为2~4个，无树脂道。

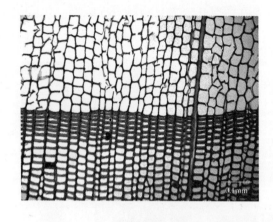

横切面　　　　　　　　　　　　　　　　　径切面

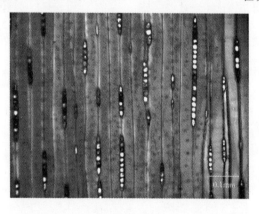

弦切面

鉴定结论：

根据以上显微特征鉴定为：杉木 *Cunninghamia lanceolata Hook*.

　　木材解剖特征：散孔材，生长轮略明显。横切面具单管孔及径列复管孔 2～4 个；侵填物及螺纹加厚未见。复穿孔，梯状。管间纹孔式通常对列。轴向薄壁组织甚少，星散状及环管状。木纤维壁薄，具缘纹孔圆形。木射线两种：（1）窄木射线宽 1 列细胞。（2）宽木射线（聚合木射线）宽至许多细胞。射线组织同形单列及多列。射线与导管间纹孔式类似管间纹孔式。

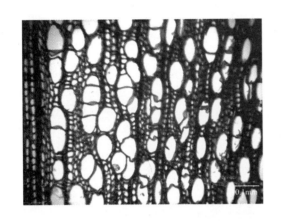
横切面

径切面

弦切面

鉴定结论：

根据以上显微特征鉴定为：桤木 *Alnus sp.*

　　木材解剖特征：环孔材，导管在早材带横切面为圆形及卵圆形，通常宽1～5列细胞，壁薄，部分具侵填体；在晚材带横切面上为圆形及卵圆形。单管孔、径列、无螺纹加厚。单穿孔，管间纹孔式互列，圆形及卵圆形。环管管胞量多，常与薄壁细胞相混杂，围绕于大导管周围及分布于晚材导管区域内。轴向薄壁组织量多，主为星散－聚合及离管带状，宽1～3个细胞，排列不规则。木纤维壁厚，具缘纹孔形小，数多。木射线非叠生，窄木射线通常单列，稀2列；宽木射线宽至许多细胞。射线组织同形（有异形趋势）单列及多列，直立或方形射线细胞偶见，射线－导管间纹孔式通常为刻痕状，少数肾形或类似管间纹孔式。无胞间道。

横切面　　　　　　　　　　　　　　　　　　径切面

弦切面

鉴定结论：

根据以上显微特征鉴定为：麻栎 *Quercus acutissima Carr*

木材解剖特征：环孔材，导管在早材带横切面为圆形及卵圆形，壁薄，常含侵填体，壁薄；在晚材带横切面上为不规则多角形，单管孔，少数呈短径列复管孔 2~3 个，稀呈管孔团，火焰状斜列，壁薄，无螺纹加厚。单穿孔，小导管间有梯状穿孔。管间纹孔式通常互列，排列稀疏，圆形。环管管胞主要环绕于早材导管周围。轴向薄壁组织量多，星散 - 聚合及断续离管带状，尤在晚材带，宽 1~2 个细胞，排列不规则。木纤维壁薄至厚，多数薄，具缘纹孔形小，圆形。木射线非叠生，射线通常单列，稀成对。射线组织同形单列。射线 - 导管间纹孔式通常为大圆形。无胞间道。

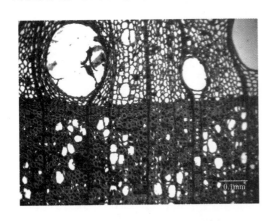

横切面　　　　　　　　　　　　　　径切面

弦切面

鉴定结论：

根据以上显微特征鉴定为：板栗 *Castanea mollissima BL.*

　　木材解剖特征：生长轮明显，散孔材。导管横切面为圆形、卵圆形，单管孔及复管孔2～3个，少数具有侵填体，壁薄；主为单穿孔，间具复穿孔梯状。管间纹孔式互列。轴向薄壁组织环管状、环管束状及似翼状，稀星散状（油细胞或黏液细胞）。木纤维壁薄，木射线单列者甚少，多列射线宽2～3细胞，多数高10～20细胞。射线组织异形Ⅲ型及Ⅱ型，油细胞或黏液细胞较多。射线—导管间纹孔式为大圆形、刻痕状，部分似管间纹孔式。无胞间道。

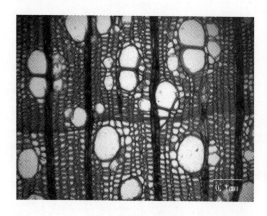
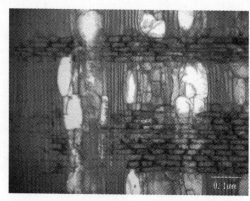

横切面　　　　　　　　　　　　　　　　径切面

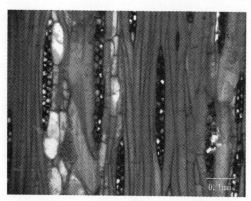

弦切面

鉴定结论：

根据以上显微特征鉴定为：桢楠 *Phoebe sp.*

附录五

木材、泥土、地下水、海水盐分测定

李景超

山东省分析测试中心

山东省分析测试中心

检 验 报 告

No：SFW62044   共 2 页 第 1 页

样品名称 Sample	木材（二号船）	样品编号 Serial number	SFW62044
送（受）检单位 Client	蓬莱市文物局	单位地址 Address of Client	蓬莱市蓬莱阁
送样者 Client Representative	吴双成	接样时间 Receipt Date	2006 - 01 - 17
样品数量 Sample Quantity	1 件	型号规格 Model，Type	/
抽样地点 Location of Sampling	/	抽样时间 Date of Sampling	/
抽样基数 Size of Sampling Batch	/	抽样说明 Sampling Description	/
生产单位 Manufacturer	/	生产日期 Producing Date	/
样品状态、特性 Sample Description	固体	商标 Brand	/
检验类别 Testing Type	委托	检验日期 Testing Date	2006 - 01 - 20～2006 - 1 - 23
检验地点 Testing Location	本单位	检验环境 Environmental Conditions	室温
检验依据 Testing Standard	JY／T015 - 1996，GB／T15063 - 2001		
检测要求 Test Item	钾，钠，钙，镁，锶，钡，铝，硼，锰，铁，锌，铜，磷，氯，硫酸根。		
检验结论 Test Conclusion	/		（检验报告专用章） 2006 年 02 月 15 日
备 注 Remark	/		

批准：   校核：   主检：

山东省分析测试中心
检 验 报 告 (续页)

No：SFW62044   共 2 页　第 2 页

序号	检验项目	单位	技术要求	检验结果	单项判定
1	钾	mg／kg	／	1525	／
2	钠	mg／kg	／	8741	／
3	钙	mg／kg	／	4032	／
4	镁	mg／kg	／	3627	／
5	锶	mg／kg	／	34	／
6	钡	mg／kg	／	3235	／
7	铝	mg／kg	／	2029	／
8	硼	mg／kg	／	50	／
9	锰	mg／kg	／	38	／
10	铁	mg／kg	／	26690	／
11	锌	mg／kg	／	7	／
12	铜	mg／kg	／	10	／
13	磷	mg／kg	／	11	／
14	氯	mg／kg	／	20000	／
15	硫酸根	mg／kg	／	1236	／
检验报告说明	／				

山东省分析测试中心
检 验 报 告

No：SFW62045　　　　　　　　　　　　　　　　　　共 2 页　第 1 页

样品名称 Sample	木材（三号船）	样品编号 Serial number	SFW62045
送（受）检单位 Client	蓬莱市文物局	单位地址 Address of Client	蓬莱市蓬莱阁
送样者 Client Representative	吴双成	接样时间 Receipt Date	2006 - 01 - 17
样品数量 Sample Quantity	1 件	型号规格 Model ，Type	/
抽样地点 Location of Sampling	/	抽样时间 Date of Sampling	/
抽样基数 Size of Sampling Batch	/	抽样说明 Sampling Description	/
生产单位 Manufacturer	/	生产日期 Producing Date	/
样品状态、特性 Sample Description	固体	商标 Brand	/
检验类别 Testing Type	委托	检验日期 Testing Date	2006 - 01 - 20～2006 - 1 - 23
检验地点 Testing Location	本单位	检验环境 Environmental Conditions	室温
检验依据 Testing Standard	JY／T015 - 1996，GB／T15063 - 2001		
检测要求 Test Item	钾，钠，钙，镁，锶，钡，铝，硼，锰，铁，锌，铜，磷，氯，硫酸根。		
检验结论 Test Conclusion	/	（检验报告专用章） 2006 年 02 月 15 日	
备 注 Remark	/		

批准：　　　　　　　　　校核：　　　　　　　　　主检：

山东省分析测试中心

检 验 报 告 (续页)

№：SFW62045　　　　　　　　　　　　　　共 2 页　第 2 页

序号	检验项目	单位	技术要求	检验结果	单项判定
1	钾	mg／kg	／	1575	／
2	钠	mg／kg	／	8639	／
3	钙	mg／kg	／	43290	／
4	镁	mg／kg	／	4839	／
5	锶	mg／kg	／	74	／
6	钡	mg／kg	／	5236	／
7	铝	mg／kg	／	2394	／
8	硼	mg／kg	／	15	／
9	锰	mg／kg	／	280	／
10	铁	mg／kg	／	112400	／
11	锌	mg／kg	／	9	／
12	铜	mg／kg	／	32	／
13	磷	mg／kg	／	29	／
14	氯	mg／kg	／	9000	／
15	硫酸根	mg／kg	／	6000	／
检验报告说明	／				

山东省分析测试中心
检验报告

No：SFW62046　　　　　　　　　　　　　　　共 2 页　第 1 页

样品名称 Sample	泥土（二号船下）	样品编号 Serial number	SFW62046
送（受）检单位 Client	蓬莱市文物局	单位地址 Address of Client	蓬莱市蓬莱阁
送样者 Client Representative	吴双成	接样时间 Receipt Date	2006－01－17
样品数量 Sample Quantity	1 件	型号规格 Model，Type	/
抽样地点 Location of Sampling	/	抽样时间 Date of Sampling	/
抽样基数 Size of Sampling Batch	/	抽样说明 Sampling Description	/
生产单位 Manufacturer	/	生产日期 Producing Date	/
样品状态、特性 Sample Description	固体	商标 Brand	/
检验类别 Testing Type	委托	检验日期 Testing Date	2006－01－20～2006－1－23
检验地点 Testing Location	本单位	检验环境 Environmental Conditions	室温
检验依据 Testing Standard	JY／T015－1996，GB／T15063－2001		
检测要求 Test Item	钾，钠，钙，镁，锶，钡，铝，硼，锰，铁，锌，铜，磷，氯，硫酸根。		
检验结论 Test Conclusion	/	（检验报告专用章） 2006 年 02 月 15 日	
备　注 Remark	/		

批准：　　　　　　　　　　校核：　　　　　　　　　主检：

山东省分析测试中心
检 验 报 告 (续页)

No：SFW62046

共 2 页　第 2 页

序号	检验项目	单位	技术要求	检验结果	单项判定
1	钾	mg／kg	／	9707	／
2	钠	mg／kg	／	1763	／
3	钙	mg／kg	／	26770	／
4	镁	mg／kg	／	13770	／
5	锶	mg／kg	／	131	／
6	钡	mg／kg	／	15720	／
7	铝	mg／kg	／	18550	／
8	硼	mg／kg	／	26	／
9	锰	mg／kg	／	312	／
10	铁	mg／kg	／	30830	／
11	锌	mg／kg	／	53	／
12	铜	mg／kg	／	15	／
13	磷	mg／kg	／	31	／
14	氯	mg／kg	／	7200	／
15	硫酸根	mg／kg	／	704	／
检验报告说明	／				

山东省分析测试中心
检 验 报 告

No：SFW62047

共 2 页　第 1 页

样品名称 Sample	泥土（三号船下）	样品编号 Serial number	SFW62047
送（受）检单位 Client	蓬莱市文物局	单位地址 Address of Client	蓬莱市蓬莱阁
送样者 Client Representative	吴双成	接样时间 Receipt Date	2006 - 01 - 17
样品数量 Sample Quantity	1 件	型号规格 Model，Type	/
抽样地点 Location of Sampling	/	抽样时间 Date of Sampling	/
抽样基数 Size of Sampling Batch	/	抽样说明 Sampling Description	/
生产单位 Manufacturer	/	生产日期 Producing Date	/
样品状态、特性 Sample Description	固体	商标 Brand	/
检验类别 Testing Type	委托	检验日期 Testing Date	2006 - 01 - 20～2006 - 1 - 23
检验地点 Testing Location	本单位	检验环境 Environmental Conditions	室温
检验依据 Testing Standard	JY／T015 - 1996，GB／T15063 - 2001		
检测要求 Test Item	钾，钠，钙，镁，锶，钡，铝，硼，锰，铁，锌，铜，磷，氯，硫酸根。		
检验结论 Test Conclusion	/	（检验报告专用章） 2006 年 02 月 15 日	
备　注 Remark	/		

批准：　　　　　　　　校核：　　　　　　　　主检：

山东省分析测试中心
检 验 报 告 (续页)

No：SFW62047   共 2 页 第 2 页

序号	检验项目	单位	技术要求	检验结果	单项判定
1	钾	mg／kg	／	11280	／
2	钠	mg／kg	／	1721	／
3	钙	mg／kg	／	28020	／
4	镁	mg／kg	／	15960	／
5	锶	mg／kg	／	161	／
6	钡	mg／kg	／	24070	／
7	铝	mg／kg	／	29150	／
8	硼	mg／kg	／	23	／
9	锰	mg／kg	／	477	／
10	铁	mg／kg	／	45570	／
11	锌	mg／kg	／	64	／
12	铜	mg／kg	／	22	／
13	磷	mg／kg	／	38	／
14	氯	mg／kg	／	3800	／
15	硫酸根	mg／kg	／	956	／
检验报告说明			／		

山东省分析测试中心
检 验 报 告

№：SFW62048　　　　　　　　　　　　　共 2 页　第 1 页

样品名称 Sample	地下水	样品编号 Serial number	SFW62048
送（受）检单位 Client	蓬莱市文物局	单位地址 Address of Client	蓬莱市蓬莱阁
送样者 Client Representative	吴双成	接样时间 Receipt Date	2006－01－17
样品数量 Sample Quantity	1 件	型号规格 Model，Type	/
抽样地点 Location of Sampling	/	抽样时间 Date of Sampling	/
抽样基数 Size of Sampling Batch	/	抽样说明 Sampling Description	/
生产单位 Manufacturer	/	生产日期 Producing Date	/
样品状态、特性 Sample Description	液体	商标 Brand	/
检验类别 Testing Type	委托	检验日期 Testing Date	2006－01－20～2006－1－23
检验地点 Testing Location	本单位	检验环境 Environmental Conditions	室温
检验依据 Testing Standard	JY／T015－1996，GB／T15063－2001		
检测要求 Test Item	钾，钠，钙，镁，锶，钡，铝，硼，锰，铁，锌，铜，磷，氯，硫酸根。		
检验结论 Test Conclusion	/	（检验报告专用章） 2006 年 02 月 15 日	
备 注 Remark	/		

批准：　　　　　　　　　　校核：　　　　　　　　　　主检：

山东省分析测试中心
检 验 报 告 (续页)

No：SFW62048　　　　　　　　　　　　　　共 2 页　第 2 页

序号	检验项目	单位	技术要求	检验结果	单项判定
1	钾	mg／L	／	28	／
2	钠	mg／L	／	264	／
3	钙	mg／L	／	209	／
4	镁	mg／L	／	111	／
5	锶	mg／L	／	1.5	／
6	钡	mg／L	／	19	／
7	铝	mg／L	／	0.0013	／
8	硼	mg／L	／	0.97	／
9	锰	mg／L	／	＜0.0001	／
10	铁	mg／L	／	＜0.0001	／
11	锌	mg／L	／	＜0.0001	／
12	铜	mg／L	／	0.0031	／
13	磷	mg／L	／	0.048	／
14	氯	mg／L	／	354	／
15	硫酸根	mg／L	／	190	／
检验报告说明			／		

山东省分析测试中心
检 验 报 告

No：SFW62049　　　　　　　　　　　　　　　　共 2 页　第 1 页

样品名称 Sample	海水	样品编号 Serial number	SFW62049
送（受）检单位 Client	蓬莱市文物局	单位地址 Address of Client	蓬莱市蓬莱阁
送样者 Client Representative	吴双成	接样时间 Receipt Date	2006－01－17
样品数量 Sample Quantity	1 件	型号规格 Model，Type	/
抽样地点 Location of Sampling	/	抽样时间 Date of Sampling	/
抽样基数 Size of Sampling Batch	/	抽样说明 Sampling Description	/
生产单位 Manufacturer	/	生产日期 Producing Date	/
样品状态、特性 Sample Description	液体	商标 Brand	/
检验类别 Testing Type	委托	检验日期 Testing Date	2006－01－20～2006－1－23
检验地点 Testing Location	本单位	检验环境 Environmental Conditions	室温
检验依据 Testing Standard	JY／T015－1996, GB／T15063－2001		
检测要求 Test Item	钾，钠，钙，镁，锶，钡，铝，硼，锰，铁，锌，铜，磷，氯，硫酸根。		
检验结论 Test Conclusion	/	（检验报告专用章） 2006 年 02 月 15 日	
备 注 Remark	/		

批准：　　　　　　　　　　校核：　　　　　　　　　　主检：

山东省分析测试中心

检 验 报 告（续页）

No：SFW62049　　　　　　　　　　　　　　共 2 页　第 2 页

序号	检验项目	单位	技术要求	检验结果	单项判定
1	钾	mg／L	／	331	／
2	钠	mg／L	／	9130	／
3	钙	mg／L	／	380	／
4	镁	mg／L	／	1527	／
5	锶	mg／L	／	5.6	／
6	钡	mg／L	／	17	／
7	铝	mg／L	／	＜0.0001	／
8	硼	mg／L	／	1.6	／
9	锰	mg／L	／	＜0.0001	／
10	铁	mg／L	／	＜0.0001	／
11	锌	mg／L	／	＜0.0001	／
12	铜	mg／L	／	＜0.0001	／
13	磷	mg／L	／	0.74	／
14	氯	mg／L	／	6449	／
15	硫酸根	mg／L	／	2178	／
检验报告说明			／		

附录六

山东蓬莱水城出土的贝类研究

朱 龙

山东省蓬莱阁管理处

一 前 言

蓬莱水城位于北纬 37°49′12″，东经 120°44′58″，山东半岛最北端，水城小海呈南北走向亚腰葫芦形，南宽 175 米，北宽 35 米，南北长 655 米，水深 4 米。是个三面环山，一面临海的海湾。

1984 年 3 月 23 日至 6 月 18 日蓬莱对水城小海进行了大规模的清淤工程，平均深挖 1.75 米，清理发掘较完整的一艘元代战船（一号古船）[①]，残长 28.6 米，残宽 5.6 米，残深 0.9 米，有 14 个舱，是我国目前发现的最长的一艘古船。2005 年 7 月 21 日至 9 月 2 日，蓬莱对小海又进行了大规模清淤，平均深挖 2.72 米，发掘清理了二、三、四号的三艘古船，其中，二号古船残长 21.5 米，残宽 5.2 米，残存 6 个舱，残舱深 0.56 米，根据残存舱板及桅座推算，该船应有 16 个舱，船型呈瘦长的流线型，与一号古船船型相同；三号古船位于二号古船北部下方，残长 17.1 米，根据船板和桅座位置复原，该船为 11 个舱。二、三号船南北相邻，四号古船在西北，相距较远，四号古船仅存有 4 块船底板。本文对沉船及其周围滩涂发掘的贝类进行讨论。

二 出土贝类的种类及生存环境

1984 年随船出土的贝类有石蛏（*Lithophaga* sp.）（钻洞生活在牡蛎壳里）、长牡蛎（*Crassostrea gigas*）、大连湾牡蛎（*Crassostrea talienwhanensis*）、近江牡蛎（*Crassostrea rivularis*）、密鳞牡蛎（*Ostrea denselamellosa*）、巨牡蛎（*Crassostrea* sp.）、船蛆（*Teredo navalis*）等。以长牡蛎数量最多，多固着在残木板或石头上，或散落在淤泥里。2005 年出土的贝类有大连湾牡蛎（*Crassostrea talienwhanensis*）、密鳞牡蛎（*Ostrea*

---

① 烟台市文物管理委员会、蓬莱县文物局：《山东蓬莱水城清淤与古船发掘》，《蓬莱古船与登州古港》，大连海运学院出版社，1989 年，1～48 页。

denselamellosa）①、巨牡蛎（*Crassostrea* sp.）、泥蚶（*Tegillarca granosa*）、粗异白樱蛤（*Heteromacoma icus*）、象牙光角贝（*Laevidentalium eburneum*）、船蛆（*Teredo navalis*）、皱纹盘鲍（*Haliotis discus hannai*）、脉红螺（*Rapana venosa*）、古氏滩栖螺（*Batillaria cumingi*）、秀丽织纹螺（*Nassarius festivus*）② 等。绝大多数为大连湾牡蛎，固着在船板内外侧，以外侧居多；2、3、4 号古船的船板均被船蛆侵蚀，尤以侧面和底面居多。少量的泥蚶、粗异白樱蛤、古氏滩栖螺、象牙光角贝在船外同层位的淤泥里。

1. 长牡蛎（*Crassostrea gigas*）

贝壳较大型，通常壳长 103 毫米，高 360 毫米（最高可达 730 毫米），宽 52 毫米。左壳固着，较大而中凹，壳面鳞片较右壳粗大，其后端部分固着在岩石上或他物上，壳顶稍突出。右壳表面较平，自壳顶向腹面鳞片环生，状如波纹，排列较疏稀，层次较少。

栖息在盐度较低的海区，低潮线下数米水深及潮间带都能生活。适应盐度范围比近江牡蛎较窄一些。我国沿海、朝鲜、日本和西太平洋沿岸也有分布。

2. 大连湾牡蛎（*Crassostrea talienwhanensis*）

贝壳形似巨牡蛎而大，通常壳长 74 毫米，高 112 毫米，宽 43 毫米。壳呈不规则长形，渐至腹面渐宽大，两壳大小稍不等，左壳稍大于右壳。左壳中凹，壳顶下部分附着于他物体上，向腹缘延伸常向上翘起，并具有明显的放射肋。壳面具有紫褐色鳞片层。右壳较平，表面的放射肋明显或不明显，表面具有同心环纹的鳞片层，鳞片层排列较密，常凸出表面。壳面黄白色间以紫色条纹或斑点。壳内面灰白色，壳顶韧带槽长，呈三角形，闭壳肌痕大，长圆形，呈紫褐色，外套痕不明显。

生活在潮间带至 20 米左右水深的岩石上或泥沙底质有固着的物体上。仅分布于黄渤海沿海。

3. 近江牡蛎（*Crassostrea rivularis*）

贝壳较大，通常长 107 毫米，高 155 毫米，宽 46 毫米，呈长卵圆形或三角形。壳质坚厚，两壳大小不等，左壳稍大，其后端部分固着在岩石或其他物体上，至后半部多向上翘起而不固着，表面生长有不规则的鳞片层。右壳略平，表面环生薄的黄褐色或紫褐色的鳞片。

生活在潮下带的浅海，对海水盐度要求较低，故喜在江河入海的附近栖息，为我国南北沿海常见种。

4. 密鳞牡蛎（*Ostrea denselamellosa*）

---

① 张玺、楼子康：《中国牡蛎的研究》，《动物学报》，第 8 卷第 1 期（1956 年），65～93 页。

② 张玺、马绣同、王祯瑞：《黄渤海的软体动物》，农业出版社，1989 年，17～202 页；Qi, Z. Y.. Seashells of China. Beijing: China Ocean Press, 2004. pp.1–418. pls.1–193.

贝壳有圆形、近三角卵圆形或方形。通常壳长 122 毫米，高 138 毫米，宽 56 毫米。壳厚，左壳稍中凹，顶部固着，形状常不规则，腹缘环生同心鳞片，自壳顶放出明显的放射肋，壳面为紫褐、黄褐等色。右壳较平，壳顶部鳞片常愈合，较平滑，其他鳞片较密，薄而脆呈舌片状，紧密似瓦片状排列。

生活在潮下带至水深 30 米左右的海底。为黄渤海沿岸常见种，向南可分布到广东大陆沿岸。

5. 巨牡蛎 (*Crassostrea* sp.)

贝壳通常长 36 毫米，高 67 毫米，宽 27 毫米，体型有变化，两壳大小不等，左壳稍大而中凹，右壳小而较平。左壳固着在石上或其他物体上；右壳表面具有同心环状翘起的鳞片层，无显著的放射肋。壳面颜色有变化，通常为淡黄色，杂有紫褐色或黑褐色放射状的条纹。

生活在潮间带的中区，在岩石上或他物体上营固着生活。在黄渤海沿岸是非常普通的种类，向南可分布到南海，浙江、福建北部沿海插竹养殖的牡蛎即为此种。

6. 石蛏 (*Lithophaga* sp.)

贝壳小，壳质极薄，略呈圆柱状。一般壳长 17.5 毫米，高 8.0 毫米，宽 8.0 毫米。壳前端粗圆，后端较尖细。壳表外被有石灰质薄膜，一般前端的外膜较光滑，至后端膜较粗糙且往往具褶，一般外膜超出壳后缘。

石蛏属的种类具有分泌酸性液体的腺体，可以酸性液体腐蚀石灰石、贝壳或珊瑚等而穴居。我们发现的标本穴居在近江牡蛎壳里。

7. 泥蚶 (*Tegillarca granosa*)

贝壳一般较小，一般壳高 25.2 毫米，壳长 31.6 毫米，壳宽 22.6 毫米，壳质坚厚，两壳相等，近卵圆形。壳面白色，表皮平滑无毛状物，有 18~21 条发达、粗壮的放射肋。

生活于潮下带浅水区的软泥底、常发现于有淡水注入的地方，大潮时即可采到。我国沿海各省都有分布，为我国沿海常见种。在印度—西太平洋海域都有分布。

8. 粗异白樱蛤 (*Heteromacoma icus*)

贝壳较大，壳质较厚，略呈三角椭圆形，最大的个体 56.5 毫米，高 45.4 毫米，宽 22.2 毫米，两壳略不等。壳表面粗糙，呈灰白色，有的具有浅棕色底。生长轮脉及同心纹不规则、明显。无放射肋，自壳顶至后缘有明显的褶。

营穴居生活，多栖息在潮间带低潮线附近的沙砾海滩及岩石间，常见于我国北部沿海，在黄渤海分布较普遍，但数量不多。日本北海道南部至九州及朝鲜沿海等地也有分布。

9. 象牙光角贝 （*Laevidentalium eburneum*）[①]

贝壳较大，壳质坚实，窄长，通常后端尖细，略弯曲，两侧微显压缩。贝壳表面多为乳白色或为很淡的黄白色，也有少量标本为淡杏黄色。壳面光滑，有光泽，并具有许多分布不均匀而光滑的环状肋，生长纹细密，清楚可见。末端壳口壁厚，近圆形，腹面具弱的三角形缺刻。壳口近圆形，微斜，周缘薄，易破损。贝壳通常高 62.2 毫米，壳口直径 4.5 毫米，末端直径 0.8 毫米。仅发现两个残损标本。

生活在潮下带，软泥、泥质、沙质的海底，较为常见。我国东海、南海有分布。印度—西太平洋也有分布。

10. 船蛆 （*Teredo navalis*）

贝壳小，一般壳长 3.9 毫米，高 4.2 毫米，铠柄长 1.5 毫米，铠片长 2.2 毫米，壳薄脆，呈白色。两壳合抱时呈球形，前、后端大张开。水管细长，分离；水管基部两侧各有一个石灰质的保护器，称作铠。铠的形状因种而异。铠能自由伸缩，当水管伸出觅食或排泄时，铠就缩回，而当遇到外界惊扰或不利情况时，水管立即缩回孔内，铠便迅速将穴口堵住，以起到保护虫体的作用。

多栖息在水深 7～10 米间的木材中，其寿命一般不超过一年。食料以硅藻或小型浮游生物为主，而且对温盐度的适应能力也很强，一般在 18～30‰ 的盐度中均能生长和繁殖。长期以来，船蛆对码头上的木质建筑和木船等危害十分严重，本种又是船蛆中危害最为严重的种类。习见于我国北部沿海，但东、南沿海分布也较普遍。广泛分布于世界各大洋的温带和热带海域，尤以温带海的数量最多。

11. 皱纹盘鲍 （*Haliotis discus hannai*）

贝壳长椭圆形。通常壳长 119.1 毫米，壳宽 86.3 毫米，壳前端稍尖。螺层约 3 层，壳顶钝通常被磨损，壳顶位于偏后方，稍高于壳面，但低于壳的最高位。从第二螺层到体螺部的边缘有一列高的突起和孔，其开孔 3～5 个。壳面有许多粗糙而不规则的皱纹。生长线颇为明显，壳表为深绿褐色，壳内面为银白色带青绿的珍珠光泽。

生活于低潮线附近至水深 10 米左右的岩礁间。分布于我国北方沿海的辽宁、山东以及江苏连云港等地；日本和朝鲜。

12. 脉红螺 （*Rapana venosa*）

贝壳较大，通常高 104 毫米（大者 140 毫米），宽 84 毫米，壳质坚厚。螺层约 7 层，缝合线浅，螺旋部小，体螺层膨大，基部收窄。壳面除壳顶光滑外，其余壳面具有略均匀而低平的螺肋和结节。螺旋部中部及体螺的上部具肩角，肩角上具有或强或弱的

① 齐钟彦、马绣同：《南沙群岛海区的几种掘足纲软体动物》，《南沙群岛及其邻近海区海洋生物研究论文集（一）》，海洋出版社，1991 年，39～92 页。

角状结节，有角状结节的螺肋，在体螺层上通常有 4 条，第一条最强，向下逐渐减弱或不显。

栖息环境，从潮间带至水深约 20 米岩石岸及泥沙质的海底都有，从潮间带采到的多为幼体，成体栖息较深。

13. 古氏滩栖螺（*Batillaria cumingi*）

贝壳呈尖塔形，通常高 25 毫米，宽 8 毫米，壳质结实。螺层约 12 层，壳顶尖，常被腐蚀。螺层高宽度增长较慢，缝合线浅，清楚。螺旋部高，体螺层低。壳面除壳顶光滑外，其余壳面具较低平而细的螺肋和纵肋。壳面为黑灰色，壳口卵圆形，内有褐、白色相间的条纹，外唇薄，其后方微显凹曲。内唇滑层稍厚，其前后端具有肋状隆起。前沟短，呈缺刻状。

生活在潮间带高、中潮区，有淡水注入的附近泥和泥沙滩上，常喜云集，对海水盐度要求较低，为黄渤海常见种。朝鲜、日本也有分布。

14. 秀丽织纹螺（*Nassarius festivus*）

贝壳呈长卵圆形，通常高 22 毫米，宽 11 毫米，壳质坚实。螺层约 9 层，缝合线明显，微呈波状。螺旋部呈圆锥形，体螺层稍大。壳顶光滑，其余壳面具有发达的纵肋和细的螺肋，纵肋在体螺层上有 9～12 条；螺肋在体螺层上有 7～8 条。纵肋和螺肋相互交叉形成粒状突起。壳口卵圆形，内缘具粒状齿。前沟短而深。

生活在潮间带中、低潮区泥和泥沙质的海滩上，为黄渤海沿岸习见的种类，东海、南海以及日本、菲律宾等地也有分布。

三　讨　论

1. 出土牡蛎与现生牡蛎个体性状比较

出土贝类中除巨牡蛎（*Crassostrea* sp.）个体较小型，一般壳长多在 30～60 毫米外，其他种类牡蛎个体较大，长牡蛎壳长、壳高多在 105 毫米×228 毫米左右，9 龄以上；大连湾牡蛎壳长、壳高多在 72 毫米×189 毫米左右，7 龄以上；近江牡蛎壳长、壳高多在 232 毫米×143 毫米左右，9 龄以上；密鳞牡蛎壳长、壳高多在 190 毫米×216 毫米左右，年龄偏大。

现生种类个体大小平均值，近江牡蛎为 68 毫米×121 毫米，年龄为 4 龄；长牡蛎为 75.4 毫米×204 毫米，年龄为 4 龄；大连湾牡蛎为 59 毫米×109 毫米左右，年龄为 3 龄；密鳞牡蛎为 91.7 毫米×103.5 毫米，年龄为 5 龄。

近江牡蛎、长牡蛎、大连湾牡蛎、密鳞牡蛎在固着后的若干年内还能不断地生长。而巨牡蛎贝壳的临界生长长度极小，一般平均为 58.3 毫米×43.9 毫米，但其中最大的也能达到 55 毫米×68 毫米。在第一周年内贝壳的生长较快，达到临界长度以后贝壳很难继续生长①。

近江牡蛎以 1～3 龄个体生长较快，满了 3 龄以后生长缓慢，4 龄个体可达 68 毫米×121 毫米②。

这说明几百年前，一方面由于海洋生态平衡维持很好，另一方面，由于沿海人口密度较低，捕捞压较低，使得它们得到充足的食物并能充分的生长。

2. 出土贝类生存环境与现生环境的比较

贝类的生长不仅是由内在因素决定，而且还与周围环境密切相关，有利的生活环境能促进生长；不利的生活环境不仅生长速度缓慢，甚至可能起抑制作用。

从贝类种类的分布来看，绝大多数都是广盐广布种，我国沿海均有分布，尤其是近江牡蛎、泥蚶、古氏滩栖螺喜欢生活于半咸水中或有淡水注入的地方，在海水中生长速度受到一定的限制。明洪武九年（1376 年）修建土城前，蓬莱的护城河——画河的水均由小海注入大海，所以有利于近江牡蛎的生长，近江牡蛎个体生长得较大，而当小海四周被石头砌起来以后，就完全成为海水环境，再加上只有很窄的闸门口与外海进行海水交换，不利于其生长，所以现生种类个体生长缓慢，较小，生存数量很少，多有巨牡蛎固着在石墙壁上。

2005 年出土的一些大连湾牡蛎固着在船板外侧和船底，固着在船底的牡蛎比一般情况下生长较好，这主要是因为水流的更新，不仅给牡蛎带来了丰富的饵料，而且还带来了充足的氧气、矿物质，此外对于生活不利的排泄物能很快冲掉，这几方面对牡蛎的生长均产生了积极作用。从种类上看，大连湾牡蛎占绝大多数，而其生活在远离河口的高盐度海区；密鳞牡蛎也适宜生活在高盐的海水里，二者能够在此生存说明生活时间是切断淡水前后不久，因此可以推断古船的年代在明代，当然还需要其他物证加以佐证。

这些贝类除角贝外都有活体种类，而且由于人类对海洋贝类认识的提高，利用也相当广泛，所以捕捞压较高，一般在个体较小，年龄较低，尚未得到充分生长时就被捕捞。根据作者对蓬莱沿海贝类的研究③，未发现有角贝的活体，而此种类又分布于朝鲜半岛和日本沿海。另外，此次小海清淤过程中，在三号古船第四残舱发现高丽镶嵌青瓷水波联珠纹碗，第六残舱北侧舱壁板下发现高丽镶嵌青瓷菊花莲瓣纹碗，推测是否从高丽随碗同船一起带来，尚待进一步研究。

3. 出土种类缺少现生贻贝和扇贝的探讨

---

① 张玺、楼子康：《僧帽牡蛎的繁殖和生长的研究》，《海洋与湖沼》，第 1 卷第 1 期（1957），123～140 页。
② 蔡英亚、邓陈茂、刘志刚：《湛江港近江牡蛎的生态研究》，《热带海洋》第 11 卷第 3 期（1992），37～44 页。
③ 朱龙：《山东蓬莱沿海的贝类》，《海洋湖沼通报》1997 年 1 期，58～66 页。

出土贝类中没有发现现生优势种紫贻贝（*Mytilus edulis*）、厚壳贻贝（*Mytilus coruscus*）和栉孔扇贝（*Chlamys farreri*）。作者在蓬莱[①] 乃至烟台沿海[②] 的贝丘遗址中也不曾发现栉孔扇贝和厚壳贻贝，说明距今 5000～6000 年前后，先民们没有认识和利用这两种土著贝类。从该种扇贝生活环境看，垂直分布自低潮线附近至潮线下 60 米的水域[③]，厚壳贻贝则多见于 20 米深的水域，需底拖网才能捕到。而遗址中多存有大量的巨牡蛎，少量的脉红螺（*Rapana venosa*）、锈凹螺（*Chlorostoma rustica*）、黄口荔枝螺（*Thais luteostoma*）、古氏滩栖螺（*Batillaria cumingi*）等近岸岩礁性底栖贝类，黑鲷（*Sparus macrocephalus*）、花鲈（*Lateolabrax japonicus*）、红鳍东方鲀（*Fugu rubripes*）等沿岸近海鱼类的骨骼，说明当时这些贝类和鱼类已经被人们认识并作为食物和干燥剂而利用，几乎没有涉及稍深海域的种类，这说明即使到了元明时代，受落后的捕捞工具的限制，也与先民缺乏对海洋的进一步认识有关。紫贻贝生活力强，能适应温盐度较大的变化，广泛分布于中国沿海。从历史看，这是一个外来种，20 世纪 50 年代初仅见于我国北部的大连沿海，其后随着各海港的船只来往频繁和养殖、移植栽培，分布到我国沿海。模式标本发现于地中海[④]。

4. 船蛆损害与其他海损生物损害的比较

现生的蔓足类（*Cirripedia*）藤壶（*Balanus*）是对船底危害最大、出现频率最高的污损生物[⑤]，未见附着于船板。而有人做过在牡蛎和藤壶的大量附着时，牡蛎的附着器将被藤壶所占据。航行在黄渤海区的龙口、烟台、青岛等港口的几艘大型客船有较大量藤壶附着。因位于湾内低盐区，船只一进港污损生物藤壶会死亡，仅留有空壳，附着类的壳则随涌浪带走，仅留下固着类的牡蛎。

关于船蛆损害已有报道[⑥]，我们发现一号船船体无附着物，有少量船蛆洞穴和大量甲壳动物水虱蛀蚀的孔洞；二、三、四号古船均被大量船蛆蛀蚀，三号古船 3R2 板断面有平均 6.7 毫米×6.0 毫米大小的船蛆孔洞 0.6 个/平方厘米。在福建泉州出土的宋代古船也被船蛆破坏呈蜂窝状，而二号古船从形制到年代与一号古船相差无几，而两者

① 袁晓春、朱龙、隋凤美：《山东蓬莱贝丘遗址的海洋生物研究》，烟台市文物管理委员会、烟台市博物馆《胶东考古研究文集》，齐鲁书社，2004 年，150～155 页。
② 袁靖：《胶东半岛贝丘遗址环境考古》，社会科学文献出版社，1999 年。
③ 王祯瑞：《中国动物志——珍珠贝亚目》，科学出版社，2002 年，176 页。
④ 同③。
⑤ 黄宗国、蔡如星：《海洋污损生物及其防除》，科学出版社，1984 年，1～7 页。
⑥ 李复雪：《泉州湾宋代海船贝类的研究》，《海交史研究》，1984 年总 6 期，101～109、79 页。张玺、齐钟彦、李洁民：《中国南部沿海船蛆的研究》，《动物学报》第 10 卷第 3 期（1958），242～257 页。吴尚勤、娄康后、刘健：《船蛆的发育及生活习性》，《中国科学院海洋研究所丛刊》第 1 卷第 3 期（1959），1～14 页。张玺、齐钟彦、李洁民：《塘沽新港"凿石虫"研究的初步报告》，《科学通报》，1953 年 11 期，59～62 页。张玺、齐钟彦、李洁民：《船蛆》，《科学通报》，1954 年 2 期，55～58 页。张玺、齐钟彦、李洁民：《中国北部沿海的船蛆及其形态的变异》，《动物学报》总 7 卷第 1 期（1955），1～16 页。

在牡蛎固着、海蛆蛀蚀方面却相差悬殊，尚需从两者防腐方面进一步研究探讨。

　　钻木动物的主要类群是软体动物中的船蛆和海笋（*Pholalidae*）以及甲壳动物中的蛀木水虱（*Limnoria*）和团水虱（*Sphaeroma*）[①]。他们都生活在同一生活环境中，而我们没有发现海笋的痕迹，仅一号船有水虱蛀蚀的痕迹，二、三、四号船无此痕迹，这有待于进一步研究。

---

① 　黄宗国、蔡如星：《海洋污损生物及其防除》，科学出版社，1984年，1～7页。

附录七

蓬莱古船出土植物种子鉴定简报

陈雪香

山东大学东方考古研究中心第四纪环境与考古实验室

2006年5月，山东大学东方考古中心第四纪环境与考古实验室收到王富强同志送来的4份植物遗存样品，均出土自05SP三号船五号舱，为浸水遗存。其中1份为草本植物茎秆，未做种属鉴定；3份为植物种子，经鉴定分别为红松、西瓜和葎草。具体简报如下。

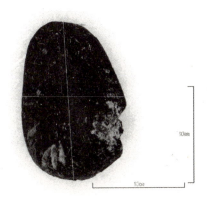

图1 松子

红松（*Pinus koraiensis*）松子72粒，均残，大小不一。其中较完整的4粒，表面棕褐色或黑色，倒三角状卵形，较扁。长11.52～17.57毫米，宽9.45～11.66毫米（参见彩版四三，3）。红松是我国松属中种粒最大的树种之一，主要分布于黑龙江和吉林，辽宁有引种。今烟台昆嵛山林场也有引种[①]。红松种子大，富含脂肪油及蛋白质，是风味独特的干果食品，也可榨油食用。根据红松产地分析，蓬莱古船发现的红松松籽非烟台本地生产。

西瓜（*Citrullus lanatus*）种子8粒，2粒完整。种子表面浅褐色，扁平卵圆形，一端钝圆，喙较窄。长10.26～12.19毫米，宽6.66～7.80毫米（参见彩版四三，2）。西

---

① 国家林业局国有林场和林木种苗工作总站主编：《中国木本植物种子》，中国林业出版社，2001年，44～46页；李法曾主编：《山东植物精要》，科学出版社，2003年，31页。

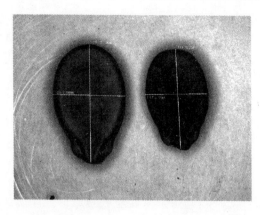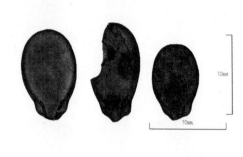

图 2　西瓜子

瓜为常见夏季水果，一般认为起源于非洲，其传入中国的时间、路线学者们多有争议，不过公认明代西瓜种植已经遍及全国，李时珍《本草纲目》对西瓜有详细的描述。[①] 因此蓬莱古船发现的西瓜产地不排除烟台本地。

表一　蓬莱古船出土植物种子鉴定表

中文名称	科学名称	数　量	尺　寸※
红松	Pinus koraiensis Sieb. et Zucc.	72	17.57×11.66mm 16.44×11.02mm 12.38×9.45mm 11.52×10.00mm
西瓜	Citrullus lanatus（Thunb.）Mansfeld.	8	12.19×7.80mm 10.26×6.66mm
葎草	Humulus scandens（Lour.）Merr.	5	4.36×4.29mm 4.24×3.99mm 3.52×3.41mm

※仅测量完整种子的尺寸。

葎草（*Humulus scandens*）种子 5 粒，3 粒完整。种子扁球形，直径 3～4 毫米，表面浅灰色，顶端有规则的白色斑（参见彩版四三，1）。葎草见于全国各地，生于山坡、路边、田边，为常见杂草之一。全草可药用。一说其种子榨油，含油量约在 30% 上下，可用作润滑油及制油墨等[②]。蓬莱古船发现的葎草种子数量较少，当为无意间带到船上的杂草种子。

---

① 参见黄盛璋：《西瓜引种中国与发展考信录》，《农业考古》2005 年 1 期，266～271 页。
② 陈汉斌主编，郑亦津、李法曾副主编：《山东植物志（上卷）》，青岛出版社，1989 年，985 页。

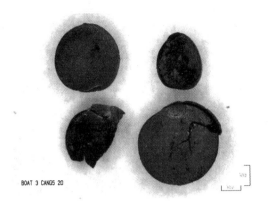

图 3　葎草

　　以上三种植物，除红松松子可长时间储存外，西瓜和葎草保存时间较短。西瓜的果期在 7~9 月，葎草的果期为 8~9 月。二者共存于古船，由此推测古船的最后一次使用时间可能接近 7~9 月这个时间段。

　　（这批植物种子样品鉴定得到了中国科学院植物研究所刘长江高级工程师的指导，谨致谢忱！）

下　编

山东蓬莱水城清淤与古船发掘

烟台市文物管理委员会

蓬莱县文化局

〔摘要〕 本文叙述了 1984 年 3 月至 6 月蓬莱县对蓬莱水城小海进行的大规模清淤工程。在这次清淤工程中发掘出残长为 28 米的古船一艘，船体修长，制造精良。出土船具有石碇 8 件，木碇 1 件，铁锚 5 件。出土的兵器有铁炮、铜炮、铁炮弹、石弹、铁剑、铁标等。出土的陶器不多，且多为残器，其年限自汉至元、明、清各代。出土的瓷器多达二百余件，其年代包括宋代、元代、明代和清代，其中以元、明时代的瓷器为最多。其窑址有磁州、龙泉、金华、景德镇、德化、耀州等处以及江西与浙江一带的民窑，其中又以龙泉、景德镇和北方各地民窑的瓷器占多数。文中对古船和各项文物均附有照片和图样，可供学术界进行研究。

本文对蓬莱水城的地理环境做了概要的介绍，同时还将清淤中所见的地层堆积加以客观描述，供学术研究参考。

出土的蓬莱古船与大量各时代、各类型的遗物，对研究蓬莱水城与登州古港的历史变迁、海外交通及贸易的发展、古代造船技术与海防建设等方面，都具有学术价值。

一 前 言

1984 年 3 月 23 日至 6 月 18 日，蓬莱县对蓬莱水城小海进行了大规模的清淤工程，平均深挖 1.75 米。清淤中出土了大量文物，计有古船、铁锚、木锚、石锚、石炮弹、铁炮弹、铁炮、铜炮、缆绳、残铁剑、货币及大量陶瓷器等。出土的古船与大量不同时代不同类别的遗物，对研究水城与古登州港的历史与变迁及海外交通、南北贸易、造船技术、古代海军技术等都提供了重要实物资料。无疑，这些遗物与文献记载相对照将可以证明，古登州港曾是我国古代北方大港与军事要塞。

限于清淤工程的紧迫与我们技术力量的薄弱，难免部分遗物被泥土带走。由于清淤工程未能清到原来的地层与原边沿，因之所获早期文物甚少。这些，我们深以为憾。

二 地理环境与水城

水城，在古登州港，因明代洪武九年筑城围海，始称备倭城或水城。其位置处于山东半岛的最北端，北距庙岛群岛的南长山岛 30 华里，东距烟台港（即古芝罘）140 华里，西距莱州港（即掖县虎头崖一带）约 350 华里，南距青岛港约 500 华里。即处于北纬 37°48′、东径 120°42′的位置上（附图 1）。其周围地势，西北面有丹崖山与田横山，西南部为紫荆山，南为庙山，东面为高台地，北临大海，水城即处于这个三面环山一面临海的小海湾中（附图 2）。

水城负山控海，形势险要，古谓"东扼岛夷，北控辽左，南通吴会，西翼燕云，艘运之所达，可以济济咽喉，备倭之所据，可崇保障"[1]，又"外抨朝辽，则为藩篱，内障中原，又为门户"[2]，可知水城不仅是海上交通要冲，而且也是军事战略要地。从元代末年起，倭寇就不断侵扰山东沿海。山东半岛亦常遭劫掠。至明初，为了增强防卫，于洪武九年（1376 年），将登州升为府，并修建水城，以御外患。此后，为了防卫倭寇的侵扰，明、清两代都在水城驻扎水师，拥有船舰。巡防范围，东至荣成县成山头，西至武定营大沽河，北至北隍城 1700 里的辽阔海面，当时成为海防要塞中心。

从水城周围地势地貌看，这一带本为比现在水城大得多的海湾。因受周围三面高地的影响，每年有大量的泥沙流入海湾，将海湾充填缩小。另因近五千年来，间冰期过去，新冰期来临。海水以冰的形式存于两极，使海平面逐渐下降。水城海湾也不例外。其下降幅度，据国内外专家的推算，约在 2～4 米之间[3]。这从蓬莱阁后丹崖山海岸海蚀洞，距现今最高潮位海面约 3 米，也可说明这个问题。从以上两个因素来推算，5000 年前的海湾，包括了现今县城（登州城）西与西北部的大部分，要大于今天小海的数倍，紫荆山古遗址（距今约 6000 年）的位置可以佐证。遗址本来系一处紧临海湾与河旁高地的遗址，现在却远离大海了。汉代蓬莱镇遗址，在城东高地上，证明那时海湾尚大，今县城一带尚无人居住，至唐代置登州始建为城。明、清升府，城垣扩大，证明海湾更小了。从水城的南部、西南部淤泥（海相沉积）最深也可证明。

唐以前这里本是一处较大的自然海湾，至宋代为防御北方契丹的入侵，始建刀鱼寨，置巡检。明初又改建备倭城，即今水城的规模。

1858 年第二次鸦片战争以后，根据天津条约将登州辟为通商口岸，后因芝罘商贾云集，地处富庶，水陆交通枢纽，登州水浅，于 1862 年转辟芝罘[4]。登州府的政治、经济和军事中心随之东移，水城也失去其原有军事上的意义。但作为我国古代军事港口和要塞，它是我国最古、保存最完好的海防设施，也是研究我国古代海防科技史的珍贵资料。

---

① 宋应昌：《重修蓬莱阁记》碑文。

② 陈钟盛：《建豫济仓记》碑文。

③ 赵希涛等：《中国东部 20,000 年来的海平面变化》，《海洋学报》1 卷 2 期 (1979)。

④ 咸丰朝：《筹办夷务始末》第五卷。

三　小海清淤与地层堆积

　　小海的清淤工程一直没有停止过。据资料记载，明代就有严格的清淤制度，当时规定凡进入小海避风的船只，再出小海时必须携带一船淤泥运往外海。清朝咸丰年间进行了一次相当规模的清淤。清末时期还专有五名劳工终日担任低潮时水门口内外的清淤工作，水城当地群众均称其为"五尊神"，一直到40年代末还有几位老汉从事这项工作。据参加清淤的民工回忆：1956年也曾进行一次清淤，平均清除深度为0.7米，增修了小海护坡，改建了天桥。小海虽经1956年的清淤，但由于小海四壁护坡构筑不合理，管理不善，加之四周的堆积物因常年风雨之作用大量流入小海。到了80年代初期，蓬莱水城小海几乎变成了一条死港，低潮时南小海仅有1米深左右，北小海南侧仅有0.70米，北侧及小海的出口内外几乎无水，稍大一点船只根本无法出入，仅小渔船才可以勉强候潮进港，有时走到关门口处还得辅之以人工推动。1984年蓬莱县人民政府组织了一次规模较大的清淤工程，历时三个月，清除淤泥22万立方米，重新修筑小海护坡1380.90米，改建了天桥水口处搭木板通行为开闭式桥梁。整改码头为出台式。关门口处清淤时为防止两侧城垛口倒塌，预先在关门口处向下钻数十个圆柱洞，用水泥灌浆加固。然后在关门口垛口基部垒起护坡。小海外的清淤采用水下作业的方法，清除一条宽2.5、深1.5米的沟漕充作航道。海外东侧的防浪堤在原基础上向外引伸了60余米。

　　由于这次清淤的时间紧，技术力量薄弱，加之进度参差不齐，大范围地层的清淤深浅较难掌握。通过进度不同的几个点的观察，大体情况：以淤泥的顶部计算至0.70米深处为第一层，多是50年代以后的淤积，呈黄褐色。0.70~1.50米深处为第二层，呈灰褐色，多见清初，明代的器物。1.50~3.00米为第三层，淤泥呈黑色，多见元代或更早的遗物。

　　从1982年画河和这次水城小海的清淤工程来看，小海南段的画河切开河道的剖面及小海南侧清除的淤积剖面均在3米以上，但尚未到原生地层。从而说明，当时自然海湾的中心不在现水城的小海处，而是在水城小海的南侧至县北环路北侧洼地，呈东北西南向。一些汉代陶片等古代遗物和三条古船与铁锚等重要的遗物在这里出土，可作为研究海湾变迁的重要实物资料。

四　古船发掘

　　这次清淤中，于水城小海西部和西南部发现八处有残船的遗迹。除西南部并排两只船体较完整外，余者均为散船板，无法辨其形制。另一只船的三分之二被压于现民房之下，因此，我们仅对东部的残船进行了发掘。现将发掘到的古船情况简述如下：

　1. 古船的出土与形制

　正式清理古船时，船体以上的淤泥已被民工取掉。从发掘的现场看，船体呈（顺时针）120°方向紧靠小海南墙，东高西低，船头伸入小海墙内（图版一）。船体距地表4.64米，距清淤前小海地面2.5米，船底之下0.18米为原生陆相黄土，现船底高程为－1.7米（以枯潮标高0计算）。从船的位置和堆积说明，当时水城小海的范围比现在要大的多，特别是小海的西南部向里要伸展许多。

　船体全部清出后发现，船的上部与首尾已残。船首保留了首柱，尾部仅保留了舵座板，甲板以上部分已不存。船底部的船板及各舱壁板大部分完好，木纹的结构均清晰可见。现存船体残长28米，船体最狭处残宽1.1米，船体最宽处残宽5.6米，残高1.2米。呈流线型，头尖尾方。底部两端上翘，横断面呈圆弧形，有14个舱位（附图3；图版二）。

　（1）首柱

　首柱长3.96米，用樟木（*Cinnamomum camphora*）制成。前部为锥体，后部为方体。上翘高度因中部断裂，其实际高度不详。但根据残存基部角度（为30°以上）推算，尖部高出船底约2米。首柱与龙骨的连接采用凸凹槽式，槽榫位长0.7米，首柱压在龙骨上面，其上再用隔舱板和铁钉加固。

　（2）龙骨

　龙骨是船体的主要部件，由两段方木连接而成，共长22.64米。在主、尾龙骨的交接处，采用凸凹槽式连接，槽榫位长0.72米，尾龙骨压在主龙骨上，先用铁钉和一周铁箍固定，然后在交接处的上方用隔舱板加固。主龙骨长17.06、宽0.4、厚0.3米，用松木（*Pinus mass onlana lamb*）制成，前部底面中部有环状隆起。尾龙骨用樟木（*Cinnamomum camphora*）制成，长5.58米，前部宽0.4、厚0.3米，后部宽0.2、厚0.28米，末端略残。尾端上翘0.6米，龙骨与船板是直接用铁钉连接。在主龙骨与尾龙骨和首柱交接处分别有一保寿孔，孔径为7、深0.3厘米。

　（3）舱壁与舱

　该船用13道舱壁构成14个舱位，除尾部两道舱壁早被破坏外，其余各道都保留了数目不等的舱壁板。舱板的长度为0.96~4米不等，厚度为0.16米。用锥属木（*Castanopsis*）制成。保留舱壁板最多的是第三、第五道舱壁（附图4、5），现存有4块舱壁板榫接而成，高度为0.8米。从最上部舱壁板的铆榫来看，还不是最上部。每块舱壁板上下凿有错开的四个长0.15、宽0.03、深0.05米的榫孔和长1~1.7米不等的凸凹槽连接上下壁板，凸凹槽深为0.05米，上下也是错开的。从第三、第五道舱壁的上部凹槽来看，似应有纵梁以支撑木铺板。为使前后部舱壁不向船中部移位，舱壁底部与船板交接处均有定位全局钉。除第三舱壁外，舱壁底部与船底接触的一面均有两个宽0.06、高0.08米的方形孔，便于舱底积水的流通。

该船共有14个舱位，其大小不一。第一舱由于残破严重，其长度不详。第二舱长为1.84米（即舱壁板间距），第三舱长为1.48米，第四舱长为1.68米，第五舱长为1.44米，第六舱长为1.64米，第七舱长为1.24米，第八舱长为1.52米，第九舱长为1.6米，第十舱长为1.46米，第十一舱长为1.7米，第十二舱长为1.48米，第十三舱长为1.04米，第十四舱（尾尖舱）长为1.36米。

（4）船板

船板系用杉木（*Cunninghamia lanceolata*）制成，龙骨两侧现存船板分别为10、11列。由于船身较长，每列是用2～4块船板连接而成的。最长的为18.5米，最短的为3.7米；最宽的为0.44米，最窄的为0.2米。厚为0.12～0.28米，其中靠龙骨的船板最厚。船板的连接方法有两种，各板列之间的边缝采用平接，每间隔0.15米铆一钉，钉位在相邻板列间排列成人字形。在各板列之间的舱壁处，还用定位全局钉进行定位，以使各列板之间不能相对错动。每列船板的对接头采用凸凹槽式，并用铁钉铆紧。列与列之间对接头相互差开，并均压在舱壁下部。因船头呈尖形。所以每列船板由两端到船中部是逐渐加宽的。

（5）桅座

船体仅遗留前、中两个桅座，均用楠木（*Phoebe zhennan*）制成。前桅座位于第二道舱壁之前并紧靠舱壁，长1.6、宽0.46、厚0.2米。中部有两个边长0.2米的方孔，孔距为0.2米。桅座是用铁钉直接与船板和舱壁连接的。中桅座位于第7道舱壁之前也紧靠舱壁，长3.88、宽0.54、厚0.26米。中部有两个边长为0.26米的方孔，孔距0.32米。桅座也是用铁钉直接与船板和舱壁连接的（图版三，1、2）。

（6）舵承座

现存舵承座板三块，均用楠木（*Phoebe zhennan*）制成。除舵孔部微残外，其他部分保存基本完好。三块舵承座板是半月形叠压在一起，长2.43、宽0.4米。厚度不同，上面的两块厚为0.1米，下面的一块厚0.26米，舵承座的孔径约0.3米（图版三，3）。

（7）其他构件

滑轮架　1个。发现于船的前桅座北侧。用长方形木头制成，长0.42、宽0.09、厚0.62米。装滑轮部位的外侧凸起，凿有两个长0.1、宽0.024米的孔置滑轮（附图6）。

滑轮　3个。均发现于船的前部，用楠木（*Phoebe zhennan*）制成，分大小两类。大的1个，周边内凹，直径为0.23、厚0.032米，孔径为0.04米。小的2个，周边内凹，直径为 0.21、厚 0.04 米，孔径为 0.047 米（附图 7；图版四，1）。

船钉 均用铁制成，为方锥体。粗端向一边弯折即成铆头，长短不一，龙骨与船板的连接所用铁钉较长，船板与船板连接所用铁钉较短。长的为 0.44 米，短的为 0.22 米（附图 8）。

舱楼窗扇 2 个。发现于第十一舱的底部，窗板与边框有残缺，但仍能看出结构。窗为长方形，长为 0.82、宽为 0.64 米。

2. 船内出土文物

船内出土文物极少，仅于船的前部发现元代的瓷高足杯和石球。现分述如下。

高足杯 1 件（px77）。圆唇，口外撇，鼓腹，竹节式高足，呈喇叭状。底心旋削内收，胎质红色，灰青釉。口径 12、足径 4、高 10 厘米（附图 9；图版四，2）。

石球 1 件（px180）。石灰岩质，琢制而成，直径为 9.5 厘米，似为用于战争的垒石（附图 12）。

另外，在船底下的淤泥中还发现有瓷碗、瓷瓶、陶香炉、铜炮、缆绳等，时代均为元代。现分述如下：

瓷碗 2 件。灰胎，豆青釉，圆唇敞口，曲腹，矮圈足，底心无釉留有刮削痕迹。（px67），口径 22.5、底径 6、高 6.3 厘米（附图 13；图版六，1）。

瓷瓶 1 件（Px161），残。酱色釉，圆唇，直口，沿外折，束领，腹外鼓，小平底，褐色胎质。口径 3、复原高 21、底径 4.5 厘米（附图 14）。

石球 1 件（px164）。沙岩质，琢制而成，直径为 10 厘米，形制与船内出土的相同（附图 15）。

陶香炉 1 件（px150）。泥质灰陶，方唇，直口，束领，折腹，三蹄形足，桥形耳，底部刻一"史"字。口径 11.6、高 8.8 厘米（附图 10；图版四，3）。

铜炮 1 件（px182），残。用黄铜铸造而成，外口径 10.2、内口径 7、残长 18.3 厘米（附图 11；图版四，4）。

缆绳 发现于船首部下。用棕制成，为三股合成，粗 8 厘米，每股又用 8 小股合成。

3. 关于船的年代、产地、用途等问题

（1）船的年代与产地

关于沉船的年代，由于缺乏确切的记年材料，其绝对年代尚无法肯定。船内出土的高足杯，经鉴定为元代龙泉系，这是断代的主要依据。另外，依据船的现存长宽尺度，此船是无法通过在明初所修建水城的水门口。所以，这只船的年代至迟应不晚于元末明初。

关于船的产地问题。该船用料多为南方优质木材。船板用杉木，桅座、舵承座用楠木，首柱、尾龙骨用樟木，主龙骨用松木。这不但与文献记载我国南方造船用料相同，而且与泉州出土的宋代海船用料也相同①，因而，我们认为该船有可能为南方所造。

（2）船的类别与用途

目前，我们尚未发现可与此对比的实物资料，但从残船的结构形体来看，船身窄而长（现存长宽比例为5：1），隔舱多，尖圜底，昂首翘尾，有两个桅座，与文献记载的大福船相近。据史载："大福船，能容百人，底尖上阔，首昂尾高。舵楼三重，帆桅二，傍护以板，上设木女墙及炮床。中为四层，最下实土石，次寝息所，次左右六门，中置水柜，扬帆炊爨燖烫皆在是，最上如露台，穴梯而登。傍设翼板，可凭以战。矢石矢器皆俯发，可顺风行。"② 但与大福船又有些区别。此残船长宽比例为5：1，而大福船一般为3：1左右。从船底的形体来看，与泉州出土的福船也有区别。泉州船底较尖，此船较平。泉州船板为双层，而此船为单层。

关于该船的用途，我们认为有可能是元代用于巡视海防备倭的战船。据《登州府志》载："元初金山东沿边州属户为军，益度、淄博所辖，莱州李瓒因军内金一万人，差官部所御倭讨贼，而水军之防御循宋制。"③ 因此，水城作为驻扎水师、停泊战舰、出哨巡洋的军事重地。一般渔船是禁止出入水城的。另外，从船内出土文物看，仅有一件高足杯和用于战事的石球、灰瓶，说明该船不可能是货船。

（3）沉船的原因和价值

从沉船的位置来看，它沉于风平浪静的水城小海西南岸边，显然不是由于风浪和战争所致。从船体南部有两个地方进行过修补，说明它是一条使用时间较长的旧船。因此可以认为该船是因损坏又无法修复而被遗弃的。后来人们把船体的水上部分拆掉，留下水下无法拆除为船底部分，再经过长年累月泥沙的淤积，以致被淹没起来。

此船是我国目前发现最长的海船。船体虽然残坏严重，但依据现存残船的一些数据，可以进一步复原研究。这是了解我国古代造船技术的十分重要的实物资料。特别是这只大船在我国北方重要的登州港发现，对研究登州的历史和它在军事上的作用，具有十分重要的意义。

五　出土遗物

清淤过程中出土的文物有铁锚、木锚、石锚、石炮弹、铁炮弹、铁炮、铜炮、缆绳、货币及大量陶瓷器等，现分述如下。

---

① 泉州湾宋代海船发掘报告编写组：《泉州湾宋代海船发掘简报》，《文物》1975年10期。
② 《明史·兵志》。
③ 《登州府志》卷十二《军垒》。

1. 锚

共出土 20 件，多发现于水城的东部、南部、距岸十几米至二十米的范围。其中在港湾南部发现的古代锚具数量最多，达 14 件。在港湾北部发现的较少，只有 2 件。另外，在水门外，防波堤以内水域也出土了几件石碇和锚爪。

年代较早的大型铁锚多发现于港湾南部，在港湾北部发现的其年代要晚一些。

现将出土的 20 件锚具，按石碇、木碇、铁锚三类，分述如下：

（1）石碇

石碇共发现 8 件，按其形制分为二式：

Ⅰ式　1 件。出土于港湾进出口（水门）外深 3 米的淤泥中。玄武岩质，葫芦形。圆首，斜直壁，平底。石碇上部凿有一个高 7、宽 10 厘米的把手形缆孔，把手上有长期使用的磨损痕迹。碇身中部凿有宽 5.5、深 5 厘米的一条凹槽，用以安设捆束木爪（或铁爪）。高 47、底宽 35.5 厘米，重 76.3 千克（附图 16；图版四，5）。

Ⅱ式　7 件。长方形，均用玄武岩制成，出土时一般为大小、重量相近的两件石碇同出。碇的上部凿有缆孔，除一件下部未有凹槽外，碇的两侧与下部均有凹槽，以便捆缚。长为 35～40.5 厘米不等，宽为 16～19.5 厘米不等，厚为 10～14 厘米不等，缆孔径为 2.7～5.5 厘米不等。凹槽宽为 4～5 厘米不等，凹槽深为 0.8～2.7 厘米不等，重量为 10～20.7 千克不等。如古船下北侧深 2.67 米处出土两件（编号为 4、5 号），表面长满牡砺等海生物。形制略小一些，下部略尖，上部缆孔径为 2.7 厘米，下部未发现凹槽。两边凹槽宽 4、深 2.5 厘米。4 号碇长 37、宽 17、厚 10 厘米，重 10.3 千克（附图 17；图版四，6）。5 号碇长 37、宽 15、厚 9 厘米，重 10 千克（附图 18；图版五，1）。

（2）木碇

木碇　1 件。发现于港湾中部东侧 3.4 米深的淤泥中，分为碇杆、碇爪、插栓三部分。碇杆长 5.21、宽 0.4 米，为灰黄色杉木。首部有缆孔，径 12 厘米，中部有双碇担孔，一碇担孔径为 11 厘米，另一担孔径长 10 厘米。碇杆首尾略宽，为 32 厘米。中部有意加工成束腰形。并有经长期使用形成的磨损痕迹，宽为 27 厘米。碇爪长 251、宽 16～20、厚 2.5～12 厘米，系用楠木加工制成。碇杆与碇爪用两个插栓相联接，一插栓孔长 12、宽 6 厘米；另一插栓孔长 10、宽 7 厘米。碇杆与碇爪间距（最宽处）106 厘米，呈 35°角。碇杆重 171.2 千克，碇爪重 36 千克，木碇总重 243.2 千克（附图 21；图版五，2）。

（3）铁锚

共发现较完整的 5 件，锚爪 6 枚。依锚爪形制，分为二式。

Ⅰ式　10 件。锥状爪，其中完整者 2 件，余者残。2 号锚杆及四爪保存完整。锚体表面凸凹不平，有明显的锻打痕。锚杆长 1.8 米，径 9.5～20 厘米，锚把上有一缆孔，径 5.5 厘米。值得注意的是，出土时锚缆并未系在缆孔上，而是系在缆孔下方的锚杆上。锚杆及锚爪铁质不同，为成形后再加锻接。锚爪尖锻打呈四方形，爪长 92、径 5～10.5 厘米。四爪间距 2.05 米。四爪与锚杆结合处用十字形铁楔加塞，用以加强锚爪的刚度。锚长 2.15 米，重 456 千克（附图 20；图版五，3）。

Ⅱ式　铁锚爪 1 件，残。犁状爪。出土于港湾的进出口（水门）外，出土于深 1.6 米处，锚爪为铸造，背面有明显的铸模痕迹。全长 46.5、宽 14 厘米，重 43 千克（附图 19；图版五，4）。

另外，还发现缆绳四根，由棕编制而成。1、2 号缆绳，由三股粗绳拧成，每股粗绳又由八股细绳合成。3、4 号缆绳，则只有三股粗绳合成。

2. 石网坠

2 件，分二式。

Ⅰ式　1 件（px129）。椭圆形，依自然卵石加工而成，上窄下宽，端部有孔以便捆绑。孔径 0.5、宽 6.2、长 8.6 厘米（附图 22；图版六，2）。

Ⅱ式　1 件（px91），已残。长方形，用滑石制成，一端有圆孔，断为长方形。孔径 0.9、宽 4.6、残长 8 厘米（附图 23；图版六，3）。

3. 陶器

出土的数量不多，且多残器，可辨器类有瓮、缸、罐、盆、瓶、钵、香炉、虎子、器盖等，时代包括汉至清代。现分述如下。

瓮均为残口沿，分三式。

Ⅰ式　标本 px107，夹砂红褐陶，圆唇，小卷沿，敛口，鼓腹，饰压印纹。口径 70 厘米（附图 24）。

Ⅱ式　标本 px153，夹砂灰褐陶，圆唇，卷沿，敛口，鼓腹，饰压印纹。口径 61 厘米（附图 25）。

Ⅲ式　标本 px110，夹砂红褐陶，圆唇，卷沿较大，敛口，鼓腹，饰压印纹。口径 68 厘米（附图 26）。

盆　3 件，分三式。

Ⅰ式　1 件（px186）。夹砂红褐陶，侈口，方唇，斜直腹，平底，沿下饰对称桥形耳。口径 34.5、底径 17.6、高 8.4 厘米（附图 27）。

Ⅱ式　1 件（px160）。夹砂褐陶，侈口，方唇，折沿，斜直腹，平底。口径 12.5、底径 7.5、高 8.5 厘米（附图 28；图版六，4）。

Ⅲ式　1 件（px156）。底已残，泥质灰陶，圆唇，折沿，斜直腹。口径 58 厘米（附图 29）。

缸均为残片，标本 px116，夹砂灰褐陶，直口，方唇，溜肩，直腹，饰水釉。口径

79 厘米（附图 30）。

单耳罐　1 件（px149）。泥质红陶，圆唇，直口，鼓腹，小平底，桥形耳。口径 5、底径 4.5、高 13 厘米（附图 31；图版六，5）。

双耳罐　1 件（px184）。夹砂灰陶，直口，方唇，鼓腹，溜肩，平底，二桥形耳。口径 10.7、底径 11.6、高 14.8 厘米（附图 32；图版六，6）。

四系罐　3 件。泥质灰陶，敛口，溜肩，鼓腹，平底，四贯耳。px187，口径 5.2、底径 6.8、高 11.6 厘米（附图 33；图版七，1）。

钵　1 件（px56）。夹滑石，灰褐色，口微敛，圆唇，鼓腹，小平底。口径 12、底径 4、高 5.6 厘米（附图 34；图版七，3）。

瓶　2 件，分二式。

Ⅰ式　1 件（px185）。泥质灰陶，侈口，方唇，束领，溜肩，直腹，平底。口径 9.3、底径 11.6、高 30 厘米（附图 35；图版七，4）。

Ⅱ式　1 件（px158）。泥质红陶，直口，方唇，束领，折肩，直腹，平底。口径 5.2、高 22.7 厘米（附图 36；图版七，5）。

香炉　1 件（px151）。泥质灰陶，直口，方唇，鼓腹，圆底，扁方形双耳，蹄形三足，腹上部饰二道凸弦纹。口径 9.5、残高 9.5 厘米（附图 37；图版八，1）。

虎子　1 件（px153）。泥质灰陶，圆顶，平底，短流，三桥形耳。底径 14.5、高 13.5 厘米（附图 39；图版八，2）。

器盖　1 件（px127）。泥质红陶，子母口，茵形纽，内外施绿釉。口径 16、高 4.5 厘米（附图 38；图版七，2）。

4. 瓷器

出土的瓷器 200 余件，是这次清淤出土遗物中最多的一类。时代包括宋代、元代、明代、清代。其中以元、明时期的瓷器为最多。窑口有磁州窑、北方窑以及江西与浙江一带的民窑瓷器等。其中又以龙泉窑、景德镇和北方各地民窑的瓷器为多数。现按时代分述如下。

（1）宋代

出土瓷器不多，除残碎瓷片外，仅有钵、碗三件。其中碗为耀州窑，钵为江西窑。

碗　2 件，分二式。

Ⅰ式　1 件（px36）。青釉，蛋青色胎。尖唇，侈口，斜直腹，小圈足。口径 11.2、底径 2.6、高 5.8 厘米（附图 40；图版八，3）。

Ⅱ式　1 件（px40）。青釉，蛋青色胎。侈口，尖唇，小折沿，斜直腹，小圈足，内有压印菊花纹。口径 10.2、底径 2.8、高 5.2 厘米（附图 41；图版八，4）。

（2）元代

以龙泉窑和北方窑为主，次为磁州窑、金华窑和浙或闽地方窑。

（a）龙泉窑　以碗、高足杯为主。

碗　95件，分六式。

Ⅰ式　3件。敞口，圆唇，口外撇，曲腹，圈足。px16，釉色青中闪黄，灰白色胎，底心无釉。口径16.81、底径5.6、高7.2厘米（附图43；图版八，5）。

Ⅱ式　2件。敞口，厚圆唇，曲腹，圈足。px23，釉色青中闪黄，白胎，内心与圈足无釉。口径14.8、底径6、高6厘米（附图44；图版八，6）。

Ⅲ式　16件。敞口，小叠唇，曲腹，圈足。px20，青釉，白胎，内心与圈足无釉，内壁有印花，外壁留有叠烧痕迹。口径15.2、底径5.4、高7.2厘米（附图45；图版九，1）。

Ⅳ式　42件。敞口，叠唇，曲腹，圈足较高。px190，釉色青中闪黄，红胎，施釉不到底，内心无釉，外壁有桔皮棕眼。口径14、底径5.4、高8厘米（附图46；图版九，2）。

Ⅴ式　4件。侈口，圆唇，曲腹，圈足较高。px28，青釉，白胎，有明显的重釉现象，细碎冰裂纹，内心与圈足无釉。口径14.4、底径6、高7.6厘米（附图47；图版九，3）。

Ⅵ式　1件（px57）。大敞口，圆唇，斜直腹较浅，圈足较矮。釉色青中闪黄，白胎。底径6.4、高4.4厘米（附图48；图版九，4）。

高足杯　6件，分三式。

Ⅰ式　1件（px55）。敞口，圆唇，小卷沿，曲腹，高足。釉色青中泛白，红褐色胎，有细碎冰裂纹，足施釉不到底。口径10、底径3.6、高10厘米（附图49；图版九，5）。

Ⅱ式　2件。敞口，圆唇，口沿微折，曲腹，竹节式高足，底部内敛。px54，青釉，灰胎，有细碎冰裂纹。口径11.2、底径4、高10.4厘米（附图50；图版九，6）。

Ⅲ式　3件。敞口，口外撇，圆唇，曲腹，竹节式高足。px50，釉色青中闪黄，灰胎，内心凸起，有冰裂纹。口径11.2、底径4、高11.2厘米（附图51；图版一〇，1）。

（b）金华窑　仅出土罐1件（px169）。白釉，灰胎。圆唇，小卷沿，束颈，鼓腹，溜肩，平底内凹。肩部刻划有字形符号，腹部有双向卷曲形刻划纹。口径15、底径16.2、高32厘米（附图57；图版一〇，2）。

（c）浙或闽民窑　出土的瓷器较多，器类以碗为主。

碗　15件，分二式。

Ⅰ式　11件。敞口，厚圆唇，斜直腹，圈足。px17，釉色青中闪黄，灰白胎，施釉不及底，内心与圈足无釉，有细碎冰裂纹。口径16、底径10.4、高7.4厘米（附图

52；图版一〇，3）。

Ⅱ式 4件。大敞口，圆唇，折沿，斜直腹较浅，矮圈足。灰白色釉，灰胎，施釉不到底，内心与圈足无釉。px69，口径14.8、底径10.4、高4厘米（附图53）。

（d）磁州窑 仅出土碗1件（px21）。上部已残，敞口，斜直腹，圈足。白釉，灰白胎，施釉不及底，内心与圈足无釉，外壁有黄褐色花纹。底径7.7、残高6.7厘米（附图56）。

（e）景德镇窑 仅出土碗1件（px46）。青釉，白胎，敞口，圆方唇，腹内曲，下部有折棱圈足，有冰裂纹，足内黏有窑沙。口径15.2、底径6.8、高4.4厘米（附图42；图版一〇，4）。

（f）北方窑 出土的器类有碗、罐、瓶、壶、盏托等。

碗 36件，分四式。

Ⅰ式 14件。敞口，方唇，曲腹，圈足。px191，青釉，灰白胎，施釉不到底，内心与圈足无釉，外壁有桔皮棕眼。口径16、底径6、高8厘米（附图54）。

Ⅱ式 4件。敞口，厚唇，曲腹，圈足。px189，青釉，红色胎，釉面有桔皮棕眼，内心与圈足无釉。口径16、底径4.8、高7.6厘米（附图55；图版一〇，5）。

Ⅲ式 17件。敞口，厚圆唇，曲腹，圈足较矮，内壁有压印花纹。px37，釉色青中闪黄，红胎，施釉不到底，有重釉现象，内心无釉，内壁有压印菊花、牡丹、宝莲花纹。口径15.2、底径8、高6厘米（附图59；图版一〇，6）。

Ⅳ式 1件（px32）。大敞口，圆唇，斜直腹，矮圈足。酱釉，灰胎，施釉不到底，圈足无釉，内心有涩圈。口径16、底径5.6、高4.8厘米（附图58；图版一一，1）。

盏托 1件（px30）。青灰色釉，红褐色胎。敞口，方唇，斜腹，圈足。施釉不及底，内心与圈足无釉。口径10、底径4、高2厘米（附图61；图版一一，2）。

四系罐 1件（px159）。直口，圆唇，鼓腹，圈足，颈部与腹部饰四个桥形耳。施酱釉，红褐色胎，下部与内壁无釉。口径7.5、底径8、高25厘米（附图60；图版一一，3）。

执壶 3件，分三式。

Ⅰ式 1件（px171）。圆唇，高束颈，溜肩，瘦腹平底，短锥流，二桥形耳，把手宽扁。黄褐釉，红胎，施釉不及底。口径6、底径7、高19厘米（附图62；图版一一，4）。

Ⅱ式 1件（px136）。圆唇，短束颈，溜肩，鼓腹，平底，圆柱短流，四桥形耳，把手宽扁。酱釉，褐胎，腹下部无釉。口径11.5、底径12.6、高25.6厘米（附图63；图版一一，5）。

Ⅲ式 1件（px126）。直口，束颈，方唇，鼓腹，平底，二桥形耳，圆柱流残，把手为圆形。褐釉，红褐色胎。口径7.2、底径7.8、高12.3厘米（附图64；图版一一，6）。

瓶　82件，以大小分为二式。

Ⅰ式　1件（px146）。子母口，圆唇，束颈，溜肩，直腹，小平底。黄褐釉，红褐色胎，有重釉现象。口径6.4、底径6.8、高30厘米（附图66；图版一二，1）。

Ⅱ式　81件。子母口，方唇，束颈，溜肩，腹微鼓，小平底。px142，褐釉，红胎，器身有六道凸弦纹。口径52、底径4.8、高18厘米（附图65；图版一二，2）。

（3）明代

以景德镇窑和北方窑为主，同时还有江西民窑。时代包括宣德至崇祯年间。

（a）景德镇窑　以青花碗为主，还有少量高足杯、盅、器盖等。

碗　5件，分三式。

Ⅰ式　3件。敞口，尖唇，小卷沿，腹较直，小圈足。px43，釉色白中闪青，白胎，内心饰青花团花纹，外壁饰婴戏图。口径10.1、底径4.3、高4.8厘米（附图69；图版一二，3、4）。px47，白釉闪青，白胎。外壁有"金榜题名"四字，内心有一"贵"字。口径8.6、底径4、高4.6厘米（附图70；图版一二，5）。

Ⅱ式　1件（px82）。白釉，白胎，敞口，圆唇，卷沿，曲腹较浅，玉环形圈足，器内饰青花竹鸡图。口径11.6、底径4.4、高3厘米（附图71）。

Ⅲ式　1件（px45）。釉色白中闪青，白胎，敞口，尖唇，斜腹，矮圈足，器内饰青花兰草纹。口径12.8、底径4.8厘米、高5.6厘米（附图72；图版一二，6）。

另外，还有景德镇窑的两件残碗底部有字。px84，内心有一"大明宣德年制"（附图67）。px78，内心有一"寿"字（附图68）。

高足杯　1件（px79）。杯部残，釉色闪青，高足呈刺叭状。足径3.8、残高6.8厘米（附图73）。

盅　1件（px81）。敞口，卷沿，尖唇，直腹，小圈足。釉色白中闪青，白胎，内饰青花。口径6.8、底径2.1、高3.8厘米（图版一三，1）。

器盖　1件（px125）。子母口，茵形把手，釉色白中闪青，饰有青花蕉叶纹。口径7.6、高4厘米（附图75；图版一三，2）。

（b）江西民窑　以青花碗为主，还有少量青花高足杯。

碗　5件，分三式。年代分别为弘治、正德、崇祯年间。

Ⅰ式　1件（px44）。釉色白中闪青，白胎，釉面有棕眼。敞口，卷沿，斜腹圈足。外壁饰青花折枝花，内壁饰松、竹、梅图。口径14.4、底径5.6、高5.2厘米（附图74；图版一三，3、4）。

Ⅱ式　1件（px172）。敞口，折沿，方唇，曲腹，圈足。釉色白中闪青，白胎，青花呈黑色，内心与外壁饰水藻纹。口径16、底径6.4、高6厘米（附图76；图版一三，5）。

Ⅲ式　3件。敞口，圆唇曲腹，圈足。px48，釉色白中闪青，白胎，内壁饰青花蟠螭纹。口径14.6、底径6、高6.4厘米（附图78）。

高足杯　1件（px51）。杯部已残，釉色白中闪青，白胎，高足有四道青花弦纹，内底有青花唐草纹。足径4.4、高10.8厘米（附图77；图版一三，6）。

（c）北方窑　仅见有较多数量的瓶。

瓶　18件，分三式。

Ⅰ式　1件（px145）。子母口，方唇，束颈，鼓腹，溜肩，小平底。酱釉，红褐胎。口径4.4、底径4.4、高14厘米（附图80；图版一四，1）。

Ⅱ式　5件。小子母口，束颈，溜肩，腹微鼓，小平底。酱釉，红褐胎。px144，口径6、底径4.4、高19.2厘米（附图82；图版一四，2）。

Ⅲ式　12件。平口，束颈，瘦腹，小平底，酱釉，褐胎。px140，内装满石灰，应为灰弹。口径5.6、底径3、高19.2厘米（附图79；图版一四，3）。

（4）清代

由于早期清淤的结果，出土的清代遗物极少，仅出土少量的北方窑和德化窑瓷器。器类有壶、四系罐、虎子、碟等。

壶　2件，均为北方窑。釉色灰中闪黄，灰胎，直口，方唇，折肩，腹较直，平底，短流。px124，口径9.5、底径8.4、高13.5厘米（附图85；图版一四，4）。px123，口径9、底径7.3、高12.5厘米（附图84）。

虎子　1件（px157）。北方窑。圆顶，平底，三桥形耳，短直口，酱釉，红褐胎，施釉不及底。口径5.2、底径13.9、高14.5厘米（附图86；图版一四，5）。

四系罐　6件。北方窑。圆唇，直口，腹微鼓，平底，四桥形耳，上部施酱釉，下部无釉。px137，上部饰乳丁纹一周。口径8.8、底径6.8、高12.4厘米（附图81；图版一四，6）。

碟　1件（px86）。景德镇窑。敞口，圆唇，曲腹，圈足，豆青釉，白胎，底内有"丰"字。口径9、底径5、高2.4厘米（附图83；图版一四，7）。

5. 兵器

出土的兵器有铁炮、铜炮（已在古船部分介绍）、铁炮弹、铁剑、铁镖等，时代尚难确定。另外，还有许多装有石灰的瓷瓶，也应为用于战争的武器（已在瓷器部分介绍）。

铁炮　2件。均为铸造而成。一门长73厘米，前端外径14、后端外径15、口径6厘米，炮身有四道宽5、高1厘米的凸棱。另一门长76厘米，前端外径14.7、后端外径 15.7、口径 6.7 厘米，炮身有三道宽 11、高 1.5 厘米的凸棱（附图 87、88；图版一五，1）。

铁炮弹　1 件（px181）。用生铁铸造而成，可见有铸造留下的蜂窝孔，径 9 厘米，重 2.7 千克（附图 89；图版一五，2）。

石弹　4 件。依大小分为二式。

Ⅰ式　1 件。琢制而成，形体较大，直径 19.5 厘米，重 10.2 千克。这样大的石炮弹显然不是用于铁炮，而是抛石机所用（附图 90；图版一五，3）。

Ⅱ式　3 件。琢制而成，形体较小，直径为 10 厘米左右，重 1.5 千克左右（附图 91；见图版一五，3）。

铁镖　1 件。长条形，顶端为箭头形，断面为棱形，一面平，一面为三角形。残长 20 厘米（附图 92）。

另外，还发现残剑柄与鞘。剑柄为松木制成，柄的尾端有一穿孔，为栓剑装饰品所用。残长 28.5 厘米，剑槽宽 3.7 厘米（附图 93；图版一五，4）。鞘亦为木质制成，表面见有麻布裹包痕迹，麻布上涂漆，断面呈椭圆形（附图 99；图版一五，5）。

6. 货币

这次清淤中，共发现宋至清代的铜钱 340 枚，其中大部分铜币出于水门与水门以外的淤沙中。引人注目的是出土了日本货币"宽永通宝"，为我们研究登州港与日本的经济贸易和对外交通提供了重要资料（附图 103）。

北宋时期的"景祐元宝"1 枚。"元丰通宝"1 枚。"熙宁元宝"1 枚。除"熙宁元宝"为楷书外，余为小篆体。日本明正天皇江户时代的"宽永通宝"5 枚，币文为汉正楷体。明代的"崇祯通宝"1 枚，币文为楷书。清代时期的"康熙通宝"5 枚，"雍正通宝"2 枚，"乾隆通宝"111 枚，"嘉庆通宝"59 枚，"道光通宝"91 枚，"咸丰通宝"14 枚，"同治通宝"1 枚，"光绪通宝"16 枚。除"咸丰通宝"和"光绪通宝"币文为正楷体外，余均为黑体字。还有 32 枚币文无法辨认，时代不详。

7. 其他

清淤中，除以上几类遗物外，还出土了砚、银蜡台、铜匙、铜钵、铁药碾子、石范、石臼、鹿角、鱼骨等。其中砚为清代，余者年代不详。

端砚　2 件。px174，一角微残，墨池呈椭圆形，一端有孔，孔径为 0.4 厘米。周边有 4 毫米的砚边（附图 96；图版一五，6）。px93，依自然石形加工而成，三面饰刻有葡萄、松鼠图案。长 14.7、宽 11.3、厚 1.8 厘米（附图 97；图版一五，7）。

紫石砚　1 件（px92）。墨池呈凹槽式，一端有蓄墨池，周边刻有长方形双线纹，纹中内四角填以弦线纹。长 10.6、宽 8.6、厚 2.1 厘米（附图 98；图版一六，1）。

铜匙　1 件（px175）。黄铜制成，柄端略扁，长 11.6、宽 1 厘米（附图 94；图版一六，2）。

铜钵　1件（px90）。敞口，尖唇，圆底，黄铜制成。口径13.5、高4.5厘米（附图95；图版一六，3）。

银蜡台　1件（px130）。通体为十一个单体构成，一、九两节为双龙卷云纹，二、四、六、七为对瓣状花纹，三、十、十一为素面。底径5.7、高8.6厘米（附图100；图版一六，4）。

铁药碾子　1件（px183）。四足残，用生铁铸造而成，形似柳叶，内部槽宽9厘米，两端翘起，断面为"V"形。宽20、高12、长53厘米（附图101；图版一六，6）。

石范　1件（px148）。用千枚岩制成，平底，上阴刻人物图，为范的一半。长6、宽3.6、厚1.1厘米（附图102）。

石臼　1件。用石英岩琢制而成，椭圆形，下部有三个象鼻状器座与底相联，臼窝呈钵形，窝径8.5、高22.8厘米（图版一六，5）。

鹿角　2件。断面有锯割痕迹，器表有绳绑痕迹，尖部磨光，似为挂衣服之物。

另外，还出土许多大块紫檀木，其中一块刻有文字，字凡三行48字，"黄字三百十五号，壹根长二丈八尺，厚一尺二寸，舵头破心，闪脚破开一尺五寸，巴节三个。永乐十年六月□□日进四百料"。此木长8.2米，端近圆，径41～43厘米，在端部还有9厘米的圆形穿孔。另一端正方，边长为35厘米，一面加工为圆突形，可能是从海上拖运而来的龙骨毛料。

六　结语

此次水城小海清淤，虽非正式考古发掘，但却是小海有史以来最大的清淤工程，出土的大量遗物为我们研究水城的历史沿革、海外交通、对外经济贸易以及在军事上的作用，提供了极为重要的实物资料。

出土的古船残长28米，这是目前所知我国沿海出土古船中最长的一艘。其长宽比约为5:1，超出一般古船比例，再者船上还发现有石弹等武器，所以该船应属军用快速船类型。登州在唐代始建城，宋代为防御北方契丹的入侵，登州港成了停泊刀鱼战棹之所，故有"刀鱼寨"之称。刀鱼战棹应系细长型快速战船。出土的这艘古船船体正符合这种形状。可知，此类"巡逻快艇"在宋代已被应用于海战。目前，我们虽未见出土宋代"刀鱼战棹"，但元代去宋不远，该古船当是研究宋代"快舰"的旁证资料。

出土的铁锚，最大的重达456千克，其年代尚待考。至于木碇和石碇的年代当更早，目前尚难确定其准确的年代。

出土的陶瓷器，最早的遗物似为汉代陶器，其中以元、明时期的瓷器为最多，约占总数的百分之八十。从时间上看，宋代的瓷器较少，这可能与这次清淤未清到宋代层有关。出土的瓷器有非常精致的耀州窑产品，还有刻花碗和江西窑影青钵，这些显然不是民用的；从而说明登州港在宋代当是我国对外贸易的重要港口。元代出土的瓷器以龙泉窑和北方窑为主，同时还有较多的浙或闽一带的民窑及少量景德镇、磁州、金华窑等瓷器。器类以碗、高足杯、罐、瓶为主，还有少量盘、壶、虎子等，且多是些粗器。在我国华北地区，尤其是长城地带、内蒙、赤峰等地，曾发现过大量这个时期的龙泉窑以及浙或闽一带粗器，其贸易路线，过去不得其解，这次蓬莱水城清淤中所获与此相类似的大量器物，说明登州港在南瓷北运中起到了重要作用。另外，在日本、朝鲜也发现有景德镇的粗器，是否与登州港有关也是值得研究的。明代由于龙泉窑的衰退，景德镇成为我国的陶瓷中心。登州港出土瓷器由元代的龙泉窑为主变为以明代的景德镇窑为主，进一步说明了这个问题。

清代遗物出土极少，这可能与早期的清淤有关。

出土的兵器除两门铁炮外，尚有铁炮弹一枚，石弹八枚。石弹最大者直径 19.5 厘米，这显然为抛石机所用。铁炮从形制看应为明代，铜炮的年代可能属于元代，这些实物为研究我国军事史提供了非常重要的实物资料。

另外，还出土了相当于我国明末的日本"宽永通宝"圆钱。"宽永通宝"过去蓬莱及邻近的县也曾发现过很多，从而反映出这个时期我国与日本经济贸易的密切关系。

登州古为莱夷之地，战国至秦为黄地。秦始皇东巡过"黄陲"，黄即黄县、蓬莱一带。秦、汉代属齐郡和东莱郡。此地西汉时始称蓬莱镇，因汉武帝在此求蓬莱三神山而得名。登州之名始见于唐初，《旧唐书·地理志》记载："贞观元年（607 年）废卢乡，割登州之文登……如意元年，分置登州，领黄县、文登、牟平三县，以牟平为治所。神龙三年（707 年），改黄为蓬莱县，移州治于蓬莱。"《新唐书》载："文登武德四年（621 年）置登州，以东莱郡之观阳隶之。"这样登州之治有三，即牟平、文登与蓬莱。以后略有变更，至明初升为府，清代因之。这里停泊船舰的水城一带的港湾，也称为登州港了。明初为了防止倭寇骚扰，在沿海设置屯兵的卫所，这里设置了登州卫，故又名登州卫。虽属府卫驻地，但仍置蓬莱县，庙岛群岛（今长岛县）一直隶属于蓬莱县。

这里作为海上运输、停靠船舶的港湾使用当起源甚早。近年在庙岛群岛已发现商周以前古文化遗址达 20 余处，最早的距今六千年左右。在古登州湾西南隅的紫荆山也恰有一处距今约六千年的古文化遗址，两处的原始文化又颇一致。在原始社会里，蓬莱借助于庙岛这条南北锁链式海上桥梁，便与辽东半岛产生了海上交往。从考古学文化上可以看出，辽东半岛的古文化就受到这里的影响。自汉武帝以后直到曹魏时期，这里也是中日交往主要航线的始发港。

以此处为基地对外用兵的记载，始见于《汉书》，即汉武帝于元封二年（前 109 年）

遣楼船将军杨仆击朝鲜。到魏景初二年（238 年），司马懿伐辽东，屯粮于黄县，造大船，也由登州港出兵。隋唐时期征朝鲜共达 10 次，水军基地也都设在蓬莱、黄县、掖县一带。

自北宋、元以来，登州港仍是军事要塞与交通要冲。至明初升为府并修建水城，为防止倭寇骚扰，设置卫所，故又名登州卫。明代抗倭名将戚继光在此任指挥全金事有年。"蓬莱水城"迄今仍是我国保存完好的最大的古海防要塞遗址，"蓬莱仙境"又是我国北方的旅游胜地，1982 年被批准为全国重点文物保护单位。

蓬莱水城清淤工程中所获大量重要文物以及蓬莱古战船的发掘，直接带动了对登州古港的学术研究。即将建成的蓬莱古船博物馆，为我国古代造船史的学术研究创造了方便的条件并提供了一个范例，同时也将为蓬莱阁这处国内外知名的旅游胜地增添了科学的内涵。

参加发掘人员：李步青　王茂盛　袁晓春　刘斌　张丽华　罗世恒
古船发掘主持人：王锡平
瓷器鉴定：耿宝昌　孙会元　李智宴等
执笔者：李步青　王锡平　姜国钧　袁晓春　罗世恒　刘斌　王茂盛　张丽华
摄　影：孙春源

（原载《蓬莱古船与登州古港》，大连海运学院出版社，1989 年，1～48 页。本次收入，经核对实物，对部分器物数据进行了订正；根据原附照片重新编排了图版；对附图没有进行变动，只做了一些技术性的加工）

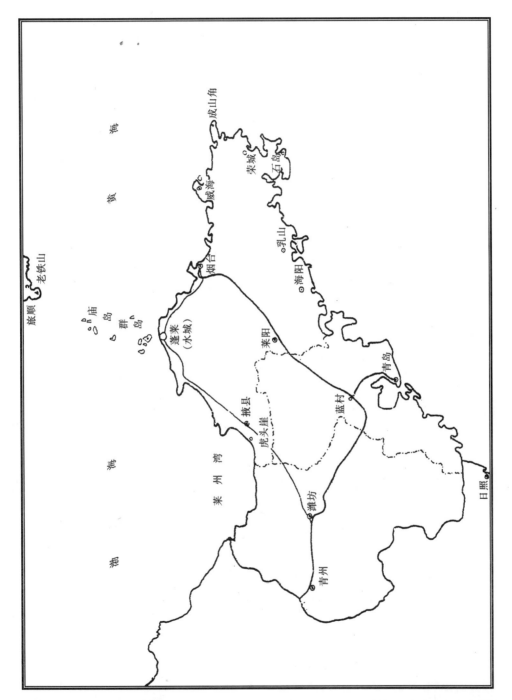

附图 1　水城位置图

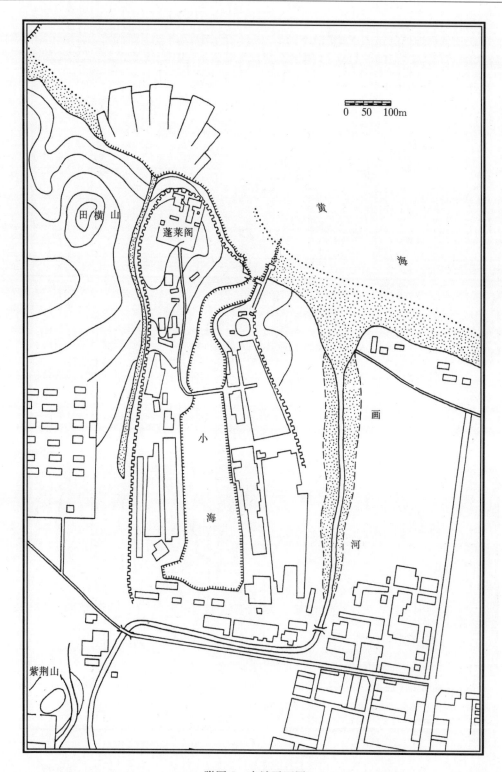

附图 2　水城平面图

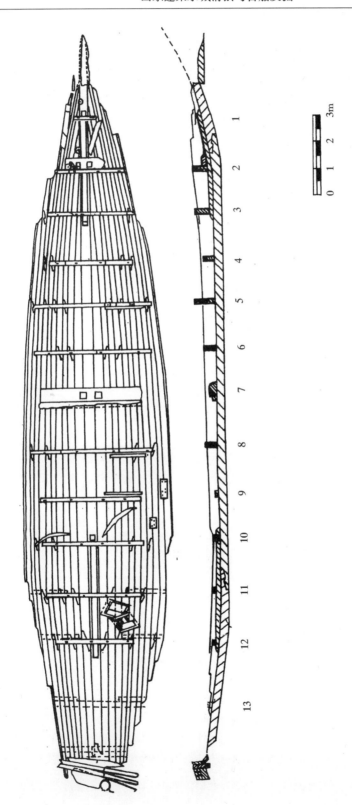

附图 3　古船的平面及纵剖面图

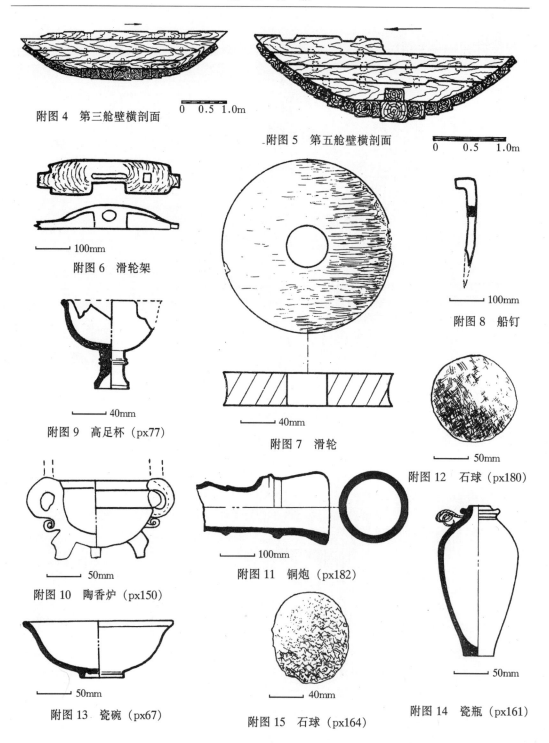

附图4　第三舱壁横剖面

0　　0.5　1.0m

附图5　第五舱壁横剖面

0　　0.5　　1.0m

——100mm

附图6　滑轮架

——40mm

附图9　高足杯（px77）

——40mm

附图7　滑轮

——100mm

附图8　船钉

——50mm

附图12　石球（px180）

——50mm

附图10　陶香炉（px150）

——100mm

附图11　铜炮（px182）

——50mm

附图13　瓷碗（px67）

——40mm

附图15　石球（px164）

——50mm

附图14　瓷瓶（px161）

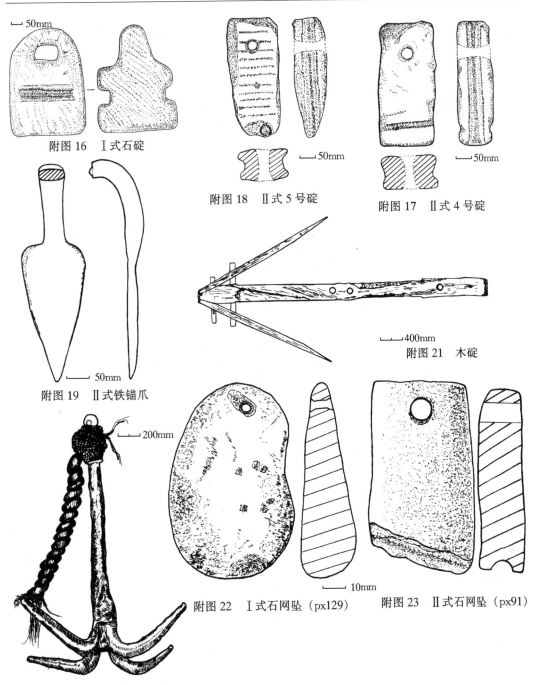

附图 16　Ⅰ式石碇

附图 18　Ⅱ式 5 号碇

附图 17　Ⅱ式 4 号碇

附图 19　Ⅱ式铁锚爪

附图 21　木碇

附图 22　Ⅰ式石网坠（px129）

附图 23　Ⅱ式石网坠（px91）

附图 20　Ⅰ式铁锚（2 号）

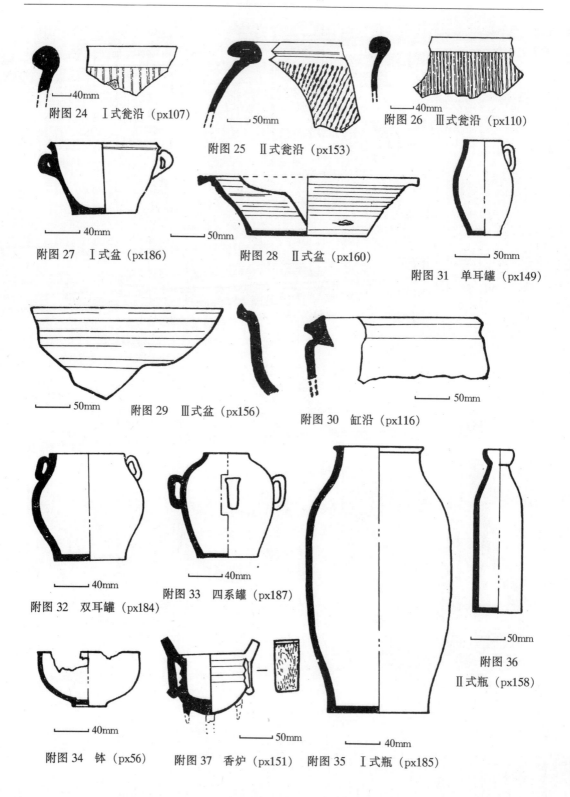

附图24　Ⅰ式瓮沿（px107）

附图25　Ⅱ式瓮沿（px153）

附图26　Ⅲ式瓮沿（px110）

附图27　Ⅰ式盆（px186）

附图28　Ⅱ式盆（px160）

附图31　单耳罐（px149）

附图29　Ⅲ式盆（px156）

附图30　缸沿（px116）

附图32　双耳罐（px184）

附图33　四系罐（px187）

附图36
Ⅱ式瓶（px158）

附图34　钵（px56）

附图37　香炉（px151）

附图35　Ⅰ式瓶（px185）

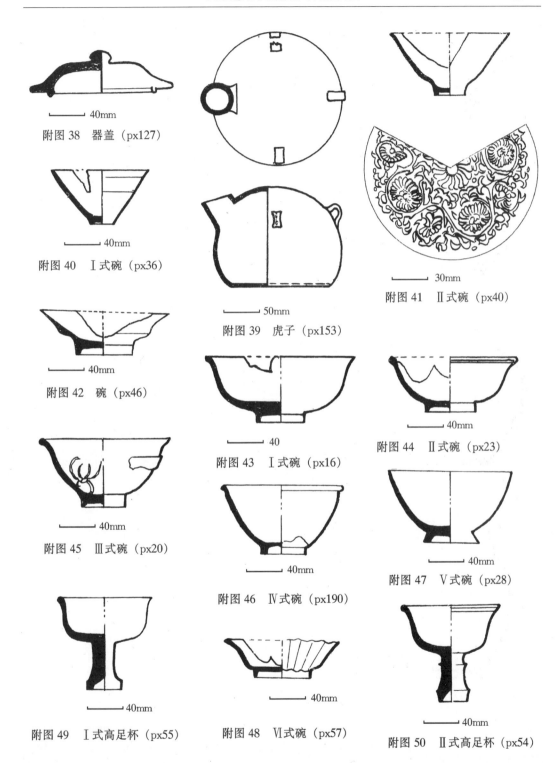

附图 38　器盖（px127）

附图 40　Ⅰ式碗（px36）

附图 42　碗（px46）

附图 45　Ⅲ式碗（px20）

附图 49　Ⅰ式高足杯（px55）

附图 39　虎子（px153）

附图 43　Ⅰ式碗（px16）

附图 46　Ⅳ式碗（px190）

附图 48　Ⅵ式碗（px57）

附图 41　Ⅱ式碗（px40）

附图 44　Ⅱ式碗（px23）

附图 47　Ⅴ式碗（px28）

附图 50　Ⅱ式高足杯（px54）

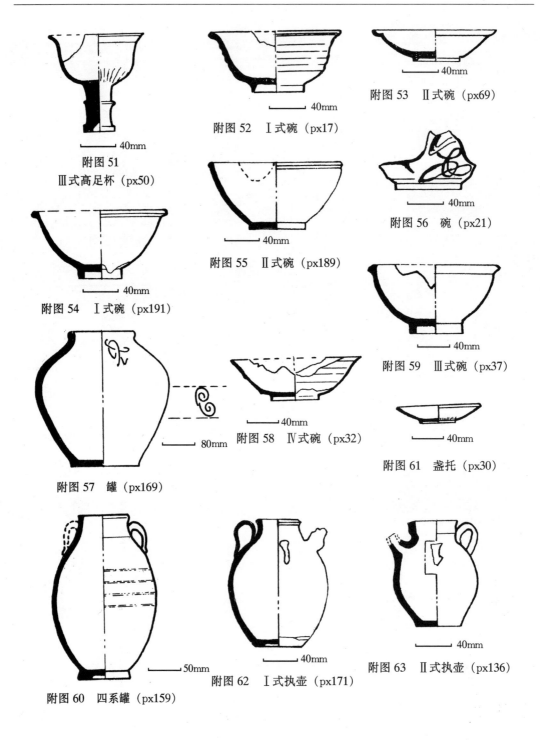

附图 51
Ⅲ式高足杯（px50）

附图 52　Ⅰ式碗（px17）

附图 53　Ⅱ式碗（px69）

附图 54　Ⅰ式碗（px191）

附图 55　Ⅱ式碗（px189）

附图 56　碗（px21）

附图 57　罐（px169）

附图 58　Ⅳ式碗（px32）

附图 59　Ⅲ式碗（px37）

附图 61　盏托（px30）

附图 60　四系罐（px159）

附图 62　Ⅰ式执壶（px171）

附图 63　Ⅱ式执壶（px136）

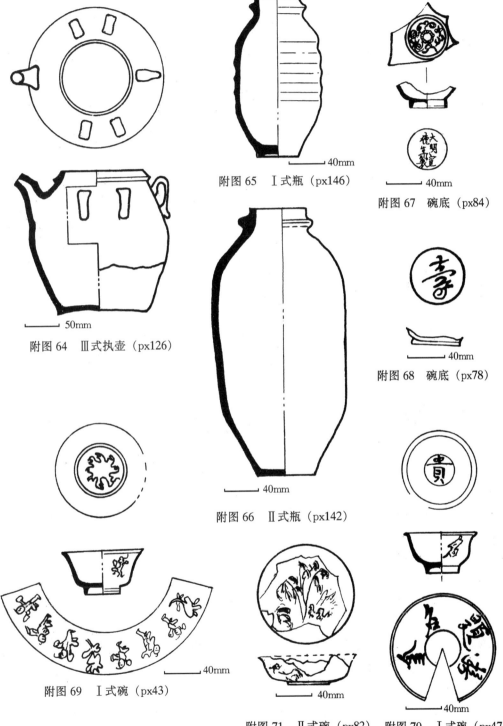

附图65　Ⅰ式瓶（px146）

附图67　碗底（px84）

附图64　Ⅲ式执壶（px126）

附图68　碗底（px78）

附图66　Ⅱ式瓶（px142）

附图69　Ⅰ式碗（px43）

附图71　Ⅱ式碗（px82）　附图70　Ⅰ式碗（px47）

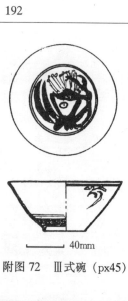

附图 73　高足杯（px79）

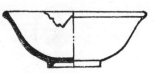

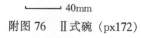

附图 72　Ⅲ式碗（px45）

附图 75　器盖（px125）

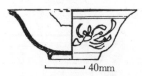

附图 74　Ⅰ式碗（px44）

附图 76　Ⅱ式碗（px172）

附图 77　高足杯（px51）

附图 78　Ⅲ式碗（px48）

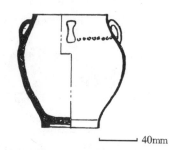

附图 79　Ⅲ式瓶（px140）

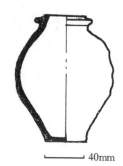

附图 81　四系罐（px137）

附图 80　Ⅰ式瓶（px145）

附图 82　Ⅱ式瓶（px144）

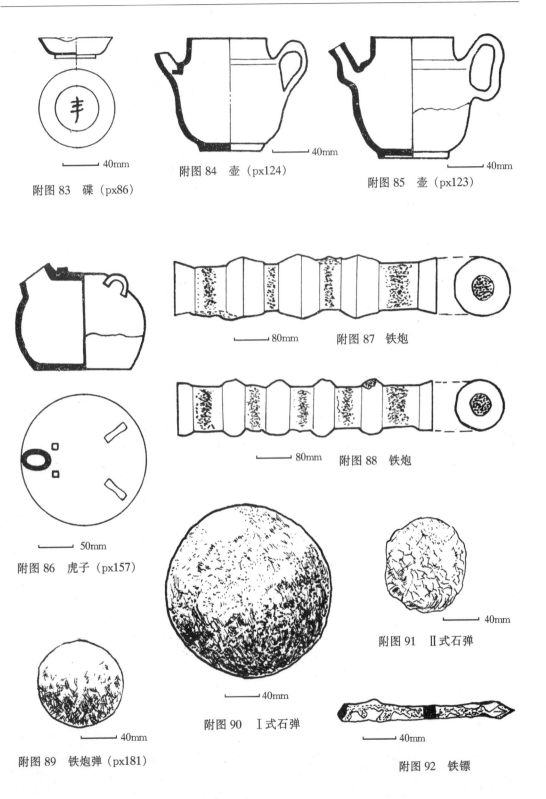

附图 83　碟（px86）

附图 84　壶（px124）

附图 85　壶（px123）

附图 86　虎子（px157）

附图 87　铁炮

附图 88　铁炮

附图 89　铁炮弹（px181）

附图 90　Ⅰ式石弹

附图 91　Ⅱ式石弹

附图 92　铁镖

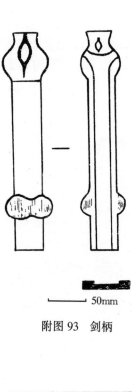

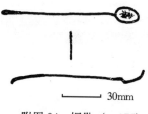

附图 94　铜匙（px175）

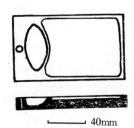

附图 96　端砚（px174）

附图 93　剑柄

附图 95　铜钵（px90）

附图 97　端砚（px93）

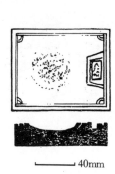

附图 98　紫石砚（px92）

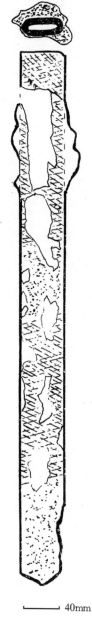

附图 99　剑削

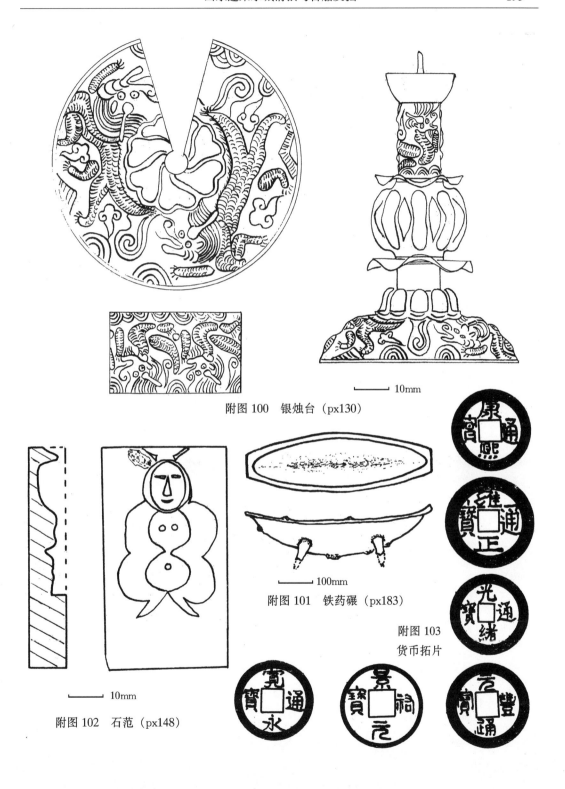

附图 100　银烛台（px130）

附图 101　铁药碾（px183）

附图 102　石范（px148）

附图 103
货币拓片

蓬莱古战船及其复原研究

席龙飞 顿 贺

武汉水运工程学院

〔摘要〕 1984 年在山东省蓬莱水城出土了一艘古船，残长 28 米，是在我国已出土的古船中最长的一艘。船体修长，长宽比值近于 5。在船体结构上还有与已出土的诸货船相区别的特点，本文认定这是一艘战船。该船与登州一带传统的方头平底船型不同，尖头而且有龙骨，当属浙闽沿海一带的船型。本文对船舶主尺度、型线、结构以及帆装等总体布置进行了复原研究并绘有复原图。

一 概 述

1984 年 3 月至 6 月，在山东蓬莱水城——登州古港的大规模清淤工程中，出土了一艘古船，残长 28、残宽 5.6、残深 0.8 米，尖底，龙骨长 22.64 米，由两段截面为 400 毫米×300 毫米的方木连接而成。清淤工程中还发现有石碇、木桩、四爪铁锚、粗缆绳等船具以及石弹、石炮弹、铁炮、铜炮、铁剑、石灰弹瓶等武器。考古发掘工作者们从地理条件、船型特征以及出土器物判断，该船"可能是明初或以前用于巡视海防备矮的战船"[①]。

蓬莱作为交通海外的港湾起源甚早。据考古发掘，在离此仅 15 千米的庙岛群岛（今长岛县），已发现距今六千年的古文化遗址达 30 余处，而在古登州湾西南隅的紫荆山也恰有一处距今六千年的古文化遗址，两处的原始文化又颇一致。在原始社会时期这里的人们不但与庙岛群岛的人们有直接的交往，而且通过庙岛群岛这条南北锁链式海上桥梁，还与辽东半岛有海上交往。自汉武帝以后直到曹魏时期，这里还是中日交往主要航线的始发港。

蓬莱，是海市出没之地，因汉武帝在此求神山而得名。唐初武德四年（621 年）置登州，至明初升为府。为防止倭寇骚扰而修建水城，设置卫所屯兵，故又名登州卫。明代抗倭名将戚继光在此任指挥佥事有年。

在蓬莱水城出土的这艘古船，是在我国已出土的古船中最长的一艘。其船身修长，

---

① 烟台市文物管理委员会、蓬莱县文化局：《山东蓬莱县水城（登州港）清淤报告》，1987 年，11 页。

船长与船宽的比值近于 5，几乎是我国先期出土的几艘古船长宽比的两倍。在船体结构上也有区别于其他古船的若干特点。

本文将对这些特点进行具体分析，并以出土的残骸为基础，结合地理环境与出土器物，对古船的船体型线、总体布置以及船体构造进行复原研究，以我们的一得之见，就教于造船界的同道以及各学术界的专家。

我们相信，蓬莱古战船作为一项重要文物，不仅极大地丰富了我国造船史的内涵，对航海史、海外交通史以及军事史的研究，也必将有重大作用。

二　蓬莱古船的结构特点

1. 主龙骨

主龙骨长 17.06 米，宽 400、厚 300 毫米，用松木制成。尾龙骨长 5.58 米，前部截面尺度与主龙骨相同，后部逐渐减小到宽 200、厚 280 毫米，用樟木制成，尾端上翘约 0.6 米（参见本书 185 页附图 3）。

由主龙骨支撑尾龙骨和首柱，这种构造形式与泉州湾宋代海船[①]、宁波宋代海船[②]是一致的，都是采用凸凹榫式连接，但蓬莱古船的榫位长度达 0.72 米，大约是前两艘古船的两倍。更为突出的特点是，主龙骨与尾龙骨、首柱的连接榫头呈倒钩状，而且在连接部位增加了附加的补强材，其长度各为 2.2 米和 2.1 米，其断面尺寸是宽 260、厚 160 毫米。可以认为这是经过一二百年之后较前两艘古船的技术进步。

2. 首柱

首柱长 3.96 米，用樟木制成。后部受主龙骨支撑并与之采用凸凹榫式连接，断面与主龙骨相同，前部断面逐渐转化的锥体，其尖端据复原推算约高出船底 2 米。

3. 舱壁板

舱壁板用锥属木制成，全船由 13 道舱壁隔成 14 个舱，舱壁板厚 160 毫米，其中以第 5 号舱壁较为完整（参见本书 186 页附图 4 和附图 5）。舱壁的构造与泉州船、宁波船不同之处是：相邻的板列不是简单的对接，而是采用凸凹槽连接，相邻板列凿有错列的四个榫孔，其尺寸是长 80、宽 30、深 120 毫米。显然，这种精细的构造有利于保持舱壁的形状从而保持船体的整体刚性，当然也有利于保持水密性。

由 186 页附图 4 可见第 3 道舱壁下龙骨上面的方木正是主龙骨与首柱连接处的补强材。显然，第 3、第 5 舱壁都不完整，其上部列板已不存在。然而在自下而上的第四列

①　福建省泉州海外交通史博物馆：《泉州湾宋代海船发掘与研究》，海洋出版社，1987 年，17 页。

②　林士民：《宁波东门口码头遗址发掘报告》，《浙江省文物考古所学刊》，文物出版社，1981 年，111 页。

板上却有着以往所未见过的凹槽，其用途有待分析研究。

　　泉州湾宋代海船的舱壁与外板相接处遍设肋骨，这是我国造船技术的一项传统[1]。蓬莱船则与之相类似，在每道舱壁的两舷舭转弯处，均设有局部的肋骨。以船体最大宽度处为中心，凡前于此处的肋骨均设在舱壁之后，凡后于此处的肋骨均设在舱壁之前。此局部肋骨的作用显然是为了舱壁的固定从而有利于船舶强度与刚度，也有利于舱壁及外板的水密性。

　　4. 外板

　　外板用杉木制成。残存板列左右舷分别为10、11列。每列板最长为18.5米，最短为3.7米，最宽为440毫米，最狭为200毫米。厚度为120～280毫米，以邻龙骨的板列为最厚。外板列数由首到尾是不变的，于是首部板列较窄，到中部则逐渐增宽，这与宁波古船是一致的。列板之间采用对接，每隔150毫米则铆一铁钉，相邻列板的钉位错开排列成人字形。每一列板在长度方向的连接则采用倒钩形的榫接，榫位长度为560毫米，而且将列板的每个榫接接头有规则地设在各舱壁板处，用钉钉牢在舱壁上。此种外板连接方式在我国古船中还是首次发现，与宁波古船是不同的[2][3]。显然，这种精细的连接形式极有利于船体纵向强度，当然较为费工并增加船舶的造价。

　　5. 桅座

　　桅座用楠木制成。前桅座紧贴在第2号舱壁板之前，长1.6米，宽460、厚200毫米。前桅座上开有200毫米×200毫米的方形桅夹板孔，方孔边的最近距离为220毫米。主桅座紧贴在第7号舱壁板之前，长3.88米，宽540、厚260毫米。中部有两个桅夹板方孔260毫米×260毫米，方孔边距320毫米（参见本书185页附图3）。桅座也是用铁钉与外壳板、舱壁板相钉连。

　　6. 舵杆承座

　　舵杆承座，现存有三块，均用楠木制成。三块舵杆承座板叠压在一起，长2.43米，宽400毫米，厚度不同，上面两块厚为100毫米，下面一块厚为260毫米。舵承座的孔径约为300毫米。

　　7. 其他构件及船钉

　　在第11及12号舱壁之间有两件方形被称为"窗扇"的构件，长0.975、宽0.72米，从三道伸出两边的六个榫头，可以设想是构成舱棚侧壁的轻型壁板。

　　船钉均用铁制成，呈锥体，粗端向一边折弯成铆头，长短不一。龙骨与船壳板用长

①　席龙飞、何国卫：《对宁波古船的研究》，《武汉水运工程学院学报》，1981年2期，27页。
②　同①。
③　徐英范：《浙江古代航海木帆船的研究—兼谈宁波宋代海船复原》，《宁波港海外交通史论文选集》，中国海外交通史研究会、宁波市文物管理委员会，1983年，198页。

钉，钉长 440 毫米，外壳板板列之间用短钉，钉长 220 毫米。

三　蓬莱古船的复原

1. 关于船舶类型

泉州湾海船装载了大量的香料木和其他货物，更有大量的货签[1]，宁波宋代海船出土时也伴有大量瓷器及残片[2]，1976 年在朝鲜全罗南道新安郡海底发掘的元船，所载陶瓷器多达 16792 件，铜钱达 18 吨[3][4]。这三艘船当为典型的货船，它们的长宽比值分别是 2.65、2.71 和 2.8[5][6][7]。蓬莱船出土时，舱内文物极少[8]，仅于船的前部发现瓷高足杯、石球、残砖各一件。船体修长，其长宽比值则高达 5。这些都是构成蓬莱船并非货船的理由。结合这艘船在屯兵抗倭的水城出土，认为它是兵船是有道理的。

《明史·兵志》中在述及苍山船时写道："其制上下三层，下实土石，上为战场，中寝处。其张帆下碇，皆在上层。"[9] 从在蓬莱船中所获甚少这一点来看，或者就是因为"下实土石"所致。这点可作为蓬莱古船为兵船的旁证。

2. 关于船舶产地

《清淤报告》中提出，该船的用料多为南方的优质木材，"而且与泉州出土的宋代海船用料相同"，从而"认为该船有可能为南方所造"，我们赞同这一观点。更为重要的是，从船型特征看，蓬莱古船也与登州、庙岛群岛一带的方头方艄的船型大不相同。长岛县航海博物馆展出的许多原藏于该岛天妃宫的船舶模型与蓬莱古船就大相径庭。

3. 关于古船的主要尺度及型线的复原

在长度、宽度方面可采用顺势自然延伸的办法进行复原，只有船深难以确定。

依据现有舱壁的型线顺势画出其延长线，再结合本船首柱顶端约高出船底 2 米这一点，试取吃水为 1.8 米，再采纳杨槱教授的干舷"大致取为船长的 2.5%"的见解[10]，本船的干舷大约应为 0.8 米。这样古船的船深应为 2.60 米。这一数据与福建省的丹阳

① 福建省泉州海外交通史博物馆：《泉州湾宋代海船发掘与研究》，海洋出版社，1987 年，17 页。
② 林士民：《宁波东门口码头遗址发掘报告》，《浙江省文物考古所学刊》，文物出版社，1981 年，111 页。
③ 〔朝〕尹武炳：《新安海底遗物的发掘及水中考古学的成果》，东京国立博物馆、中日新闻社，《新安海底出土文物》，1983 年。
④ 席龙飞：《朝鲜新安海底沉船的国籍和航路》太平洋，海洋出版社，1985 年，129~142 页。
⑤ 同①。
⑥ 席龙飞、何国卫：《对宁波古船的研究》，《武汉水运工程学院学报》1981 年 2 期，27 页。
⑦ 同④。
⑧ 烟台市文物管理委员会、蓬莱县文化局：《山东蓬莱县水城（登州港）清淤报告》，1987 年，11 页。
⑨ 清·张廷玉：《明史·兵志》，中华书局，1974 年，2269 页。
⑩ 杨槱：《对泉州湾宋代海船复原的几点看法》，《海交史研究》，1982 年（总 4 期），34 页（可参阅福建省泉州海外交通史博物馆：《泉州湾宋代海船发掘与研究》，海洋出版社，1987 年，95 页）。

船相当①。据此所复原的型线图如图1所示。古船的主要尺度是：垂线间长28.0米，型宽6.0、型深2.6、吃水1.8米。经计算机计算古船的方形系数为0.560，其满载排水量为173.5吨。

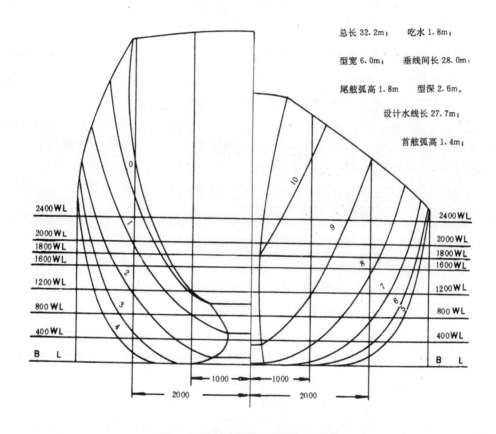

总长 32.2m；　　吃水 1.8m；

型宽 6.0m；　　垂线间长 28.0m；

尾舷弧高 1.8m　　型深 2.6m。

设计水线长 27.7m；

首舷弧高 1.4m；

图1　经复原的蓬莱古船横剖型线图

4. 关于船体剖面结构的复原

参照《明史·兵志》关于"下实土石"和"中为寝处"的意见，舱壁板上的凹槽可认为是放置纵向梁木之需。纵向梁木之上铺以木板作为"寝处"和供兵士活动的处所。我国的战船在船底之上铺以木板的传统是由来已久的，至少可以上溯到战国时期。例如在故宫博物院所藏传世的宴乐渔猎攻战纹铜壶②和成都百花潭嵌错耕战纹铜壶③④上的战船纹样，看起来都是有两重底的。刘敦愿教授也认为这是铺平舱底以利操作。当然，

①　福建省交通厅主编：《福建省木帆船船型汇编》，1960年，11页。

②　刘敦愿：《青铜器舟战图像小释》，《文物天地》1988年2期，15页。

③　四川省博物馆：《成都百花潭中学十号墓发掘记》，《文物》1976年3期。

④　杜恒：《试论百花潭嵌错图象铜壶》，《文物》1976年3期。

在木铺板之下"实以土石"更是船舶稳性的需要。在古代,为保证货船的稳性,除了应取足够的船宽之外,就是要利用重货压舱。如《萍洲可谈》所述:"商人分占贮货,人得数尺许,下以贮货,夜卧其上,货多陶器,大小相套,无少隙地。"[①] 蓬莱古船的长宽比很大而船宽偏小,舱底填以土石以保证船舶稳性则是十分必要的了。

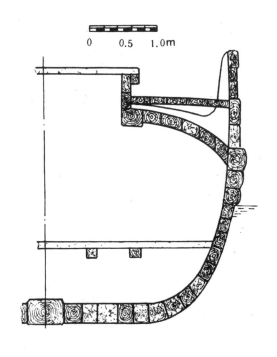

图 2　蓬莱古船船中剖面结构图

关于船壳外板的排列,如本书186 页附图 4 和附图 5 所示,既不像泉州船取二重、三重板[②],也不像宁波船那样在两列板的边接缝上采用榫接[③][④],更不同于新安海底沉船[⑤] 和泉州法石古船[⑥] 那样的"台阶式结构"或"鱼鳞式"构造。所复原的船中剖面结构图如图 2 所示。其中近甲板处采用原木的半剖面构成的大樯,是保证船体强度的重要的构件,至少在目前是没有相应的文物做依据的。但是在明代的船舶图样集《筹海图编》[⑦]里的船图上可以看到了类似大樯的构件,在日本松浦史料博物馆所藏"唐船之图"[⑧] 中,各型船舶也有类似的构件。图 2 中梁拱较大贵在可以排除波浪涌来的积水,其上的平甲板可充作"战场"。这是与前引《明史·兵志》相符合的。

参照福建木船资料[⑨],用该资料头桅、主桅与水线长的比值,核算蓬莱古船的桅高。鉴于蓬莱古船修长,加一尾帆以助舵是适宜的,这与我国沿海帆船的法式是符合

① 张星烺:《中西交通史料汇编(第三册)》,《铺仁大学丛书第一种》,1939 年,261 页。
② 福建省泉州海外交通史博物馆:《泉州湾宋代海船发掘与研究》,海洋出版社,1987 年,17 页。
③ 林士民:《宁波东门口码头遗址发掘报告》,《浙江省文物考古所学刊》,文物出版社,1981 年,111 页。
④ 席龙飞、何国卫:《对宁波古船的研究》,《武汉水运工程学院学报》1981 年 2 期,27 页。
⑤ 席龙飞:《朝鲜新安海底沉船的国籍和航路》太平洋,海洋出版社,1985 年,129~142 页。
⑥ 中国科学院自然科学史研究所、福建省泉州海外交通史博物馆联合试掘组:《泉州法石古船试掘简报和初步探讨》,《自然科学史研究》1983 年 2 期,171 页。
⑦ 明·胡宗宪、郑若曾、邵芳:《筹海图编》。
⑧ 〔日〕大庭修:《关于平户松浦史料博物馆藏〈唐船之图〉》,《日本关西大学东西学术研究所纪要》1972 年 5 期,13 页。
⑨ 福建省交通厅主编:《福建省木帆船船型汇编》,1960 年,11 页。

的。帆装及古船的总布置图见图3。桅、帆、舵的尺寸均参照福建省交通厅主编的《福
建省木帆船船型汇编》的统计值选取：

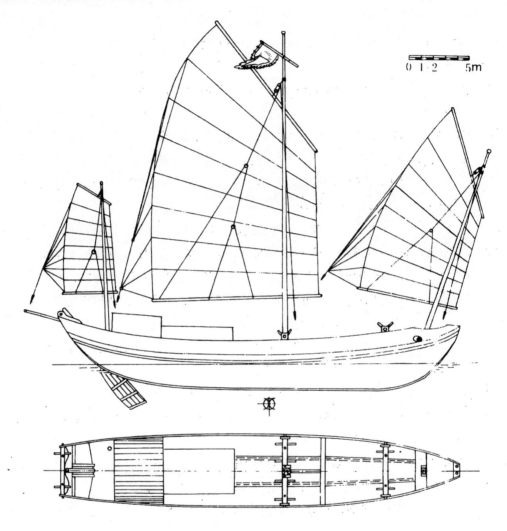

图 3　蓬莱古船总布置及帆装图

　首桅：长21.45米，头径350毫米，前倾25°，帆面积96平方米

　主桅：长26.72米，头径540毫米，后倾1°，帆面积229.5平方米

　尾桅：长12.5米，头径200毫米，后倾1°，帆面积31.2平方米

　舵叶长4.3米，宽1.75米，舵面积为7.525平方米，舵面积系数为25.16%。

　对古船进行复原研究，在我国还是近二十几年才开展起来的工作，我们深感缺少成
熟的经验。蓬莱古船船体残存部分较少，给复原工作带来困难。我们期望我们的工作能

起到抛砖引玉的作用。

本院船舶设计教研室的老师们帮助了我们的工作,在此表示感谢。更感谢蓬莱县文化局和烟台市文管会,他们对完成本文给了很大的帮助。

席龙飞：武汉水运工程学院教授,吉林梅河口人,1930 年 4 月生。1953 年毕业于大连工学院。现从事船舶设计制造的教学与科研工作,曾对泉州湾宋代海船、宁波宋代海船、南朝鲜新安海底元船、明代郑和宝船、隋代五牙战舰、清代雅克萨战船等进行过复原研究。现为中国造船工程学会理事、船史研究会副主任委员、中国太平洋历史学会理事、中国海外交通史研究会理事、中国航海史研究会委员。

顿贺：武汉水运工程学院讲师,天津蓟县人,1945 年 6 月生。1970 年毕业于武汉水运工程学院。现从事船舶设计制造的教学与科研工作,曾参加国际金属船体制图、船舶起居仓室尺度协调的研究,并公开出版了相应的学术著作。现为中国造船工程学会会员、中国船史研究会古代船史学组秘书。

(原载《蓬莱古船与登州古港》,大连海运学院出版社,1989 年,49～59 页)

山东蓬莱水城与明代战船

杨 槱

上海交通大学

〔摘要〕 水城出土的古船其残存的船底部虽见龙骨，但突出船底很少。本文据此认为该古船仍属黄渤沿海的平底船。又据首柱和龙骨材质系樟木，外板材质为杉木，两根大桅伸到舱底等特征，认定该船型应属沙船。本文依残存船体复原出船舶的主要尺度总长 35 米，排水量 189 吨。与明代水师所用 30 米左右的沙船为同一船型。由此推论此船复原后，与南京静海寺郑和碑所载的"二千料海船并八槽船"大小基本相符。

一 前 言

蓬莱水城即古登州港，位于山东半岛北端，自古以来该地就是海上交通要冲、军事重镇。从元代末年开始倭寇不断侵扰山东与辽东沿海，于是明太祖于洪武九年（1376年）设登州府，修建水城，驻扎水师，成为当时北方的海防要塞。

水城北临渤海，南北长约 800、东西宽约 300 米。城垣包围着一个称为小海的避风塘，南北长约 700 米，宽百余米，其东北端有一通海水门，其水面的宽度约 9.4 米。

1984 年蓬莱县人民政府组织了一次大规模的清淤工程，在清淤中，于小海的西南部清理出一只长 28、宽 5.6、高 0.8 米的古船残骸，这只是船的底部。首柱与龙骨较完整，残存 12 道仓隔板把船分成 13 舱。船底前部与中部各有一桅座，船底板亦尚完整，但舷侧大樯、甲板和上部结构已被拆除殆尽。

二 船的类型与复原尺度

古船残存的船底部虽有龙骨，但突出船底很少，船的中部船底较平坦，因此仍属于黄、渤海区的平底船。船的长宽比约为 5。首柱和龙骨系樟木制造。外板则是杉木的。有两根大桅伸到舱底。从这些特征可以认为该船属于沙船型。沙船是航行于黄、渤海区的主要木帆船型。其特征是长而扁，底平，吃水浅，遇有浅滩"少搁无碍"[①]。小船二

---

① （清）陈伦炯：《沿海形势录》。

桅，大船五桅，逆风打戗航行。明代海防水师在江浙一带就多用沙船御倭①，可以想像，在胶东半岛的防倭战争中沙船更应是主要的战船船型了。在蓬莱水城发现古代沙船是不足为奇的。

　　沙船尺度有一定式：船长为阔的五倍，舱深是梁阔的三折或四折。从龙骨上翘起到首端为梁阔的七成，从艉柱到尾梢则是梁阔的四成或五成，主桅高为船长的七成，头桅与尾桅分别为主桅的七成与五成等等②③。

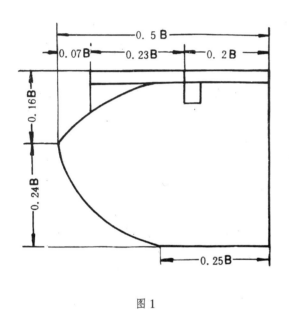

图 1

　　从以上程式可估算古船的复原尺度如下：

　　从古船残宽5.6、残深0.8米的船中部横剖面向上延伸至1.5米高处可得梁阔即船宽6.2米。沙船甲板有很大的梁拱，离船底0.24米梁阔的深度则是船的最阔处。$6.2 \times 0.24 = 1.5$米。这也就是不包括大梁拱的舱深（见图1）④。

　　古船残长28米。这个长度已包括首柱向前伸出的一大部份，首部只需加0.5米即可，尾部则应添加梢部2.5米得船的主体长31米，如加上4米长的尾梢悬出部，则船的总长为35米。

舱深（到甲板外梁顶部）为 $6.2 \times 0.4 = 2.5$ 米。

吃水可初估为最阔处舱深 -0.2 米 $= 1.5 - 0.2 = 1.3$ 米。

这样古船的复原尺度便大致如下：

总长	35 米
主体长	31 米
阔	6.2 米
舱深	2.5 米
吃水	1.3 米

①　周世德：《古代战船》，1982年。

②　（清）贺长龄：《江苏海运全案》。

③　李邦产：《中国沙船》，1982年。

④　同③。

该船应有五根桅，主、头两桅直插到仓库，首端左舷有一前桅，尾梢端中有一尾桅，在操舵处左舷还有一小桅，这三根桅都装在甲板上，主桅高级 25 米，头桅高约 17 米。

又可用下式估算船的载重量与排水量[①]：

载重量＝长×阔×深（不包括大梁拱）×0.3

$\qquad$＝31×6.2×1.5×0.3＝87 吨，

排水量＝长×阔×吃水×0.7

$\qquad$＝31×6.2×1.3×0.7＝189 吨

这样大的船已算是当时不小的船了。这种船需要配备几百公斤重的大铁锚[②]，这也与在水城发现的 101～456 千克重的铁锚相吻合。

三　从蓬莱水城看明代战船的大小和海防舰队的规模

小海是海防避风停泊场所和补给基地。其东北端的水门是船只进出的唯一通道，水门口宽仅 9.4 米，水下部分还要窄一些，因此即使是乘高潮进港，船阔也必须限制在 9 米以下。

船只入港时要靠船工撑驾，当时没有动力机器，一切依靠人力。过大的船操驾不便。这就限制了船舶尺度的增大。

战船要求操驾灵活、沙船吃水浅、平底、有利于搁滩，船的蓬帆多并备用披水板，有利于快驶和逆风行船。明代水师采用 30 米左右长的沙船作为战船的主要船型是有道理的。这样大的船可容军士百人，装有大炮及其他作战武器。清代水师以 25～36 米长的赶缯船为主力并用 17～24 米长轻快灵便的沙船和艍舡船于攻战追击。现将明清两代主要战船的特征列于表1。

明代闽、广沿海对倭寇作战所用的福船和广船也是当时的著名战船。这两种船的尺度无考，但古书上说：福船高大如楼可容百人，底尖上阔……吃水一丈一、二尺……只能顺风顺潮，回旋不便[③]；广船则用铁力木制造，比福船更为坚固。这些南方的深水木帆船的长度估计和表 1 所列各船的长度相仿，但宽度要大一些。由于它们是尖底船，并有较大的龙骨伸出船底，因此船的深度和吃水要大一些。

明清两代史书上虽也曾有出动战船数百艘、士卒数万人的记载，如 1561 年倭贼入

① 李邦产：《中国沙船》，1982 年。

② （清）贺长龄：《江苏海运全案》。

③ （明）茅元仪：《武备志》。

表 1

船型 ＼ 尺度	长	阔	深	附　注
沙船	十丈	一丈八尺	七尺二寸	一千五百料　江苏海运全案①
遮洋船	八丈二尺	一丈五尺	四尺八寸	一千提漕船志②
战座船	八丈六尺九寸	一丈七尺		四百料龙江船厂志③
赶缯船	七丈八尺五寸	二丈五尺九寸	八尺六寸	一千五百石
艍船	八丈九尺	二丈二尺五寸	七尺九寸	

寇浙东和1661年郑成功收复台湾。但在每次海战中双方出动的船只不过数十艘④⑤。

蓬莱水城只能容纳数十艘大中型战船，由此可看到当时一个水师舰队的规模。

四　从明代登州府水师看郑和的远航舟师

蓬莱水城是明清两代驻扎水师之所。从以上所述可以看到在水城中停泊的大型战船长约30、宽约6、舱深约2.5米。这样大小的船多处明确地记载于明清两代有关海防的著作中。如表1所示。

这样大小的船与南京静海寺郑和碑所载："永乐三年将领官军乘驾二千料海船并八橹船"和"永乐七年将领官军乘一千五百料海船并八橹船"所指的船只大体相符。

因此我认为郑和舟师的主体应是这样大小的海船。当然还有数以百计的较小船只，如桨帆并用、轻快灵便的八橹船。同时也不排除有少数更大一些的海船。

在古籍中有较确实记载的我国巨型海船如表2所示。

郑和舟师中最大的船，我感到不会比这几艘船大得很多了。用人力操驾这几艘船已经很困难了。

---

① （清）贺长龄：《江苏海运全案》。
② （明）李昭祥：《龙江船厂志》。
③ （明）席书：《漕船志》。
④ 周世德：《古代战船》，1982年。
⑤ 《船运史话》，1978年。

表 2

尺度 船型	长	阔	深	附　注
客舟	十余丈 （十二丈五尺）	二丈五尺	三丈 （一丈）	可载二千斛粟 《宣和奉使高丽图经》①
封舟	十五丈 （十三丈）	三丈一尺六寸	一丈三尺三寸	可容三百余人 《使琉球录》②
耆英号	十四丈六尺	三丈	一丈四尺六寸	载重七百五十吨 清道光二十六年 （1846年）造

注1：十余丈不明确，根据阔度估计；

　　2：深三丈可能包括上面结构，也根据阔度估算；

　　3：十五丈系连头尾虚梢，船主体长约十三丈。

　　但是现在仍有一些学者认为《明史·郑和传》所载郑和宝船的尺度"修四十四丈广十八丈"是可信的。这就是说宝船长150.5、阔61.5米，深度未见记载，以阔的三分之一（这已是非常宽扁的船）计也在20米以上，排水量总在30000吨以上。这样的庞然大物不仅非人力可以驾驶，当时没有港口可以容纳，而且即使用现代的技术也造不出来。

　　在明代长期的抗倭战争中只见史书上说到容百人的大福船能顺风下压、犁沉敌船。戚继光、俞大猷等名将多用沙船、福船、广船破贼。从未见到在作战中使用特大战船的记载。

　　明代后期葡萄牙、荷兰殖民主义者东来我国沿海骚扰。例如1618年荷兰人以三艘一千吨级的武装商船和五艘单桅帆船来中国沿海烧毁村庄，掠夺大量渔船和船民。当地海防战船虽然奋力抵抗，击沉几艘单桅船，但对几艘大船则毫无办法③。如我国能造和拥有二十余丈长的大船何愁对付不了这些荷兰船。

　　1661年郑成功进军台湾时在海战中也是以多艘两桅帆船围攻一艘荷兰战船，冒死把满载炸药的小快船冲向敌船，才将"黑克托"号炸沉④。如果郑成功也拥有一千吨级的战船，作战就不至于这样困难了⑤。

----

① （宋）徐兢：《宣和奉使高丽图经》。

② （明）陈侃：《使琉球录》。

③ （荷兰）威·伊·邦特库：《东印度航海记》。

④ 《船运史话》，1978年。

⑤ 同④。

凡是优秀的实用的事物都将留传下来，并不断有所发展，战船也不例外。为什么光辉伟大的郑和宝船没有留传下来实在令人不解。

因此我认为《瀛涯胜览·序》、《明史·郑和传》和其他古书上所载的郑和宝船的尺度有误。不知他们是否是辗转抄错的？至于罗懋登的《三宝太监下西洋通俗演义》只是一部小说而已。

杨槱： 上海交通大学教授，江苏句容人，1917 年 10 月生，1940 年毕业于英国格拉斯哥大学。从事船舶设计与制造的教学科研工作，是我国船舶发展史研究的奠基人，代表性论著有《中国造船发展简史》、《电子计算机辅助船舶设计》等。现任中国科学院学部委员、中国海洋工程学会副理事长、中国太平洋历史学会副会长、中国造船工程学会名誉理事、船史研究会名誉主任委员。

（原载《蓬莱古船与登州古港》，大连海运学院出版社，1989 年，60～66 页）

蓬莱水城出土古船考

辛元欧

上海交通大学

〔摘要〕　本文从古船有较大的长宽比以及船内外之石弹和附近的铜炮遗物判断，它应是一艘古代快速战船。该船有龙骨，属尖底船范畴，不能行沙涉浅，不宜在北洋航线上载货海运，故不可能是货船。登州当时是北方军事重镇，禁止渔船进入水城，因此渔船也应在排除之列。

作者认为该船的形制与发端于宋代浙江地区的刀鱼船颇为相似，从船材判断该船造于南方并由海道来蓬莱。作者认为可能性最大的也许该船正是元末盘踞东南沿海的方国珍降明后，由其次子向朱元璋所献的 420 艘海舟中的大型刀鱼战棹。

1984 年 2 月 23 日至 6 月 18 日，在蓬莱水城原址开始了大量的清淤工程，平均深挖 1.75 米。在水城西南部出土了一艘古船，另一艘较大的古船未能清理，仍按原样埋于地下。另在西部有多处残船遗迹。

出土古船全部清淤后，甲板上部已不存，但船底部船板及船舱隔板大部完好。现存船身残长 28 米，船口最宽处残宽 5.6、最狭处 1.1、残深 0.8 米，呈流线形，有龙骨，头尾上翘，横剖面略呈尖弧形，尾部尤甚，有 13 舱。首柱长 3.96 米，用樟木制成。龙骨由三段木接成，共长 22.64 米，用松木制成。船隔舱板厚 0.16 米，用锥属木制成。隔板为二重，平均舱长 1.5 米。船板用杉木制成，船体仅遗留前、中两个桅座，均用楠木制成，桅座用铁钉与船板和隔梁连接。现存舵座板三块，均用楠木制成。残存舱楼窗扇 2 个，长×宽为 0.82×0.64 米。船内文物极少，仅一高足杯、一石球。另在船底部淤泥中还发现有瓷碗、铜炮、陶香炉、石球、缆绳等，其中石球与船内相同，陶香炉底部刻一"史"字，铜炮用黄铜铸成，外口径 10.2、内口径 7 厘米。由沉船位置看，它沉于风平浪静的水城小海西岸边。从船体部有两处进行过修补，说明它使用过久，无法修复就把沉船水上部分拆掉，船中大部分物品取走后而被遗弃的。另在港湾南部中心航道处，挖深 2.5 米处，出土一完整四爪铁锚，锚长 2.15 米，重 456 千克。在港湾南部和北部出土另四只铁锚，重 100~250 千克不等。由出土古船的主尺度与铁锚的重量来估计，古船似应在 300 吨左右。

根据古船的上述出土情况，曾对船内出土的高足杯进行鉴定，确认为元代或明初龙泉（在浙江庆元附近）窑所产。另由残船首尾及尖弧型横剖面的倾斜趋势估计，该船总长至少为 38 米左右，如船宽就取 5.6 米，则长宽比为 5，此与当时长宽比一般在 3.0 以下的远洋海船有所区别。实际上，船在甲板之上的宽度还应加大。如按长宽比 4.0 计算，则出土古船的最大宽度至少为 9.5 米。更且在出土古船旁的另一艘出土后仍掩埋的古船尺度还要大。但明洪武九年（1376 年）所修蓬莱水城的水门宽只有 9 米，而下面基石还要占去 1 米多。这样大的两艘古船是无法驶入当时新建的水城水门的。而此水城内的两艘古船想必在未修水门前驶入的。由此可以基本确定此出土古船是元代船舶。

出土古船的长宽比既然较一般远洋海船为大，说明它的作用与一般远洋海船有所不同。由出土古船的长宽比以及船内外之石弹和附近铜炮遗物判断，它应是一艘着眼于快速性的一类古战船。由出土古船船型判断，应属尖底船范畴。尖底船不能行沙涉浅，不宜在北洋航线上载货海运，故不可能是海漕船和货船。登州当时是北方军事重镇，禁止渔船进入水城，出土古船附近又无渔具的任何痕迹，因此渔船亦应在排除之列。

北宋时，蓬莱水城为刀鱼水寨。刀鱼船乃是北宋时一种较普遍使用的中型战船。刀鱼船，因其体形细长而得名，是当时浙江地区常见的一种轻型快速船，而浙江沿海的刀鱼船俗称钓槽船。李心传撰《建炎以来系年要录》卷七载："浙江民间有钓鱼船，谓之钓槽，其船尾阔可分水，面敞可容兵，底狭尖可破浪，粮储器仗，置之簧版下，标牌矢石，分之两傍。可容五十卒者，而广丈有二尺，长五丈，率直四百缗。"《宋会要辑稿》也载明州"濒海沿江巡检下，刀鱼船可堪出战。式样与钱塘、扬子江的刀鱼船不同，俗又谓之钓槽，船头方小，俗谓荡浪斗"。据史籍载"刀鱼船乃是明州上下浅海去处、风涛低下可以乘使"的一类沿海出巡的战船[1]。此类战船系由江浙濒海去处的渔船演变和改装而成。上述刀鱼船长宽比超过 4，与本出土古船相近。当时北方的鼎州和滨州（宋时为渤海郡）固是国家要害处，曾"措置合用刀鱼战船，已行划样，颁下州县"[2] 制造。北宋时已把船绘制成图样（小样），并按船小样在各地建造。由于蓬莱亦地处近海，与浙江近海情况相似，故当地亦可按刀鱼船小样制造刀鱼战棹。估计刀鱼战棹出现于五代末或宋初。宋太祖于开国之初即常去京城（汴梁）"造船务"视察水军用刀鱼战棹演习水战，可见当时刀鱼战棹已成为一种批量建造的典型战船。当时全国各地巡检司均有刀鱼战棹巡检江河淮海。宋仁宗庆历二年（1043 年），为防契丹入侵，于登州画河入海口小海，设置刀鱼巡检，有水兵三百，戍守沙门岛（庙岛群岛）。可见登州刀鱼寨中之刀鱼战棹与浙江沿海地区巡检近海钓槽型鱼船乃一脉相承。此类战船名叫刀鱼战棹，固然使桨，但由于它由沿海船改造而来，船上亦必有帆，有风时可帆桨并用，无风时可使

---

① 徐吉军：《论宋代浙江的造船业》，古代船史研究学术讨论会，1987 年 11 月。

② 清·徐松撰：《宋会要辑稿》食货五十。

桨，操船灵便易于完成濒海沿江巡检的任务。在咸平三年（1000 年）造船务匠项绾等献海战船式，想来刀鱼战棹也为其中之一。那些每船可载百余人、有橹八或六支的钻风船或三板船（一桅四橹）均属多桨刀鱼船一类。

元代是中国在海上对外用兵的全盛时期，为征日本、缅甸、安南、爪哇相继制造了大量海战船，而且船也愈造愈大。由此推测，元代刀鱼战棹长度也会有所增加，但船型一般元承宋制，变化不大。又据元时海船"凡舟身将十丈者，立桅必两树，中桅之位，折中过前二位，头桅又前丈余"的惯例，故该出土古船也设有两桅。由此考之，蓬莱出土古船似应为大型刀鱼战棹，以作近海巡视之用。

再由出土古船用材考察。作为船材，杉质良而又高价，以下依次为楠、松，松最为粗大。另尚有樟、桧、杞、梓等均可作船材。对于杉，似松，生江南，甚耐水[①]。松木出产于福建、处州、湖南一带，北方亦产松木。"楠材……江南等路造船场皆此木也，缘木性坚，而善居水"[②]。"江东舳船，多用樟木"[③]。"江西上游，木工所萃，置立船场，其来久矣。采松桧，栽杞梓，钉多庚粟，油溢漏泉"[④]。可见本出土古船用材均由南方出产，兹因南方木性与水相宜，北方之木与水不相宜，特别是海水碱苦，能害木性。故舟船入海，不能耐久[⑤]。由此可基本肯定此船为南方所造，并由海道来蓬莱。山东距江浙一带较近，无必要运南方各种木料就地造船，且蓬莱一带当时亦未见有造船场之说。

鉴于中国古代船舶建造的地区性特点，刀鱼战棹必由浙江地区所出。温州是处州产的良质杉木和漆、桐油、柏油的集散地和输出港，明州则有福建运来生铁的加工业，又因温、明州是浙江有数的外港，也可由广南、福建和日本海船输入船材，在北宋仁宗皇祐年间就已于两州置官营造船场，并在温州设买木场。当时明、温、台三州所登记的船，船宽一丈以上者三千八百三十三艘；一丈以下者一万五千四百五十艘。南宋首都在临安（杭州），明、温、台的造船业更盛，刀鱼战棹是该区有特色的船种。为防御北方金、元入侵，生产必多。到元时由于远征海外的需要更是大量生产海战船。此类战船的建造当有一定批量。由于出土古船内有龙泉（属处州，即庆元一带）窑所产的高足杯，更可证实此船确为该地区所造。

对该出土古船的一种推测是，它系元代为攻日本、曾令各处大量制造的海战船中的一种，后骤停征日之役，于是所建战船就做加强各地水军卫所之用，而此船就被派驻登州。但笔者进一步认为可能性最大的，也许该出土古船是元末盘踞明、温、庆元三郡的

① 转引自日本·斯波义信著：《宋元时代的船舶》，《船史研究》1985 年 1 期，庄景辉译。
② 同①。
③ 同①。
④ 赵美括：《应斋杂著》。
⑤ 邹径：《〈纪效新书〉和〈练兵记实〉总说》，解放军出版社，1987 年 4 月第一版。

方国珍降明后，由其次子亚兰向朱元璋所献的 420 艘海船中的大型刀鱼战棹，固亚兰曾建议朱元璋海上设防以防倭。当时朱元障很有可能先权将其所献的刀鱼战棹充实登州卫所以防倭。又因该战船不是新建船舶，用不多年就坏了。加上该出土古船上有石弹等较落后和原始的战斗器具，不如官方战船当时已大量使用正规火器，更可推测该战棹可能为方国珍反元时民间渔船改建而成，而武备则较差。

笔者认为：蓬莱出土古船为研究中国古代刀鱼战棹这一战船船型的发生和发展提供了极珍贵的实物资料。如对该型战船进行复原研究必将促进对宋元时代海船及其演变的深入研究。

也有论者认为出土古船为福船。但笔者有下列几点疑问：

(1) 明代大福船，是明代中叶后，戚继光等为加强东南海防在福建大批建造的几类战船之一。去明初已远（将近 200 年）。元末时，福船尚未普遍使用。更何况在北方如登州等处的浅海区极尖底的福船不宜使用。

(2) 明代大福船由于船底极尖，吃水较深，适于远海作战，全靠风力航行于深海中，不利浅海[1]。即使较其小一号的海苍，虽能在里海航行，风小也能行驶，但亦不能作近海巡视。而戚继光战船系列中再小一号的是由浙江苍山渔船改型的艟舡（其略大于苍山船）才适于浅海航行和近海巡视。但此类战船亦源出于浙江，可能是浙江刀鱼战棹的进一步的改进型。由于蓬莱附近海区较浅，近似于浙江沿海，卫所的战船有限，也只是做沿海巡视，而大福船及海苍船均不适用。故出土古船底尖有限，横剖面为尖圆弧形，否则将常有触底沉船之危，长年进行近海巡检的任务殊难完成。

(3) 出土古船长宽比近于 4.0～5.0，这与宋代和明代出使朝鲜和琉球的客舟、神舟和册封舟相似（见表 1），均强调快速，而不求太稳。特别该出土古船为蓬莱附近浅海区之近海巡视船，受巨大风浪袭击的可能性小，故船的长宽比更不宜太小。

表 1 列出蓬莱出土古船与宋、明客舟主尺度比较表。

表 1

船型	出使年代	使者	长	宽	深	资料来源
客舟	宋宣和元年 （1125 年）		十余丈	二丈五尺	三丈	徐兢：《宣和奉 使高丽图经》
	明嘉清十三年 （1534 年）	陈侃	十五丈	二丈六尺	一丈三尺	陈侃： 《使琉球录》
	明嘉靖四十年 （1561 年）	郭汝霖	十五丈	二丈九尺 七寸	一丈四尺	萧崇业： 《使琉球录》

---

① 邹径：《〈纪效新书〉和〈练兵记实〉总说》，解放军出版社，1987 年 4 月第一版。

船型	出使年代	使者	长	宽	深	资料来源
册封舟	明万历七年（1579 年）	萧崇业	十四丈五尺	二丈九尺	一丈四尺	萧崇业：《使琉球录》
	明万历三十四年（1606 年）	夏子阳	十五丈	三丈一尺六寸	一丈三尺三寸	夏子阳：《使琉球录》
	明崇祯六年（1663 年）	杜三册	二十丈	六丈		徐葆光：《中山传信录》
蓬莱出土的古船	元末		三十八米	约八米		

　　鉴于此，笔者以为：出土古船按其功用来说与正统福船有所不同，行驶海区不同。再由蓬莱水城的发展历史来考察，蓬莱水城出土古船应是一艘既异于宋时的中型刀鱼战棹，又异于明时的大福船，而是一艘船型、帆装均有了进一步改进的，不脱浙江地区近海战船特色的大型刀鱼战棹。

　　辛元欧：上海交通大学高级工程师，江苏无锡人，1936 年生，1959 年毕业于上海交通大学。从事船舶科学的试验研究与教学工作，代表性论著有《中国船舶操纵性学科发展与展望》等。现任中国造船工程学会理事、船史研究会主任委员、上海科技史学会理事等职。

　　（原载《蓬莱古船与登州古港》，大连海运学院出版社，1989 年，67～73 页）

后　记

　　本书的编辑出版有两个目的：一是全面总结 1984 年和 2005 年两次在蓬莱水城小海发掘四艘古船的学术成果，深入探讨中国元、明时期古船的类型、建造技术和学术价值，积极推进蓬莱水城、登州古港和"海上丝绸之路"的研究工作；二是为参加由山东省文化厅主办，烟台市文物局协办，由武汉理工大学、中国造船工程学会船史研究会和蓬莱市文物局共同承办的"蓬莱古船国际学术研讨会"的专家学者准备的一个主题平台。正式考古报告的出版无疑为关注古船发现和研究的专家学者提供了不可多得的科学资料。我们热忱地欢迎各位专家学者宏观大论，指点迷津；也真诚地希望各位同仁不吝赐教，批评指正。

　　本次发掘由山东省文物考古研究所、烟台市博物馆、蓬莱市文物局联合组队。队长佟佩华，副队长王富强、李振光，队员袁晓春、姜国钧、吴双成、徐明江、许盟刚、李建萍、董韶军、范慧泉、王晓妮、赵鹏、房成来和孙亮慎等。

　　本书是集体合作的成果。各章节撰稿人员是：

序　谢治秀

前言　佟佩华

上编

第一章　一　寇润平

　　　　二　滕建英　王丽君

第二章　一　刘斌　赵鹏

　　　　二　王富强　刘莉　王晓妮

　　　　三　李振光　袁晓春　范慧泉

第三章　王富强　李振光　姜国钧　徐明江　许盟刚

第四章　王富强　李振光　袁晓春　姜国钧　徐明江　许盟刚

第五章　王富强　李振光　姜国钧　李华杰　袁晓春　徐明江

第六章　吴双成　赵鹏

第七章　一　李建萍

　　二　朱龙

　　三　董韶军

　　四　石培华　魏诗华　冷清华

第八章　李振光　王富强　吴双成

绘图　许盟刚　徐明江　王士忱

摄影　王桂芳　王富强　李振光　吴双成　陈允适

英文提要　中文稿　佟佩华　英文翻译　方辉

瓷器鉴定　权奎山　李华杰

下编

第一篇　李步青　王锡平　姜国钧　袁晓春　罗世恒　刘斌　王茂盛　张丽华

第二篇　席龙飞　顿贺

第三篇　杨槝

第四篇　辛元欧

全书由佟佩华、王富强、李振光统稿。

　　在发掘期间,山东省文化厅文物处由少平处长、山东省文物考古所李传荣所长、山东省博物馆鲁文生馆长、山东省文化厅文物处王永波副处长等先后来工地考察、指导工作;烟台市文化局胡其林副局长参加了专家讨论会活动;蓬莱市政府刘志庆、慕庆和副市长、蓬莱市文物局张守禄局长多次到现场考察、指导工作。在此一并表示感谢。

　　古船的保护、复原研究及出土贝类、植物的研究具有较强的专业性,我们邀请了有关学科的专家进行了多学科的研究,并进行了多种检测。其中古船的保护工作是在出土木漆器保护国家文物局重点科研基地主任吴顺清先生指导下组织实施的;古船复原研究是由武汉理工大学交通学院席龙飞、顿贺、龚昌奇、汪敏和蔡薇等先生进行的;古船材质状况及树种配置研究是由中国林业科学研究院木材研究所刘秀英、李华、陈允适、腰希申和张晓芳等先生进行的;盐分测定是由山东省分析测试中心李景超先生完成的;出土的贝类研究是由山东省蓬莱阁管理处朱龙先生进行的;出土植物种子的鉴定是由山东大学东方考古研究中心第四纪环境与考古实验室陈雪香先生进行的。他们的研究成果,我们作为附录一并收入了本书,在此对他们表示感谢。

　　我们还要感谢文物出版社蔡敏和杨冠华编辑。6月10日,他们从北京赶到临淄,指导我们修改文字、挑选照片、编排线图。从初稿到出书用了两个月时间,也是编写考古报告中少有的。本书的编辑和出版渗透着他们的心血和汗水。本书出版经费由蓬莱市文物局提供。

佟佩华、王锡平、滕建英

2006 年 6 月 16 日

Abstract

Penglai locates north end of *Jiaodong* Peninsula in *Shandong* Province, China. The water-city of *Penglai* was built in *Song* Dynast. During *Ming* Dynasty, the city was developed into a systemic water-and-land fortification with brick-made water gates and wall. In the years of 1984 and 2005, four ancient ships were excavated from *Xiaohai* (small sea) of the water-city by archaeologists. The book reports these two archaeological results.

Ship No.1 is 28 meters in length and 5.6 meters in width. Most of the bottom board and side boards are still in good condition. The ship has 14 cabins. The hull is in streamline with a pointed head and a squared end, and both ends are raised.

Ship No.2 is 27.1 meters in length and 5.2 meters in width. It has also 14 cabins according to the traces of side boards. The bottom is almost flat and the hull of the ship is in streamline too, but thinner and longer.

Ship No.3 is 17.1 meters in length and 6.2 meter in width. It has 8 cabins according to the traces of side boards. The bottom is rather wide and short.

Ship No.4 has only four bottom boards left.

We can see that the ships No.2 and No.1 are similar, while No.3 and No.4 are quite same in shape. According to stratum relation and artifact remains, we can know that the ship No.3 was earlier than No.2. Ships No.1 and No.2 were made in the middle or late period of *Ming* Dynasty and were abandoned in the late period of *Ming* Dynast. Ships No.3 and No.4 were made in *Yuan* Dynasty and abandoned in the early period of *Ming* Dynasty.

The book has two volumes. The first volume reports archaeological result of the year 2005, including geographic environment and history evolution, general situation of the investigation and research of ancient ships, the complexion of No.2 and No.3 ships, the reversion of ancient ship, the conservation of the material of the ships and the related problems, the conversation, disseminating , imposing and conclusion of the ships. The second volume is embodied four essays from the book *Ancient Ships of Penglai and the Ancient Harbor of Dengzhou*. They are: *The Silt-clearing of the Water City Penglai and the Investigation of*

Ancient Ship, *the Ancient Battle Ships of Penglai and Their Recovering Research*, *The Water City of Penglai and the Battle Ships of Ming Dynasty*, *Research on Ships Unearthed from the Penglai Water-city*.

We invited many scholars and experts from different fields to do research with us. The fields include cultural relic conservation, archaeological excavation, programming design, ancient ships studies, porcelain studies, halobios studies, wooden material studies, archbotany identification, carbon dating, and so on. The book absorbs their research results.

The project combined archaeological excavation, cultural relic conservation, and public archaeology together. The book reflects this kind of subject.

蓬莱水城俯瞰

1. 防晒棚

2. 清理船板

工作场景之一

1. 筛选舱内遗物

2. 古船测绘

工作场景之二

二号船、三号船全景

1. 二号船、三号船和船材层位关系之一

2. 二号船、三号船和船材层位关系之二

二号船、三号船和船材层位关系

探沟 TG1 全景（由南向北）

二号船

1. 二号船艏柱（由西向东）

2. 二号船艏柱与主龙骨的连接

二号船艏柱

1. 二号船的龙骨（由东向西）

2. 二号船主、艉龙骨槽口

二号船龙骨

1. 二号船补强材

2. 二号船龙骨和翼板铲钉连接形式

二号船补强材及龙骨和翼板连接形式

1. 二号船船板

2. 二号船船板钩子同口

二号船船板

1. 二号船隔舱板

2. 二号船前桅座

二号船隔舱板和前桅座

三号船（一）

三号船（二）

三号船艏柱、主龙骨的连接形式

1. 翼板的连接

2. 翼板上接口

3. 翼板下接口

三号船翼板的连接

1. 三号船船板鱼鳞搭接

2. 三号船船板长企口

三号船船板结构

1. 船板（L5—3）第 3 木钉榫

2. 三号船翼板（L1—1）与船板（L2—1）木栓连接

三号船船板、翼板结构

1. 三号船船板直角同口

2. 三号船船板与补板结构

三号船船板结构

1. 三号船第 3 舱陶器、草绳

2. 三号船第 5 舱草绳、石球

三号船出土陶器、草绳、石球

三号船第 5、6 号舱 ⑰ 层牡蛎壳

1. 三号船中桅座桅夹孔松子、料珠等

2. 三号船第6舱⑳层瓷瓶

三号船出土松子、料珠、瓷瓶

1. 三号船第 6 隔舱板下粉青沙瓷碗

2. 三号船第 7 舱藤条

三号船出土粉青沙瓷碗、藤条

1. 三号船隔舱板之一

2. 三号船隔舱板之二

三号船隔舱板

1. 三号船粗肋骨

2. 三号船细肋骨

三号船肋骨

1. 三号船前桅座

2. 三号船中桅座

三号船桅座

1. 木钉榫

2. 木栓

三号船木钉榫、木栓

四号船（由北向南）

船材

1. 舱料

2. 铁钉

三号船舱料、铁钉

棕绳

1. 船形壶（⑳：3）

2. 船形壶右侧（⑳：3）

3. 船形壶左侧（⑳：3）

陶船形壶

1. A 型陶盆（㉒：7）

2. B 型陶盆（㉓：1）

3. 陶钵（⑦：3）

陶盆、陶钵

1. A型青花小碗（⑰：16）

2. A型青花小碗足（⑰：16）

3. A型青花小碗（⑩：3）

4. A型青花小碗内底（⑩：3）

出土青花小碗

1. B 型青花碗（⑥：2）

2. B 型青花碗内底（⑥：2）

3. B 型青花碗（⑤：1）

4. B 型青花碗内壁（⑤：1）

5. C 型青花碗内底（⑦：2）

6. 青花小盅（⑥：1）

出土青花碗、盅

1. A 型青瓷碗（㉔：4）

2. A 型青瓷碗足（㉔：4）

3. B 型青瓷碗内壁（⑩：2）

4. C 型青瓷碗（⑳：7）

5. C 型青瓷碗足（⑳：7）

出土青瓷碗

1. D 型青瓷碗外壁（⑧：4）

2. 青瓷盘（㉒：3）

4. 青瓷罐（⑳：23）

3. 青瓷盘内底（㉒：3）

出土青瓷碗、盘、罐

1. A 型白瓷碗（⑳：18）

2. A 型白瓷碗内底（⑳：18）

3. B 型白瓷碗内壁（㉑：1）

4. B 型白瓷碗内壁（⑳：24）

5. B 型白瓷碗外壁（⑳：24）

6. C 型白瓷碗（⑰：7）

出土白瓷碗

1. 酱釉碗内壁（⑮：4）

2. B 型瓷瓶（⑳：21）

3. 酱釉瓷罐（㉑：2）

4. 茶叶末釉瓷碗（⑳：2）

5. 茶叶末釉瓷碗内底（⑳：2）

6. 茶叶末釉瓷碗足（⑳：2）

出土酱釉碗、瓶、罐、茶叶末釉瓷碗

1. 粉青沙瓷碗（⑳：20）

2. 粉青沙瓷碗内底（⑳：20）

3. 粉青沙瓷碗足（⑳：20）

出土粉青沙瓷碗

1. A 型石球（⑳：6）

2. B 型石球（⑳：14）

3. 陶纺轮（⑧：3）

4. A 型青砖（⑰：19）

5. B 型青砖（㉔：1）

出土石球、陶纺轮、青砖

1. B 型瓦 1（⑰：4）

2. B 型瓦背面（⑰：4）

3. 砚台（⑤：3）

4. 料珠（⑳：12）

出土灰瓦、砚台、料珠

1. 葎草种子（⑳：13）

2. 西瓜子（⑳：15）

3. 松子（⑳：16）

4. 象牙光角贝（⑳：11）

出土葎草种子、西瓜子、松子、象牙光角贝

1. A型青花小碗（采：18）

2. A型青花小碗内底（采：18）

3. A型青花小碗（采：2）

4. A型青花小碗内底（采：2）

5. A型青花小碗底（采：15）

6. A型青花小碗内底（采：15）

7. A型青花小碗外底（采：15）

1. A型青花小碗（采：31）

4. A型青花小碗（采：5）

2. A型青花小碗内底（采：31）

5. A型青花小碗（采：4）

3. A型青花小碗足（采：31）

采集青花小碗

1. B 型青花碗（采：16）

2. B 型青花碗内底（采：16）

3. D 型青花碗（采：28）

4. D 型青花碗内底（采：28）

5. 青花碟（采：3）

采集青花碗、碟

1. AⅠ式青瓷碗（采：30）

2. AⅡ式青瓷碗（采：24）

3. AⅡ式青瓷碗内底（采：24）

4. B型青瓷碗（采：22）

5. 青瓷盘（采：21）

6. 青瓷盘内底（采：21）

7. 青瓷盘外底（采：21）

采集青瓷碗、盘

1. A I 式磁州窑白瓷碗（采：1）

2. A I 式磁州窑白瓷碗足（采：1）

3. A II 式磁州窑碗（采：29）

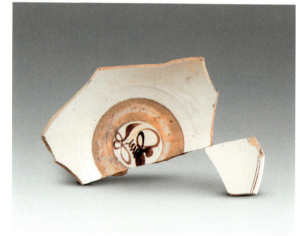

4. A II 式磁州窑碗内底（采：29）

5. A II 式磁州窑碗足（采：29）

6. B 型磁州窑碗（采：17）

采集磁州窑碗

1. 酱釉瓷碗（采：8）

3. 粉青沙碗（采：14）

2. 酱釉瓷瓶（采：13）

4. 粉青沙瓷碗内壁（采：14）

采集酱釉瓷碗、瓶、粉青沙瓷碗

1. 二号船 2K2 外表的年轮脱落

2. 木材表面的褐腐状况

古船受腐损坏情况（一）

1. 二号船表面的白腐菌痕迹

2. 三号船 R2 的海蛆破怀情况

古船受腐损坏情况（二）

1. 三号船上的海生水虱破坏情况

2. 二号船 2K1 船材上的铁钉的腐蚀破坏

古船受腐损坏情况（三）

一号船船板外侧的腐朽破坏痕迹

彩版五四

1. 专家讨论会

2. 专家论证会

专家讨论会、论证会

1. 专家组听取汇报

2. 新闻发布会

专家听取汇报、新闻发布会

1. 专家现场考察

2. 领导现场考察

专家、领导现场考察

古船位置图

古船出土时全貌

1. 前桅座

2. 中桅座

3. 舵承座

桅座、舵承座

1. 滑轮

2. 高足杯

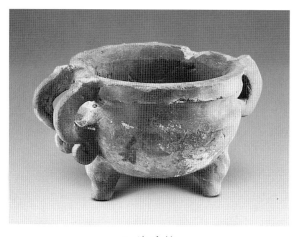

3. 陶香炉

4. 铜炮

5. Ⅰ式石碇

6. Ⅱ式4号碇

滑轮、高足杯、陶香炉、铜炮、石碇

1. Ⅱ式5号碇

2. 木碇

3. Ⅰ式铁锚（2号）

4. Ⅱ式铁锚爪

石碇、木碇、铁锚、铁锚爪

1. 瓷碗

2. Ⅰ式石网坠

3. Ⅱ式石网坠

4. Ⅱ式盆

5. 单耳罐

6. 双耳罐

瓷碗、石网坠、盆、单耳罐、双耳罐

1. 四系罐

4. I 式瓶

2. 器盖

3. 钵

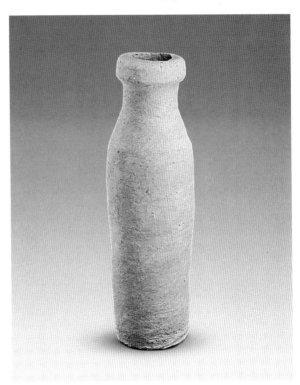

5. II 式瓶

四系罐、器盖、钵、瓶

1. 香炉

2. 虎子

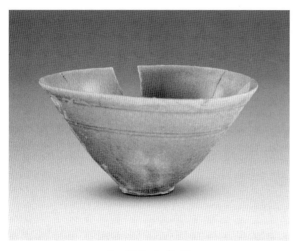

3. 宋代 I 式碗

4. 宋代 II 式碗

5. 元代 I 式碗

6. 元代 II 式碗

香炉、虎子、碗

1. 元代Ⅲ式碗

2. 元代Ⅳ式碗

3. 元代Ⅴ式碗

4. 元代Ⅵ式碗

5. 元代Ⅰ式高足杯

6. 元代Ⅱ式高足杯

碗、高足杯

1. 元代Ⅲ式高足杯

2. 元代罐

3. 元代Ⅰ式碗

4. 元代景德镇窑碗

5. 元代Ⅱ式碗

6. 元代Ⅲ式碗

高足杯、罐、碗

1. 元代Ⅳ式碗

2. 盏托

3. 元代四系罐

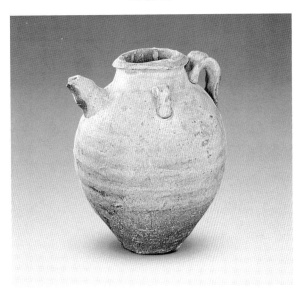

4. 元代Ⅰ式执壶

5. 元代Ⅱ式执壶

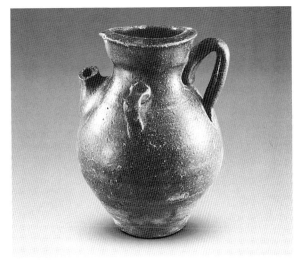

6. 元代Ⅲ式执壶

碗、盏托、四系罐、执壶

1. 元代Ⅰ式瓶

2. 元代Ⅱ式瓶

3. 明代Ⅰ式碗

4. Ⅰ式碗内底花纹

5. 明代Ⅱ式碗

6. 明代Ⅲ式碗

瓶、碗

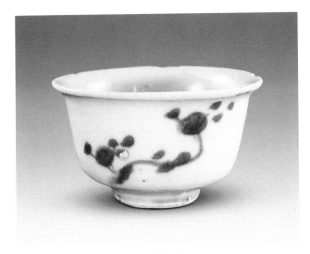

1. 明代盅

2. 明代器盖

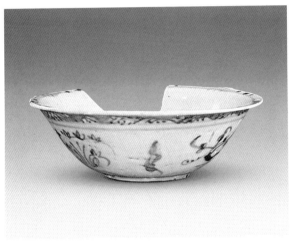

3. 明代 I 式碗

4. 明代 I 式碗内底

5. 明代 II 式碗

6. 明代高足杯

盅、器盖、碗、高足杯

1. 明代 I 式碗

2. 明代 II 式碗

3. 明代 III 式碗

4. 清代壶

5. 清代虎子

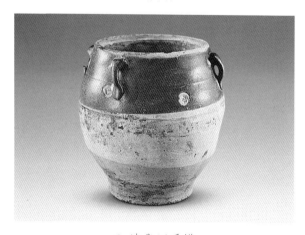

6. 清代四系罐

7. 清代碟

碗、壶、虎子、四系罐、碟

1. 铁炮

2. 铁炮弹

3. 石弹

6. 端砚

4. 剑柄

5. 剑鞘

7. 端砚

铁炮、铁炮弹、石弹、剑柄、剑鞘、端砚

1. 紫石砚

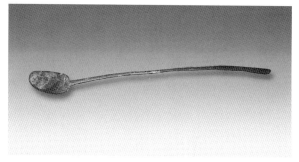

2. 铜匙

3. 铜钵

4. 银烛台

5. 石臼

6. 铁药碾子

紫石砚、铜匙、铜钵、银烛台、石臼、铁药碾子